·物流·供应链创新与发展丛书

我国城市蔬菜供应链一体化

THE INTEGRATION OF URBAN VEGETABLE SUPPLY CHAIN IN CHINA

周 涛◎著

本书得到"国家社科基金项目（13BJY130）"和"山东省社科基金项目（18CGLJ12）"的大力资助

经济管理出版社
ECONOMY & MANAGEMENT PUBLISHING HOUSE

图书在版编目（CIP）数据

我国城市蔬菜供应链一体化/周涛著．—北京：经济管理出版社，2018.3
ISBN 978-7-5096-5730-0

Ⅰ.①我… Ⅱ.①周… Ⅲ.①城市—蔬菜业—供应链管理—研究—中国 Ⅳ.①F326.1

中国版本图书馆 CIP 数据核字（2018）第 066010 号

组稿编辑：王光艳
责任编辑：许　兵
责任印制：黄章平
责任校对：董杉珊

出版发行：经济管理出版社
　　　　　（北京市海淀区北蜂窝 8 号中雅大厦 A 座 11 层　100038）
网　　址：www.E-mp.com.cn
电　　话：（010）51915602
印　　刷：三河市延风印装有限公司
经　　销：新华书店
开　　本：720mm×1000mm/16
印　　张：14.75
字　　数：248 千字
版　　次：2018 年 4 月第 1 版　2018 年 4 月第 1 次印刷
书　　号：ISBN 978-7-5096-5730-0
定　　价：58.00 元

·版权所有　翻印必究·

凡购本社图书，如有印装错误，由本社读者服务部负责调换。
联系地址：北京阜外月坛北小街 2 号
电话：（010）68022974　邮编：100836

前　言

随着人们生活水平的提高和健康意识的增强，蔬菜作为城市消费不可或缺的基本保障，在消费者整个食品支出结构中占有越来越重要的比重，绿色、健康、安全的蔬菜备受消费者关注。蔬菜从田间地头到城市消费者手中，需要经过蔬菜原料供应商、蔬菜生产组织、蔬菜加工商、蔬菜物流商、蔬菜批发商、蔬菜零售商等多个经营组织，需要经历蔬菜原料采购、蔬菜生产、蔬菜加工、蔬菜流通和蔬菜销售等多个蔬菜运作环节。由于不同经营组织之间利益关系难以协调，不同运作环节之间合作关系难以衔接，致使蔬菜由农村向城市流通的过程中出现了诸多问题，直接影响和制约了城市蔬菜的供应与安全。首先，蔬菜生产组织化程度低。蔬菜生产以家庭个体化经营为主，与市场需求严重脱节，蔬菜品质无法保障，蔬菜成本难以控制。其次，蔬菜产业链不健全。蔬菜生产环节、流通环节和销售环节各自独立，难以形成一体化的利益合作关系，供需企业之间竞争多于合作。再次，社会资本向蔬菜产业投入不足。蔬菜产业链运作不畅，蔬菜参与企业经营风险难以控制，致使社会资本向蔬菜产业投入的积极性不高。最后，蔬菜产业链运作效率低。蔬菜产业链运作模式单一，缺乏灵活性，无法满足城市消费者对蔬菜个性化、品质化和安全化的多样需求。因此，协调蔬菜相关经营组织之间的利益，建立城市蔬菜供应链一体化合作关系，对保障城市蔬菜稳定供应、满足城市消费者持续健康发展的要求具有十分重要的意义。

为了鼓励蔬菜产业快速发展，国家制定了一系列相关扶持政策。例如，国家"十三五"规划中提出，要"鼓励、帮扶多种新型农业服务主体从事专业化、规模化经营。推动农业生产向全程社会化服务转变"。2017年中央一号文件也指出，要"实现各类农业生产组织、加工物流企业与销售企业全面对接融合，加强从农村到城镇的农产品流通体系建设,加快完善农产品各级市场体系,保障农产品直销体系快速发展"。2017年10月召开的党的十九次全国代表大会上再一次明确强调,要"实施乡村振兴战略",要"构建现代农业产业体系、生产体系、经营体系,完善农业支持保护制度,发展多种形式适度规模经营,培育新型农业经营主体,健全农业社会化服务体系,实现小农户和现代农业发展有机衔接。促进农村第一、第二、第三产业融合发展,支持和鼓励农民就业创业,拓宽增收渠道"。

近年来,如何振兴蔬菜产业,如何协调、配置蔬菜产业资源,建立高效的蔬菜供应链一体化运作体系,一直是理论界和实践界关心的热点问题。国家乃至各级政府积极加大科研投入力度,在相关研究领域已取得丰硕成果;更多工商企业和大量社会资本在向农村市场迅速扩张和投入的过程中,不断发展和创新,已总结出一系列成功的经验和模式。本书作者周涛副教授与其博士导师(中国农业大学乔忠教授)带领的科研团队在"蔬菜供应链管理"和"农产品营销"方面长期保持密切的学术交流和项目合作,已取得一定的研究成果。2011年10月,周涛副教授在经济科学出版社出版专著一部,题目为"农村连锁超市物流配送系统运行与优化研究";2013~2017年,作者在主持国家社科基金项目期间,围绕蔬菜供应链一体化运行与优化方面积累了大量的研究资料,具备了较扎实的研究基础,撰写了"我国城市蔬菜供应链一体化研究"报告,针对我国现阶段城市蔬菜生产、流通和销售过程中存在的突出问题,主张构建我国城市蔬菜供应链一体化系统,并对系统的运行模式和优化对策等问题进行了研究,提出了多项有建设性的意见,顺利通过了国家社科基金委组织的专家论证。

本书包括的内容是周涛副教授在完成其国家社科基金项目"我国城市蔬菜供应链一体化"研究报告的基础上修改完成的。全书分为七章。第一章为绪论。介绍了国内外研究的现状、本书的研究内容与研究方法,并指出了课题研究的背景与意义。第二章为我国城市蔬菜产销现状与存在问题分析。首先,从蔬菜生产发展历程、蔬菜生产总量、蔬菜生产布局等方面对蔬菜生产的现状进行分析;其次,分别对我国蔬菜的加工现状和流通现状进行分析;再次,从城市居民消费水平、蔬菜消费总量、蔬菜消费结构和蔬菜消费趋势等方面对我国城市蔬菜消费现状进行分析;最后,设计调研方案,对我国城市蔬菜产销中存在的问题进行探寻、分析。第三章为我国城市蔬菜供应链一体化模型构建及动力机制研究。首先,对蔬菜供应链一体化的概念、特点和相关理论进行概述;其次,构建城市蔬菜供应链一体化总体模型,并对模型进行解释、说明;最后,从政府多渠道引导、不同蔬菜供应链竞争、市场需求拉动和蔬菜供应链自身驱动四方面对城市蔬菜供应链一体化动力机制进行研究。第四章为城市蔬菜供应链一体化运作研究。其一,对城市蔬菜生产的四类组织模式进行比较,并对各模式下菜农的致富机理进行分析;其二,从蔬菜供应链企业间利益协调的问题入手,运用博弈理论,对企业间的竞争、合作关系进行分析;其三,对蔬菜供应链企业间合作前后的利润进行比较分析,并提出实现蔬菜供应链利润最大化的对策建议;其四,从城市蔬菜产品市场机会、市场定位和营销策略方面对蔬菜供应链一体化营销模式进行分析;其五,分别以蔬菜合作社、蔬菜加工企业和蔬菜物流企业为核心对蔬菜供应链一体化运作模式进行研究。第五章为我国城市蔬菜供应链一体化运作效率评价。首先,构建城市蔬菜供应链一体化运作效率评价指标体系;其次,运用比较分析法,确定层次模糊综合评价方法,并对评价方法的步骤进行说明;最后,运用层次模糊综合评价法,以山东省为例对其城市蔬菜供应链一体化运作效率进行实证评价。第六章为我国城市蔬菜供应链一体化优化对策。首先,从环境改善和生产效率提高两方面提出基于生产环节的优化对策;其次,从蔬菜流通渠道改善、蔬菜流通载体完善和蔬菜流通支撑改进等方面提出基于流通环节的优化对策;再次,从拓宽销售渠道、完善售后服务和创新营销策略等方面提出基于销售环节的优化对策;最后,从利益分配机制、运行约束机制、风险化解机制、企业合作机制和信息互通机制等方面提出组织效率优化对策。第七章为本书总结。对本书的研究成果进行归纳、总结。

希望本书的出版能为相关部门行政决策、学术探讨、方法实施提供参考;为蔬菜供应链相关企业妥善协调利益关系,保持良好的市场竞争优势,持续、稳健地赢得利润提供借鉴;为广大菜农选择适合自身发展的生产组织模式,通过产业带动彻底摆脱贫困提供帮助。

本书的出版得到了"国家社科基金项目:我国城市供应链一体化研究"(13BJY130)、"山东省社科基金项目:政府与市场协同下山东精准扶贫的共享性创新机制研究"(18CGLJ12)的资助。山东理工大学各级领导以及经济管理出版社的王光艳编辑对本书的完成给予了极大的帮助和支持。在此,对他们表示诚挚的感谢。

本书的写作参考了国内外大量的论著、期刊、研究报告、硕博论文等文献资料，采用正文后列出参考文献的方式予以处理，在此对这些文献的作者表示感谢。由于作者的水平有限，尽管我们做了很大努力，书中一定会存在不足之处，恳请读者批评指正。

周涛

2018 年 4 月 11 日于山东

目 录

第一章 绪 论 ... 1

第一节 研究背景与研究意义 ... 1
一、研究背景 ... 1
二、本书研究意义 ... 4

第二节 蔬菜供应链一体化相关文献研究 ... 6
一、农产品供应链一体化综述 ... 6
二、蔬菜供应链一体化综述 ... 8

第三节 研究内容与研究方法 ... 10
一、研究内容 ... 10
二、研究方法 ... 11

第四节 创新点与研究不足 ... 12
一、本书创新点 ... 12
二、本书不足之处 ... 13

第二章 我国城市蔬菜产销现状与存在问题分析 ... 14

第一节 我国城市蔬菜生产现状分析 ... 14
一、我国城市蔬菜生产发展历程 ... 14
二、我国蔬菜生产总体现状分析 ... 16
三、我国蔬菜生产布局现状 ... 18

第二节 我国蔬菜加工与流通现状分析 ·········· 30
一、我国蔬菜加工现状分析 ················ 30
二、我国蔬菜流通现状分析 ················ 34

第三节 我国城市蔬菜消费现状分析 ············ 43
一、我国城镇居民消费水平分析 ·············· 43
二、我国城镇居民蔬菜消费总量分析 ············ 47
三、我国城镇居民蔬菜消费结构分析 ············ 48
四、我国城镇居民蔬菜消费趋势 ·············· 52

第四节 我国城市蔬菜产销调研方案设计与问题分析 ··· 53
一、我国城市蔬菜产销调研方案设计 ············ 53
二、我国城市蔬菜产销中存在的问题分析 ········· 57

第三章 我国城市蔬菜供应链一体化模型构建及动力机制研究 ·············· 64

第一节 城市蔬菜供应链一体化基本认知 ········· 64
一、蔬菜供应链一体化概念 ················ 64
二、蔬菜供应链一体化特点 ················ 65
三、蔬菜供应链一体化相关理论 ·············· 67

第二节 城市蔬菜供应链一体化总体模型构建 ······ 70

第三节 城市蔬菜供应链一体化动力机制研究 ······ 71
一、基于政府多渠道引导的政策动力机制 ········· 73
二、基于不同蔬菜供应链竞争的产业动力机制 ······ 74
三、基于市场拉动的需求动力机制 ············ 75
四、基于蔬菜供应链自身驱动的利益动力机制 ······ 77

第四章 城市蔬菜供应链一体化运作研究 ········ 80

第一节 城市蔬菜生产组织模式及获利机理研究 ····· 80
一、城市蔬菜生产组织模式比较分析 ············ 81

二、四类生产组织模式下菜农致富机理分析 ················· 91
第二节　蔬菜供应链企业间竞合博弈分析 ····················· 96
　　一、蔬菜供应链系统协调的问题分析 ····················· 97
　　二、传统蔬菜交易的信息博弈分析 ······················· 98
　　三、生产组织蔬菜交易的信息博弈分析 ················· 101
第三节　蔬菜供应链企业间合作关系研究 ··················· 105
　　一、参数与决策变量设定 ····························· 105
　　二、蔬菜合作社企业与蔬菜加工商企业间不合作情况分析 ··· 106
　　三、蔬菜合作社企业与蔬菜加工商企业间合作情况分析 ····· 107
　　四、蔬菜合作社企业与蔬菜加工商企业合作前后利润比较分析 · 108
　　五、总结与建议 ····································· 110
第四节　蔬菜供应链一体化营销模式研究 ··················· 111
　　一、城市蔬菜产品市场机会分析 ······················· 111
　　二、城市蔬菜产品市场定位 ··························· 113
　　三、城市蔬菜产品营销策略 ··························· 116
第五节　基于核心企业的蔬菜供应一体化运作模式研究 ······· 130
　　一、以蔬菜合作社为核心的供应链一体化运作模式 ······· 132
　　二、以蔬菜加工企业为核心的供应链一体化运作模式 ····· 141
　　三、以蔬菜物流企业为核心的供应链一体化运作模式 ····· 147

第五章　我国城市蔬菜供应链一体化运作效率评价　157

第一节　城市蔬菜供应链一体化运作效率的概念 ············· 157
第二节　城市蔬菜供应链一体化运作效率评价指标体系 ······· 158
　　一、指标选取原则 ··································· 158
　　二、评价指标体系构建与指标说明 ····················· 159
第三节　评价方法的选择 ································· 162
　　一、层次分析法 ····································· 162
　　二、模糊综合评价法 ································· 162

三、AHP-FCE 评价方法确定 ·· 164

第四节 基于 AHP-FCE 方法的评价步骤 ······································· 169
  一、确定指标域 ·· 169
  二、确定评语域 ·· 170
  三、确定指标权重 ·· 170
  四、单因素模糊综合评价 ·· 171
  五、目标层模糊综合评价 ·· 171
  六、量化模糊综合评价结果 ·· 171

第五节 城市蔬菜供应链一体化运作效率评价——以山东省为例 ················ 172
  一、基于层次分析法的指标权重确定 ·· 172
  二、基于模糊综合评价的山东省蔬菜供应链一体化运作
    效率评价 ·· 175

第六章 我国城市蔬菜供应链一体化优化对策 ································ 181

第一节 基于生产环节的蔬菜供应链优化对策 ································· 181
  一、蔬菜生产组织模式环境优化对策 ·· 181
  二、蔬菜供应链生产效率优化对策 ·· 185

第二节 基于流通环节的蔬菜供应链优化对策 ································· 188
  一、蔬菜流通渠道改善对策 ·· 188
  二、蔬菜流通载体完善对策 ·· 190
  三、蔬菜流通支撑改进对策 ·· 191

第三节 基于销售环节的蔬菜供应链优化对策 ································· 193
  一、拓宽销售渠道 ·· 193
  二、完善售后服务 ·· 194
  三、创新营销策略 ·· 194

第四节 蔬菜供应链一体化组织效率优化对策 ································· 196
  一、优化供应链的利益分配机制 ·· 196
  二、制定蔬菜供应链运行约束机制 ·· 198

三、健全蔬菜供应链风险化解机制 …………………………… 199
　　四、加强蔬菜供应链的企业合作机制 ………………………… 200
　　五、完善蔬菜供应链的信息互通机制 ………………………… 201

第七章　本书总结 ………………………………………………… 206

附　录 ……………………………………………………………… 208
　附录1　城市蔬菜产销调查问卷 …………………………………… 208
　附录2　城市蔬菜供应链一体化运作效率评价问卷 ……………… 215

参考文献 …………………………………………………………… 217

第一章
绪　论

蔬菜是城市消费者生活必需的基本保障品之一，蔬菜从田间地头到达城市消费者手中，需要经过多个经营组织，如菜农、蔬菜加工商、物流商、蔬菜批发商、蔬菜零售商等；需要经历多个运作环节，如生产环节、流通环节、销售环节等。由于不同经营组织之间利益关系难以协调，不同运作环节之间难以融合，致使蔬菜由农村向城市流通过程中出现了诸多问题，直接影响和制约城市蔬菜的供应与安全，因此协调蔬菜相关经营组织之间的利益，建立城市蔬菜供应链一体化合作关系，对保障城市蔬菜的稳定供应和持续健康发展将具有十分重要的意义。

第一节　研究背景与研究意义

一、研究背景

1. 蔬菜产业在我国农业经济体系中占有越来越重要的地位

我国蔬菜生产规模仅次于粮食，蔬菜生产和消费数量已跃居世界首位。由国家统计局数据可知，2013年我国蔬菜种植面积达0.209亿公顷，蔬菜产量达7.6亿吨，蔬菜类成交额达6337亿元，出口金额达90亿美元（周静，2015）。

蔬菜种植可为农户带来更大的经济收益。据调查数据显示，温室大棚可实现蔬菜亩产纯收益约 7000 元，露地菜可实现亩产纯收益约 3000 元，远远高于粮棉等作物的亩产收益。在市场机制驱动下，蔬菜种植产业迅速发展，在我国农村经济中占有越来越重要的地位。另外，蔬菜产业劳动密集程度较高，蔬菜种植、加工以及相关服务产业的发展为农民工带来了更多就业机会。农民工依靠自身技术优势，在农村市场便可以找到适合自己的就业岗位，不仅可以提高农民生产、生活水平，而且也在一定程度上缓解了城市就业的压力。

蔬菜产业发展同时也带动了农用物资和农用设备制造业、蔬菜加工业、物流服务业等第二产业、第三产业的发展。按当前蔬菜生产规模、蔬菜加工程度以及蔬菜出口状况测算，蔬菜加工比率每增加一个百分点，约实现产值增长 5 亿元，增加出口创汇 0.35 亿美元，对整个经济的拉动作用日益显现。

2. 城市消费者对蔬菜产量和品质提出了更高层次的要求

随着我国城市化发展进程的快速推进，人们生活水平不断提高，广大城市消费者对蔬菜提出了更高层次的要求，不仅要满足消费者对蔬菜数量方面的基本需求，而且需要蔬菜更新鲜、更多样化、价格更低、安全性更有保障，满足消费者追求品质生活的要求。目前，经济发达地区，如北京市、上海市、广东省和浙江省等的城市消费者对蔬菜的消费水平明显高于全国平均水平。高收入水平的家庭对蔬菜品质和加工程度关注度较高。

3. 蔬菜质量安全问题严重，蔬菜供应链发展还有待提高

近年来，随着有毒、有害蔬菜（毒豆芽、毒生姜等）事件的频繁发生，蔬菜安全已经日益成为社会关注的热点，也成为欧美国家对中国实施进口壁垒的主要借口，严重阻碍了我国蔬菜需求总量的快速增长。由相关报告测算可知，我国每天都有约 1400 人遭受农药中毒的痛苦，每 3 天有超过 4 人因农药而死亡；而权威机构的检测结果显示，29.9% 的抽检蔬菜农药含量严重超标，蔬菜质量安全问题呈现出愈演愈烈的态势。究其原因，主要有以下几点：政府各级主管部门对农药制造、流通和消费的管理缺乏力度；蔬菜种植相关的经营组织，包括化肥、农药供应商、蔬菜种植户等为了降低经营成本，一味追求高利润，违反规定，过度经营、使用超标农药和化肥；种植在城市周边的蔬菜由于受畜禽养殖废水和工

业"三废"等的严重污染,导致蔬菜不同程度地存在硝酸盐和重金属超标现象,食用这些农产品后会严重威胁到人体健康。

另外,我国蔬菜流通体系已相对完善,但蔬菜供应链一体化运作效率还处于较低的水平。我国已基本形成了"蔬菜供销地两级批发市场和销地农贸市场或超市"的蔬菜流通体系;再加上国家政策的大力推动,我国蔬菜物流实现了突破性发展。但我国蔬菜物流与欧美国家相比还比较落后,蔬菜综合物流功能还有待提升;发达城市与落后城市在蔬菜物流网络建设方面也存在较大差距;蔬菜大批运输与超市零散配送之间还无法有效衔接;由于缺乏技术和资金投入,蔬菜冷链物流发展迟缓。

从我国蔬菜市场建设情况来看,各省市不断加强对蔬菜批发市场的投入,对传统蔬菜批发市场进行功能升级改造,加快了蔬菜流通的速度,在一定程度上缓解了蔬菜供求之间的矛盾,但由于蔬菜供应链推行在我国才刚刚起步,政府政策引导和扶持力度还不强,蔬菜生产、加工、流通和销售环节衔接还不到位,导致蔬菜在流通环节过程中损坏、变质现象极其严重。据统计,我国蔬菜在运输、存储和销售等环节的损坏率达约27%,每月我国各类农产品因流通损耗造成的损失约达百亿元,严重制约了蔬菜市场的开拓发展。

4. 国家出台大量相关产业扶持政策,推动蔬菜产业快速发展

蔬菜产业是关乎民生、关乎经济发展的重要产业,为了更好地推动蔬菜产业的发展,中央和地方各级政府先后出台、推行了以下一系列蔬菜相关政策和措施:

2016年3月,国家"十三五"规划明确指出,要"创新改变农业发展模式,探索多样化的规模式经营,实行农业、工业和服务业的一体化发展";要"依法推进土地经营权有序流转,培养新型职业农民";要"调整农业种植结构,加快农业产业链发展,提高农业经营水平";要"推动农村第三产业的发展,拓宽农民增收途径,加强农村自我发展能力"。

2015年5月《全国农业可持续发展规划(2015~2030年)》中提到,要调整农业发展布局,提高农业生产效率,大力普及、推行资源节约型技术,建设农业可持续发展体系,积极推广成功的农业发展模式。

2014年1月《关于全面深化农村改革 加快推进农业现代化的若干意见》

中提到，要完善由生产到销售全过程的农产品质量安全监测制度，明确各地政府管理权责。制定严格的生产标准，建立产品风险预警监测体系，实现农产品由生产到销售的全程追溯管理。

2012年2月《全国现代农业发展规划（2011～2015年）》中指出，要积极鼓励社会资源向农业转移，不断加快蔬菜产业发展，大力发展冷链物流，完善生鲜蔬菜配送体系，保障城市蔬菜的充足供应。

2012年2月《关于加快推进农业科技创新 持续增强农产品供给保障能力的若干意见》中提出，要对我国蔬菜产业发展进行全面规划，不断加强蔬菜基地基础设施的建设，充分发挥龙头企业在蔬菜供应链中的主导作用，加快蔬菜流通。

2012年1月《全国蔬菜产业发展规划（2011～2020年）》中指出，要调动各种资源向蔬菜优势地区转移，扩大蔬菜生产规模，保障城市蔬菜供应；实现蔬菜标准化生产，提高蔬菜质量和品质；加强蔬菜信息化建设，解决信息不畅引发的供求矛盾；引导农户加入各类农业生产组织，实现蔬菜生产的规模化和产业化。

总之，随着我国产业结构改革的深化和消费需求结构的变化，蔬菜产业在整个农业经济体系中占据越来越重要的地位，国家为此出台了一系列相关产业政策和帮扶措施，进一步改革蔬菜产业生产组织模式，引导蔬菜加工企业、蔬菜流通企业积极融入蔬菜供应链体系，通过供应链企业间的协调与合作，实现蔬菜由农村到城市一体化运作，既保障了蔬菜供应链各节点企业的利益，又提高了城市消费者对蔬菜多样化的需求。

二、本书研究意义

城市蔬菜供应链一体化研究在理论和实践方面都将具有较重要的意义。

1. 理论意义

（1）本书基于供应链思想，对城市蔬菜生产组织职能转变、供应链节点商间稳定的利益合作关系、城市蔬菜供应链一体化运作形式等问题进行探究，将有助于丰富农产品供应链一体化理论。供应链理论最早应用于工业产品，通过原材料供应商、制造商、物流商、经销商相互之间结成紧密的供应、需求关系,从而形成整个供应链。整个供应链如同一个大型虚拟企业,各企业间建立长期稳定的合作关系,实现供应链的高效运行,从而在激烈的市场竞争中保障每个供应链节点企业的利益。本书运用供应链理论,将蔬菜生产组织、蔬菜加工企业、蔬菜物流企业、蔬菜批零企业等融入蔬菜供应链体系中,并对蔬菜生产组织模式、供应链节点企业间的合作关系以及蔬菜供应链一体化运作形式进行研究。蔬菜供应链一体化模式的研究将有利于解决传统蔬菜产业经营中无法克服的种种弊端,实现了供应链理论与蔬菜产业经营模式的有效结合。

(2)本书通过对城市蔬菜生产、流通和销售环节资源的优化整合,必将丰富区域农产品产业规划理论。在蔬菜供应链一体化体系中,通过有效整合蔬菜产业资源,实现蔬菜生产、加工、流通和销售环节的紧密合作,推动第一产业、第二产业、第三产业的高度融合,形成蔬菜产业资源的优化配置,使蔬菜产业规划更趋合理。

2. 实践意义

(1)本书将为政府部门制定城市蔬菜供应链一体化相关政策提供实践参考依据。传统单一、小规模的农户家庭生产模式,混乱的农村流通市场,低层次的零售终端严重阻碍着蔬菜产业化推进的步伐。本书基于系统最大化原理,充分发挥农民专业合作社在蔬菜供应链中的核心驱动作用,有效延长蔬菜产业链条,深入研究蔬菜供应链一体化集成模式,保障实现城市蔬菜的规模化生产、低成本流通和高附加值销售,以期有效缓解蔬菜产销矛盾。从而,为政府制定蔬菜供应链一体化相关政策提供参考依据;同时,也为各地区蔬菜产业的发展提供可借鉴的模式。

(2)本书研究将有利于帮助农民工实现转型,为农村市场创造更多就业机会。城市蔬菜供应链一体化运作研究将彻底改变传统家庭农户式生产组织模式,积极鼓励农户参与各类生产组织,并引导流通企业、加工企业融入蔬菜供应链体系,实现蔬菜产业的延伸和升级,为农户创造更多的就业机会,实现农户在农村市场的就近择业,同时在一定程度上缓解了大量农民工涌入城市带来的就业压力问题。

(3)助推蔬菜种植业结构优化升级。城市蔬菜供应链一体化的发展将有利于整合农村现有蔬菜种植资源,实现城市蔬菜从生产到销售的一体化运作,以市场为驱动,解决城市蔬菜成本与品质安全之间的矛盾,积极引导、推动更多社会资源流向农村,提高蔬菜种植资源的可配置率。

第二节 蔬菜供应链一体化相关文献研究

蔬菜供应链是由产销商、物流商、加工商等紧密联合而形成的长期稳定的合作关系。而蔬菜供应链一体化则是指企业承担起蔬菜种植、物流、加工、零售等诸环节责任,实行企业化运作管理的过程(Tan K. C.,2001)。在蔬菜供应链一体化方面,学者研究取得了一些成果,主要表现在以下几个方面。

一、农产品供应链一体化综述

农产品供应链一体化是指把零散的农户合并为农业生产合作组织,并对流通环节、产销环节进行集成化整合探索,以增强各环节集中度的过程(宋成英,2014)。

1. 农产品供应链一体化问题方面

薛丽珂、姚雨辰(2014)总结我国农产品供应链短板因素如下:农产品产销质量监督缺乏保障引起的一系列生态问题;批发市场功能单一,农产品附加值处在最低阶段造成的信息流动不通畅。宋成英(2014)考虑我国农产品流通比重占供应链总成本的六成以上,流通环节设计太过烦琐,专业化程度较低;物流信息网的发展相对滞后,使得农产品新鲜口感和外观得不到满足。这几位学者对于农产品供应链问题研究中,都提到信息流问题。如信息不通畅导致的农产品供应链不能有效发挥市场的规模效应,增加不必要的物流成本。农产品供应链的物流成本是由农产品定位和季节性因素决定的,消费者不该为供应链递增的成本买单(Shady S. Atallah,2014)。农产品供应链产业融合水平低,运行极其脆弱,受未知自然因素、农户风险厌恶、不确定市场需求、波动的农产品价格等条件制约。

因此，协调公司与农户间利益分配冲突，实现农产品供应链一体化发展意义重大（付洪勇，2013）。

2. 农产品一体化质量安全管理方面

Carl Johan Lagerkvista（2013）探究了生产操作过程中，农产品消费者的健康风险承受度问题。彭建仿（2014）针对节点企业共生协同水平太低的现实，提出健全法规风险评估，改进关系优化机制。机制优化既需要法律的强制性震慑，又需要在农产品供应链各节点建立有效的防范源机制。高婷（2014）认为，传统的质检抽查局限在节点企业内部，易造成链间交互脱节的情况，应关注各级评价反馈，快速响应下一级消费者需求。刘世明、陈建宏（2014）从检疫部门监管蔬菜实际出发，提出基于射频识别技术的蔬菜安全监管溯源系统。该系统实现每一节点上下游溯源，对蔬菜从原料到产销全过程把握，降低硝酸盐等有毒物质进入人体的概率（Adrian Avinesh Chetty，2009），标准化规范蔬菜产销环节化肥使用含量。对于小农场农产品安全来说主要面临三个问题：种植出安全的农产品，生产安全农产品需要哪些组织模式，利用新技术减少风险所带来的附加成本（Clare Narrod，2009）。

3. 农产品供应链研究方法方面

刘世明（2014）在蔬菜信息与物流管理关键数据识别方向，利用 RFID 建立电子网络系统信息化管理平台，克服传统农产品安全监管弊端，从源头保障消费者的安全。李莉（2014）在对乌鲁木齐市民之乐配送中心一天蔬菜配送模拟时，利用 Flexsim 仿真软件仿真蔬菜直销配送流程，模拟农业生物学分类方法将蔬菜分类。陈俊君（2009）利用市场需求与供给思路下的蛛网模型理论，对周期较长的农产品生产者与零售商进行零和博弈，博弈结果为整合供应链的不同方式。李周芳、杨桦（2013）利用聚类性质的蚁群算法探究城市蔬菜物流中心选址问题，利用求解多目标优化问题方面的优势，加速蔬菜产品流通率，接近销售点配送要求。Denyse I（2015）利用关系数据库中的贸易数据分析研究农产品食物安全，通过数据库中的数据模拟评估供应链。Lisivn Helen（2010）基于美国供应链协会著名的供应链运作参考模型，提出中国农产品供应链（Chinese Agricultural Product Supply Chains，CAPSC）模型。新鲜蔬菜供应链中保证蔬菜口感质量、实现运输外观的实时监测对供应链上各节点都有重要意义，应多关注信息新技术的方法应对未来城市蔬菜挑战（胡磊，2014）。

二、蔬菜供应链一体化综述

蔬菜供应链一体化相比较于农产品供应链一体化有它的特殊性。王学真教授提出想提高我国蔬菜供应链运作效率，就要更有效地减少流通环节层次，减少流通环节构建蔬菜供应链一体化，推进蔬菜种植保鲜设备建设，合理规划蔬菜基地体系，完善农产品加工通道和枢纽节点布局，构建便捷、高效的供应链导航网络，促进多产业顺畅衔接和高效中转，以提升农产品供应链一体化体系综合能力。

1. 蔬菜供应链特性方面

焦宁（2014）在研究蔬菜供应链时认为，当前城市蔬菜供应规模较小，从田间蔬菜采购到进入消费者家庭涉及的风险较多，采购复杂，难度系数太大。蔬菜供应链是从蔬菜生产环节到蔬菜销售环节形成的较为完整的供应链体系。现行体系对蔬菜流通的市场化程度、组织化效率要求更高，可直接节约链间企业成本，提高蔬菜新鲜度价值（田野，2014）。

2. 蔬菜供应链生产环节研究方面

蔬菜供应链生产环节由于衔接不当造成蔬菜种植资源大量浪费，基地可支配成本大幅度降低，严重影响生产计划的正常性安排。赵凯（2013）认为，伴随着蔬菜产业化的发展，其生产组织模式分成农户与公司、蔬菜中介与公司、蔬菜经纪人与公司、蔬菜加工商与公司这四种多元主体利润共同体。王影、刘国际（2013）考虑通过以下两种生产组织模式降低蔬菜生产环节的未知风险：首先是实现以农户蔬菜生产企业为主导的组织，其次是以蔬菜加工龙头为主导的生产组织模式。崔言民（2012）在实地调研后发现我国现存五种蔬菜供应链生产一体化模式：一是20世纪80年代至今广泛使用的家庭生产模式，二是不以营利为目的的蔬菜服务协会，三是蔬菜专业合作社模式，四是基于购买农民土地劳动力从事蔬菜盈利的现代蔬菜企业模式，五是蔬菜业一体化模式。农户提供土地、劳动力，企业提供生产资料、资金管理、技术销售等方位支持，农户和企业紧密结合，实现蔬菜产供销链条一体化。

3. 蔬菜供应链流通环节研究方面

王影、刘国际（2013）认为，以蔬菜批发市场为主导的流通一体化改良是提高市场占有率的核心问题。农贸市场作为我国蔬菜流通环节的重要枢纽，应改造现有的蔬菜匮乏思路，提高无形收入观念，引进蔬菜流通处理软件，合理化利用蔬菜实时信息。对于以蔬菜物流中心为主导的流通组织模式，应协调信息交换和集中发配的中介，实现蔬菜流通一体化风险可预防。刘学（2014）在他的论文中提到，以大型蔬菜厂商主导和龙头连锁企业自组的供应链一体化流通是蔬菜流通较常见的方式。郑雪清（2014）将蔬菜供应链一体化流通对象分为本地菜和外地菜循环。本地菜经过菜农、蔬菜市场三级供应链进入蔬菜消费者家中；外地菜需要菜农、当地蔬菜批发市场等五级供应链传递到居民手中。樊俊花、陈素敏（2014）在考量蔬菜流通环节时认为，蔬菜流通有很强的区域性，蔬菜质量不仅受天气影响，还会受运输成本、劳动力附加值影响，因此，应借助区域蔬菜流通体系并构建物流信息平台，加快透明的信息化蔬菜流通工程建设。根据蔬菜供应链流程，应用IT程序满足蔬菜市场需求，实现可量化服务平台的蔬菜流通体系功能（Lweii Baivo，2012）。

4. 蔬菜供应链销售环节研究方面

张弘扬（2013）认可，零售是连锁企业制定的蔬菜贩卖规则，是农户决定与超市品牌互动博弈的结构约束。朱恩昌（2014）在对蔬菜销售环节研究后认为，销售过程的复杂化增加了交易成本，损害了消费者和服务商的利益，蔬菜直销连锁店是蔬菜剩余资本积累的农业生存依赖部门。王哲（2013）从品牌销售入手，研究蔬菜利润空间和附加值认知均衡，渐进式提升蔬菜品牌化效益，解决蔬菜要素利润比率的空间矛盾。选取蔬菜先导区，实证分析基地资源对蔬菜销售渠道的间接效率影响（乔颖丽，2014）。

5. 蔬菜供应链一体化系统研究方面

蔬菜供应链一体化是合理配置人力资本，重点扶持资源利润，从整体上减轻烦琐结构，促成节点长期合作关系，减少不必要资本支出的交织形式。张晓欢、宋山梅（2014）通过研究蔬菜市场的现状，从物流理念和产销效率入手，对蔬菜产销一体化配送系统进行了研究。郑雪清（2014）认为，培植第四方物流商可精简供应链一体化系统运作成本，将有助于推动蔬菜供应链一体化发展。

综上所述，国内外学者对农产品供应链一体化发展中存在的问题、质量安全和研究方法等进行了研究，特别是针对蔬菜供应链的特性，学者们还分别从生产环节、流通环节、销售环节对蔬菜供应链相关问题进行了分析。已有的研究成果更多地涉及对蔬菜供应链现状、蔬菜质量安全、蔬菜生产组织模式、蔬菜供应链协调与优化等方面内容的研究，研究方法大多采用博弈分析法、市场调研法、模型优化法和实证分析法等，既有定性分析，也有定量的研究。所取得的成果对推动蔬菜产业的发展奠定了坚实的理论基础，但已有研究成果大多仅关注了对蔬菜供应链中某一具体环节的研究，将供应链整个系统进行整合对其一体化运行进行研究的文献还并不多。因此，本书在搜集、整理已有研究成果的基础上，调研、分析我国城市蔬菜供应链发展中存在的问题，探求不同节点企业间协作共赢的城市蔬菜供应链一体化模型，分别从生产环节、流通环节和销售环节对城市蔬菜发展路径进行一体化分析，以实现多产业的交叉融合发展，其研究成果必将为我国蔬菜供应链一体化发展提供可鉴的理论依据。

第三节　研究内容与研究方法

一、研究内容

1. 我国蔬菜产销现状与存在问题分析

运用理论研究与实地调研相结合的方法，从生产、流通和销售环节分析我国蔬菜供销的现状及存在的问题。

2. 我国城市蔬菜供应链一体化模型构建及动力机制研究

首先,运用系统分析法,构建蔬菜供应链一体化总体模型;其次,运用系统动力学原理,从政策动力、产业动力、需求动力、利益动力四方面对我国城市蔬菜供应链一体化发展的动力机制进行研究。

3. 我国城市蔬菜供应链一体化运作研究

其一,对蔬菜生产四类组织模式的特征进行比较分析,并进一步研究四类模式下菜农的利润形成机理;其二,运用博弈理论,从非合作和合作两方面比较分析蔬菜供应链节点企业间的竞合博弈关系,并对企业间的利润分配机制进行研究;其三,对蔬菜合作社企业与蔬菜加工商企业间合作前后的利润进行比较分析,得出蔬菜供应链企业间需建立长期合作关系的结论;其四,从蔬菜品质、价格、渠道、促销四方面对城市蔬菜一体化营销策略进行研究;其五,分别以合作社、加工企业、物流企业为核心设计三种蔬菜供应链一体化运作典型模式,并对三种模式的适用环境和运作机制进行分析。

4. 我国城市蔬菜供应链一体化运作效率评价

首先,界定蔬菜供应链一体化运作效率的概念;其次,构建城市蔬菜供应链一体化运作效率评价指标体系;再次,通过比较分析,选取 AHP – FCE 评价方法;最后,以山东省为例,对城市蔬菜供应链一体化运作效率进行评价。

5. 我国城市蔬菜供应链一体化优化对策

归纳和总结我国蔬菜供应链一体化发展的规律,并针对城市蔬菜供应链中生产环节、流通环节、销售环节以及城市蔬菜供应链一体化的运作效率提出相应的优化对策。

二、研究方法

本书主要采取了案例分析法、调研法、模型评价法、博弈论法等方法。

1. 案例分析法

本书运用典型案例对城市蔬菜各类生产组织模式进行比较分析。

2. 调研法

本书采用理论研究与实地调研相结合的方法,设计调研方案,对我国城市蔬菜供销现状与存在问题进行分析。

3. 模型评价法

本书构建城市蔬菜供应链一体化运作效率评价体系,并运用 AHP – FCE 方法对山东省蔬菜供应链一体化运作效率进行评价。

4. 博弈论法

本书运用博弈理论,从非合作和合作两方面比较分析城市蔬菜供应链节点企业间的竞合博弈关系,以证实蔬菜供应链节点企业间长期合作的必然性。

第四节　创新点与研究不足

一、本书创新点

本书创新点主要表现在以下几个方面:

其一,研究视角方面的创新。本书摆脱了对蔬菜生产、流通和消费孤立研究的局限性,运用系统最优化理论将蔬菜生产环节、流通环节和销售环节的相关企业整合融入到蔬菜供应链体系中,并对其一体化运行的规律进行研究,研究视角方面具有一定的创新性。

其二,研究内容方面的创新。当前关于工业品供应链的研究无论在理论完善还是在实践应用方面都相对比较成熟,对农产品特别是蔬菜产品供销两端的研究也取得了一定的成果，但结合我国城市蔬菜生产、流通和消费现状，对蔬菜供应链一体化过程中供应链参与企业之间合作关系，以及一体化运行模式等问题的研究还属于新的研究课题。首先，本书构建了蔬菜供应链一体化模型，梳理了蔬菜产业各环节以及各类蔬菜相关企业之间的协作关系，并率先运用系统动力学原理，从政策动力、产业动力、需求动力和利益动力四个方面对我国城市蔬菜供应链一体化的动力机制进行了分析。其次，本书对蔬菜生产的四类典型生产组织模式进行了比较分析，认为蔬菜生产组织模式的选择不能千篇一律，要根据当地经济发展水平和产业组织化基础等因素选择适合自身发展的组织模式，并率先提出了四类生产组织模式的适用条件。再次，课题运用博弈理论，对蔬菜供应链企业间的合作关系以及合作前后的利润进行比较分析，得出蔬菜供应链企业间须建立长期合作关系的结论。最后，本书在对蔬菜供应链一体化运作规律分析的基础上，结合案例分别针对三类不同核心企业驱动下的蔬菜供应链一体化运作模式进行分析。本书在对以上几点的研究上都具有一定的创新性。

其三，研究方法方面的创新。本书研究中主要采用了案例分析法、比较分析法、理论研究与实地调研相结合的方法、博弈模型法、模型评价法、模式分析法等，其中博弈模型法从非合作和合作两方面比较分析了城市蔬菜供应链节点企业间的竞合博弈关系，提出蔬菜供应链企业间应建立长期的合作关系。本书研究方法多样，特别是运用博弈模型法对蔬菜供应链企业间长期合作关系的研究具有一定创新性。

二、本书不足之处

本书尚存在以下几点不足：

其一，本书在对城市蔬菜产销现状的调研中，由于受到资金和人员的限制，对调查对象采取典型抽样的方式，仅选取有代表性的个体进行调查分析，调查信息与真实值之间存在一定的偏差，导致本书对城市蔬菜产销现状的分析不够精确。

其二，本书构建了蔬菜供应链一体化运作效率评价指标体系，但在评价指标设计过程中，更多地参考了已有学者的相关研究成果，缺少对所选指标的科学筛选和分析，评价方法也过于简单，专家打分带有一定的主观性。

第二章
我国城市蔬菜产销现状与存在问题分析

蔬菜作为我国城市居民生活的主要必需品,在城市居民日常消费支出中日益占据更加重要的地位。随着我国城镇人口数量的猛增和城市居民购买力水平的提升,城市居民的消费意识发生了很大改变,对蔬菜消费数量、品种和品质都提出了更高层次的需求,为了更好地解决城市蔬菜供应与需求之间的矛盾,国家制定了一系列蔬菜产业扶持政策,充分保障了蔬菜生产、流通和销售的稳步发展。本章在对我国城市蔬菜产销现状分析的基础上,设计调查方案,深入挖掘我国城市蔬菜产销中存在的问题,为本书城市蔬菜供应链一体化模式的研究提供研究基础。

第一节 我国城市蔬菜生产现状分析

一、我国城市蔬菜生产发展历程

我国城市蔬菜生产从新中国成立开始发展至今,在六十多年的发展过程中,大体经历了三个发展阶段。

1. 第一阶段（1949~1978年）为计划经济阶段

当时国家对农业生产实行严格的计划管理，在蔬菜经营方面实行"统一生产统一销售"政策，农村生产组织按国家规定进行蔬菜生产，主要以白菜、马铃薯、青椒、萝卜等为主，品种比较单一；国营蔬菜公司负责蔬菜的统一销售。1969年以后，政府提出以粮食生产为根本的口号，使蔬菜生产陷入停滞局面，蔬菜供应与蔬菜需求之间的矛盾进一步加剧。

2. 第二阶段（1978~1992年）为市场改革初期阶段

1978年党的十一届三中全会以来，我国全面实施改革开放，将全党工作重心向经济建设转移，在农村推行家庭联产承包责任制，蔬菜生产管理实行指导性计划，价格由买卖双方协议决定。各地先后进行了蔬菜供销体制改革，生产方面推行多样式的蔬菜生产承包制，菜农的生产主动性显著增强，蔬菜的生产数量和品种不断增加；流通方面推行计划与放开同步运行的方式，即对80%的日常蔬菜按照计划价格统一收购，对20%的特需蔬菜则按市场价格放开经营，从而使蔬菜供求矛盾有所缓解。1988年之后，政府加大对城市蔬菜的投入，相关政策先后出台，各省市通过蔬菜生产基地建设推动了蔬菜产业的快速发展。另外，随着蔬菜相关基础设施条件的改善，跨地区蔬菜流通得以实现，使得全国蔬菜生产、消费有了长足发展，市场供应得到改善。

3. 第三阶段（1992年至今）为市场深化改革阶段

1992年中央提出了建设社会主义市场经济体制的目标，市场经济体制改革全面推进。另外，随着人们消费水平和消费观念的改变，城市蔬菜需求日益增加，推动了蔬菜产业的快速发展。据农业部统计，20世纪80年代，我国蔬菜种植面积年均增速为10.1%，到90年代增长为14.6%；蔬菜种植面积由1980年的31.6万公顷增加到2014年的2140万公顷；蔬菜产量也从1978年的9240万吨增加到了2014年的76005.48万吨。大棚蔬菜发展迅猛，由1980年的6998公顷增加到2009年的398万公顷。蔬菜生产品种日益丰富，我国主要蔬菜种植区的经营品种有50余种，充分保障了城市消费者对蔬菜多样化的需求。总之，随着我国蔬菜经营条件和环境的不断改善，蔬菜产业步入了前所未有的快速发展阶段。

二、我国蔬菜生产总体现状分析

由表2-1显示，2005~2015年，我国蔬菜种植面积、蔬菜产量、蔬菜单位面积产量、蔬菜种植占比总体来说均呈现稳步增长趋势，由此可见蔬菜产业在整个农业产业结构中所占比重越来越大，对整个农业经济的推动作用越来越显著。

表2-1 2005~2015年我国蔬菜生产相关指标

年份	蔬菜种植面积（万公顷）	蔬菜占种植业比例（%）	蔬菜产量（万吨）	蔬菜单位面积产量（公斤/公顷）	劳均蔬菜产量（公斤）
2005	1772.1	11.4	56451.5	31856.23	1863.96
2006	1663.91	11.6	53953.1	32425.38	1816.79
2007	1732.86	11.29	56452	32577.34	1944.64
2008	1787.59	11.44	59240	33139.71	2078.45
2009	1838.98	11.61	61823.8	33618.47	2191.21
2010	1899.99	11.83	65099.4	34263.04	2334.98
2011	1963.92	12.1	67929.7	34588.89	2467.92
2012	2035.26	12.45	70883.1	34827.57	2606.49
2013	2089.94	12.69	73512	35174.10	2702.65
2014	2140.48	12.93	76005.5	35508.60	2784
2015	2199.97	13.22	78526.1	35694.17	2848.83

资料来源：由《中国统计年鉴》整理得出。

2006年全国蔬菜种植面积为1663.91万公顷，较2005年蔬菜种植面积下降了6.1%，究其原因，可能如下：随着全国新型城镇化建设步伐的推进，2006年全国城市建设进入快速发展阶段，新型农村社区建设全面展开，农业生产用耕地面积出现萎缩的局面。2006年之后，国家高度重视农用土地滥占现象，在《政府工作报告》、中央一号文件《关于社会主义新农村建设的若干意见》中明确指出，要采取各种措施，充分保障国有耕地不少于18亿亩的警戒红线，并制定了《全国土地利用总体规划纲要（2006~2020年）》，从而使农用耕地滥占问题得到了有效控制。自2006年后，我国蔬菜种植面积实现稳步增长，蔬菜种植面积由2006年的1663.91万公顷增长到2015年的2199.97万公顷，增长了32.22%；蔬菜种植面积占比由2005年的11.4%增长到2015年的13.22%，平均增长率为1.6%。从而在土地供给上充分保障了蔬菜产业的稳步发展。

由图2-1可知，2005~2006年，由于受蔬菜耕种面积萎缩影响，我国蔬菜产量有所下降，由2005年的56451.5万吨下降至2006年的53953.1万吨，下降了4.42%。自2006年之后，直至2015年，我国蔬菜产量持续保持稳步增长趋势。由2006年的53953.1万吨增长到2015年的78526.1万吨，增长了42.56%。另外，对蔬菜单位面积产量进行分析发现，2005年蔬菜单位面积产量为31856.23公斤/公顷，2015年增长为35694.17公斤/公顷，增长了12.05%，10年间呈现连续增长的态势。说明2005~2015年蔬菜产量的增长速度明显高于蔬菜种植面积的增长速度。

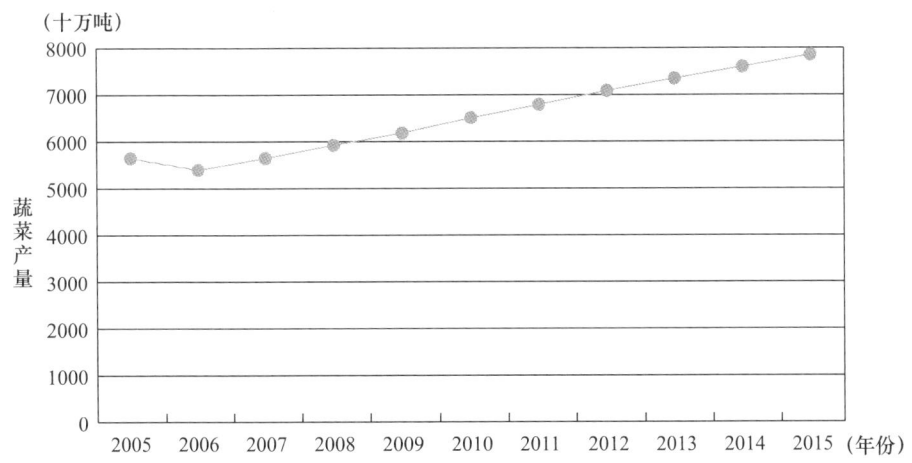

图2-1 2005~2015年我国蔬菜产量变化

通过表2-1中对劳均蔬菜产量的分析，发现2005~2015年劳均蔬菜产量变化趋势与蔬菜产量变化趋势相同，均出现先抑后扬的形势，从另一方面也说明了农户生产蔬菜的劳动效率显著提高。

分析我国蔬菜产量连年增长的原因主要有以下四个方面：其一，政府不断加大对蔬菜种植业的投入。政府通过政策引导、资金扶持等措施，为广大菜农提供种子、化肥、农药、技术等物质补贴和支持，充分调动了菜农蔬菜的生产积极性，保障了蔬菜生产的稳定。其二，生产力水平的快速提高。随着蔬菜种植规模的增加，机械化操作在蔬菜种植中得到广泛应用，促使蔬菜生产效率大大提高，进而增加了产量。其三，加入WTO带来的发展机遇。中国作为蔬菜生产第一大国，具备广阔的国际市场前景，加入WTO以后，更为蔬菜产业的发展带来了巨大的发展机遇，蔬菜产量和品质都实现了稳步攀升，产业规模进一步扩大。其四，蔬菜生产要素配置更趋合理。蔬菜产量的迅猛增长不仅取决于蔬菜种植面积的不断扩增，而且受到技术、生产组织模式、劳动力投入等因素的影响，经过多年来国家对蔬菜产业结构的不断优化调整，蔬菜产业在整个农业体系中的比重逐步增强，蔬菜种植资源投放比例日趋合理，蔬菜生产的组织化程度更高，蔬菜资源的利用效率更充分，蔬菜生产的规模效益开始显现。

三、我国蔬菜生产布局现状

1. 我国蔬菜生产区域布局现状

蔬菜生产的区域布局状况如何直接影响到我国蔬菜产业化推进的步伐，《全国蔬菜产业发展规划（2011～2020年）》中明确指出，要依据我国地域特点，大力发展蔬菜集中产区建设，通过对蔬菜种植区域的合理布局分区，实现蔬菜规模化种植，充分保障全国各大城市对蔬菜品种和数量的紧迫需求。根据全国蔬菜产业发展规划精神，我国蔬菜产区具体可划分为华南区、长江区、西南区、西北区、东北区和黄淮海与环渤海区六大部分。

（1）华南区。该区包括广东、广西、福建、海南4省区。本区域冬春季节气温经常保持在4℃～20℃，更适合蔬菜露地种植。以瓜果类、豆类、茄类蔬菜种植为主，从11月底到第二年的4月初，主要面向长江沿岸、东北、华北、西北和港澳等地区销售。

（2）长江区。该区包括江苏、湖南、重庆、江西、四川、上海、湖北、安徽、浙江9省市。长江区冬春气温经常保持在2℃～20℃，更利于喜阴类蔬菜露天种植。以白菜类、甘蓝类、根茎类蔬菜种植为主，从10月底到第二年的5月初，主要面向珠江三角洲、华北、港澳地区、东北和西北地区销售。

（3）西南区。该区包括云南、贵州2省。该地区夏季清凉，冬春气温经常保持在0℃~20℃，以绿叶菜类、根菜类、茄果类、白菜类种植为主；从6月底到10月初主要面向华北、长江下游、华南地区销售。

（4）西北区。该区包括宁夏、甘肃、山西、陕西、新疆、青海、西藏7省区。该地区夏季清凉，以茄果类、绿叶菜类、瓜类、豆类、根菜类种植为主，从6月底到10月初，主要面向港澳、长江下游、华南、华北地区销售。其中，西藏、青海2省区蔬菜主要用于保障本地和外地游客的需要。

（5）东北区。该区包括黑龙江、吉林、内蒙古3省区。本地区夏季清凉，更适合露天蔬菜生产，外销蔬菜以豆类、茄果类、瓜类种植为主，从5月底到11月初，主要面向长江中下游、京津地区销售。

（6）黄淮海与环渤海区。该区包括河北、河南、山东、北京、天津、辽宁6省市。本地区冬春光照充分，以大棚蔬菜种植为主；夏秋季温度适宜，以露天蔬菜种植为主。外销品种多样，面向全国市场销售。

2015年我国六大蔬菜产区种植规模和产量情况如表2-2、图2-2和图2-3所示。

表2-2 2015年我国六大蔬菜产区种植规模和产量

地区	蔬菜种植面积（万亩）	蔬菜种植面积占比（%）	蔬菜产量（万吨）	蔬菜产量占比（%）
华南区	5434.17	16.47	8701	11.08
长江区	12474.1	37.80	25710.6	32.74
西南区	2976.39	9.02	3605.8	4.59
西北区	2746.52	8.32	7693.5	9.80
东北区	1084.57	3.29	3262.7	4.15
黄淮海与环渤海区	8283.9	25.10	29552.5	37.63
全国	32999.65	100	78526.1	100

资料来源：由《中国统计年鉴》整理得出。

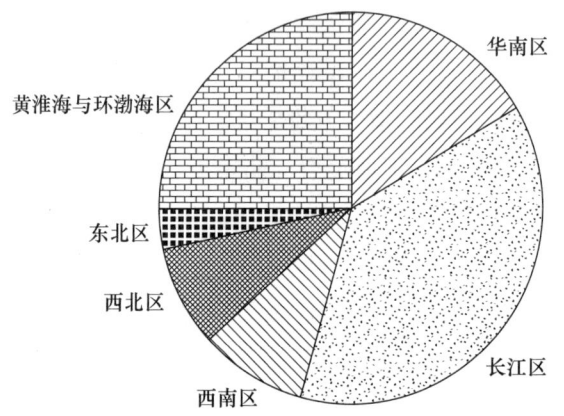

图 2-2　2015 年我国六大蔬菜产区种植面积分布占比（%）

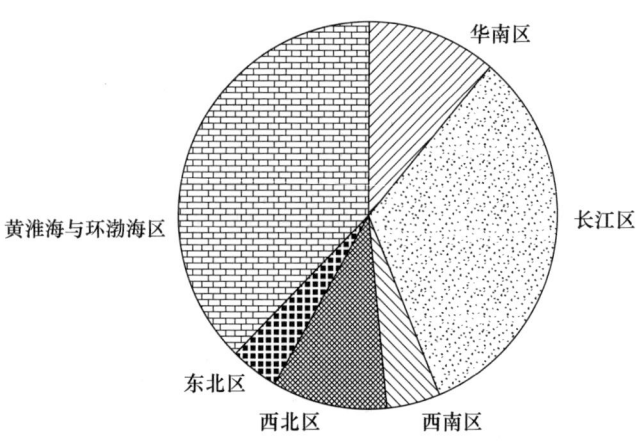

图 2-3　2015 年我国六大蔬菜产区蔬菜产量分布占比（%）

受蔬菜种植历史、蔬菜经营观念和自然资源禀赋影响，我国各地区蔬菜种植面积和种植品种存在较大差异。由图 2-2 可知，长江区蔬菜种植面积占全国比重最大，为 37.8%；其次为黄淮海与环渤海区，占 25.1%；华南区居第三位，占 16.47%，而西南区、西北区和东北区所占比重均不超过 10%。

我国 2015 年蔬菜总产量为 78526.1 万吨，仍居世界首位，六大蔬菜产区中黄淮海与环渤海区、长江区产量最高，分别占全国蔬菜产量的 37.63% 和 32.74%，两大区域产量和约占全国产量的 70%，在全国蔬菜供应中占主导地位；

华南区和西北区蔬菜产量比较接近，分别占 11.08%、9.8%；西南区和东北区蔬菜产量最低，分别占 4.59%、4.15%。

由图 2-2 和图 2-3 可知，我国六大蔬菜产区蔬菜种植规模和产量存在显著差异，为了保障全国城市居民对蔬菜的日常需求，除了需要大力发展蔬菜产区建设，提高蔬菜产区辐射供应功能外，还需要对全国 31 个代表性省份蔬菜产业进行重点建设，适当增加蔬菜种植面积，大力发展设施栽培技术等手段，确保以叶类菜为主的城市蔬菜自足供应，如表 2-3 所示。

表 2-3 2015 年全国 31 个省市蔬菜种植面积与产量情况

省份	蔬菜种植面积（千公顷）	蔬菜种植面积（万亩）	蔬菜种植面积占比（%）	蔬菜产量（万吨）	蔬菜产量占比（%）	蔬菜亩产（千克）
北京	54.27	81.41	0.25	205.1	0.26	2519.35
天津	86.09	129.14	0.39	441.5	0.56	3418.77
河北	1242.06	1863.09	5.64	8243.7	10.50	4424.75
山西	256.69	385.04	1.17	1302.2	1.66	3381.99
内蒙古	277.27	415.91	1.26	1445.3	1.84	3475.03
辽宁	499.96	749.94	2.27	2932.8	3.73	3910.71
吉林	200.52	300.78	0.91	860	1.10	2859.23
黑龙江	245.25	367.88	1.11	957.4	1.22	2602.48
上海	114.3	171.45	0.52	364.5	0.46	2125.98
江苏	1431.35	2147.03	6.51	5595.7	7.13	2606.25
浙江	618.07	927.11	2.81	1806.9	2.30	1948.96
安徽	899.81	1349.72	4.09	2714.2	3.46	2010.94
福建	755.79	1133.69	3.44	1903.6	2.42	1679.12
江西	585.44	878.16	2.66	1359.1	1.73	1547.67
山东	1888.56	2832.84	8.58	10272.9	13.08	3626.36
河南	1751.65	2627.48	7.96	7456.5	9.50	2837.89
湖北	1212.94	1819.41	5.51	3852	4.91	2117.17
湖南	1372.91	2059.37	6.24	3996.9	5.09	1940.84
广东	1381.98	2072.97	6.28	3438.8	4.38	1658.88
广西	1220.99	1831.49	5.55	2786.4	3.55	1521.38
海南	264.01	396.02	1.20	572.2	0.73	1444.88

续表

省份	蔬菜种植面积（千公顷）	蔬菜种植面积（万亩）	蔬菜种植面积占比（%）	蔬菜产量（万吨）	蔬菜产量占比（%）	蔬菜亩产（千克）
重庆	731.67	1097.51	3.33	1780.5	2.27	1622.31
四川	1349.56	2024.34	6.13	4240.8	5.40	2094.91
贵州	980.22	1470.33	4.46	1731.9	2.21	1177.90
云南	1004.04	1506.06	4.56	1873.9	2.39	1244.24
西藏	23.11	34.67	0.11	69.6	0.09	2007.50
陕西	521.43	782.15	2.37	1822.5	2.32	2330.12
甘肃	527.17	790.76	2.40	1823.1	2.32	2305.50
青海	49.65	74.48	0.23	166.4	0.21	2234.16
宁夏	129.27	193.91	0.59	575.8	0.73	2969.42
新疆	323.67	485.51	1.47	1933.9	2.46	3983.23
全国	21999.7	32999.65	100	78526.1	100	2379.60

资料来源：由《中国统计年鉴》整理得出。

如表2-3所示，本书在对2015年全国各大省份蔬菜生产现状调查中发现，山东省蔬菜种植面积2832.84万亩和产量10272.9万吨，位居全国第一，其中，1985年建立的寿光蔬菜集散市场，供应全国40%的城市蔬菜，吸引各地城市蔬菜销售商前来收购。河北省是我国唯一兼有高原山地、平原丘陵、湖泊海滨的省份，年均降水542.3毫米（河北省情信息网，2016），光能资源丰富（河北省统计局，2015），适宜生产各类蔬菜。2015年河北省蔬菜播种面积1863.09万亩，蔬菜产量8243.7万吨，位居全国第二。河南省具有亚热带和暖温带的气候特点，日照充足、土地肥沃、水资源充沛，蔬菜总种植面积2627.48万亩，总产量7456.5万吨，位居全国第三。江苏省处于南北气候过渡带，滨江临海，河湖众多，给江苏省带来丰富的水资源优势。全省耕地面积6894万亩，农业生产条件得天独厚，被称为"鱼米之乡"。蔬菜总种植面积2147.03万亩，总产量5595.7万吨，位居全国第四。四川省土质多样，土层肥力高（四川省统计局，2016），方便开垦，2015年蔬菜播种面积2024.34万亩，蔬菜产量4240.8万吨，位居全国第五。

另外，将全国各大省市蔬菜亩产量与全国蔬菜亩产量2379.60公斤比较，发现北京、天津、河北、山西、内蒙古、辽宁、吉林、黑龙江、江苏、山东、河南、宁夏、新疆13省市的蔬菜亩产量高于全国平均水平,其中又以内蒙古、河北、辽宁、山东、新疆5省份的蔬菜亩产量居高。经进一步调研发现,上述主要蔬菜生产省份在保障自身蔬菜需求的同时,向全国其他省市城市辐射,从而保障了全国城市蔬菜需求整体达到均衡水平。

在对我国31省份蔬菜种植情况进行统计分析的基础上,按蔬菜种植面积和产量排序,确定前八位的省市排名,如表2-4所示。

表2-4 2015年我国蔬菜种植面积与产量前八位省份排名

省份	蔬菜种植面积（万亩）	蔬菜种植面积占比（%）	排序	省份	蔬菜产量（万吨）	蔬菜产量占比（%）	排序
山东	2832.84	8.58	1	山东	10272.9	13.08	1
河南	2627.48	7.96	2	河北	8243.7	10.50	2
江苏	2147.03	6.51	3	河南	7456.5	9.50	3
广东	2072.97	6.28	4	江苏	5595.7	7.13	4
湖南	2059.37	6.24	5	四川	4240.8	5.40	5
四川	2024.34	6.13	6	湖南	3996.9	5.09	6
河北	1863.09	5.64	7	湖北	3852	4.91	7
湖北	1819.41	5.51	8	广东	3438.8	4.38	8

资料来源:由《中国统计年鉴》整理得出。

根据《中国统计年鉴》数据显示,1980年以来,山东、河北等省一直是我国蔬菜生产大省,主要由于这些省份具有常年种植蔬菜的历史,并且地理位置、气温气候更适宜蔬菜生长。而至2015年,各省份蔬菜种植面积和产量都发生了很大变化。其中,在蔬菜种植面积方面,山东、河南、江苏三省名列前三位,广东、湖南、四川、河北、湖北分列4~8位;在蔬菜产量方面,山东、河北、河南三省名列前三,江苏、四川、湖南、湖北和广东分列4~8位。在一定程度上说明了随着蔬菜种植技术和设备水平的提高,蔬菜种植对自然条件的依赖程度正在逐渐减弱。同时,在1995~2015年,位列前八的蔬菜主产省份在蔬菜种植面积占比和产量占比两项指标上都呈现下降趋势,说明全国各地对蔬菜产业重要性的认识正在普遍增强，蔬菜种植规模迅速增大，各地区与蔬菜主产区之间的差距正在逐步缩小。

为进一步分析我国蔬菜生产布局情况，本书利用区域规模比较优势指数进行分析说明。某区域蔬菜种植规模比较优势指数指在某时期内该区域蔬菜播种面积占该区域农作物播种总面积的比重与同一时期全国蔬菜占全国农作物总播种面积比重的比值。即

$$\text{蔬菜生产的规模比较优势指数} = \frac{\text{某地区蔬菜种植面积}/\text{某地区农作物种植总面积}}{\text{全国蔬菜种植面积}/\text{全国农作物总种植面积}}$$

当该指数值小于1时，说明该区域蔬菜种植规模化程度低于同时期全国平均规模化程度；相反，则说明蔬菜种植规模化程度高于全国平均水平。当蔬菜生产规模比较优势指数较高时，将有利于实现规模效益，降低蔬菜种植成本，实现蔬菜产业化经营，将蔬菜生产与流通、销售紧密结合，增强其市场竞争力。

为了计算蔬菜生产的规模比较优势指数，首先，构建全国31个省份蔬菜种植面积占该省市农作物总种植面积的比例，如表2-5所示。其次，计算全国蔬菜种植面积占全国农作物种植总面积的比例。由《中国统计年鉴》数据可知，2015年全国蔬菜种植面积为21999.7千公顷，全国农作物总种植面积为166374千公顷，从而计算出全国蔬菜种植面积占全国农作物种植总面积的比例为13.22%。最后，计算全国31个省份蔬菜生产的规模比较优势指数。如图2-4所示，2015年蔬菜生产规模比较优势指数值大于1的省份共有17个，其余14个省份的蔬菜生产规模比较优势指数值都小于1。其中比较优势指数最明显的省份包括上海（2.54）、福建（2.45）、北京（2.36）、海南（2.36）、广东（2.18）等。但在该5省市中，仅广东省蔬菜种植面积占全国蔬菜总面积比例达6%以上，其余省市尤其是北京市和上海市的蔬菜种植面积占比都非常小。说明我国多数经济较发达的一线城市对蔬菜自我供给的能力较强，但在整个国家蔬菜供应体系中却还难以发挥重要作用。而在我国整个蔬菜供应体系中发挥重要作用的某些省市，其规模比较优势指数却并不太高。例如，在蔬菜生产规模排在前八的省份中，山东省蔬菜种植面积占当年全国总面积的8.58%，但蔬菜种植规模比较优势指数仅为1.3，剩余七个省份的蔬菜生产规模比较优势指数分别为0.92（河南省）、1.40（江苏省）、2.18（广东省）、1.19（湖南省）、1.05（四川省）、1.08（河北省）、1.15（湖北省）。

表 2-5 2015 年全国 31 个省份蔬菜生产的规模比较优势指数

省份	蔬菜种植面积（万亩）	农作物种植面积（万亩）	各省市蔬菜种植面积占比（%）	蔬菜生产的规模比较优势指数
北京	81.41	260.55	31.25	2.36
天津	129.14	703.5	18.36	1.39
河北	1863.09	13109.7	14.21	1.08
山西	385.04	5651.55	6.81	0.52
内蒙古	415.91	11351.85	3.66	0.28
辽宁	749.94	6329.85	11.85	0.9
吉林	300.78	8518.65	3.53	0.27
黑龙江	367.88	18441	1.99	0.15
上海	171.45	510.3	33.60	2.54
江苏	2147.03	11617.5	18.48	1.40
浙江	927.11	3435.75	26.98	2.04
安徽	1349.72	13425.75	10.05	0.76
福建	1133.69	3496.95	32.42	2.45
江西	878.16	8368.65	10.49	0.79
山东	2832.84	16539.75	17.13	1.30
河南	2627.48	21637.5	12.14	0.92
湖北	1819.41	11928.6	15.25	1.15
湖南	2059.37	13075.5	15.75	1.19
广东	2072.97	7177.05	28.88	2.18
广西	1831.49	9202.05	19.90	1.51
海南	396.02	1267.95	31.23	2.36
重庆	1097.51	5363.7	20.46	1.55
四川	2024.34	14534.85	13.93	1.05
贵州	1470.33	8313.3	17.69	1.34
云南	1506.06	10778.4	13.97	1.06
西藏	34.67	379.2	9.14	0.69
陕西	782.15	6426.75	12.17	0.92
甘肃	790.76	6343.95	12.46	0.94
青海	74.48	837.6	8.89	0.67
宁夏	193.91	1896.9	10.22	0.77
新疆	485.51	8635.95	5.62	0.43
全国	32999.65	249561	13.22	1

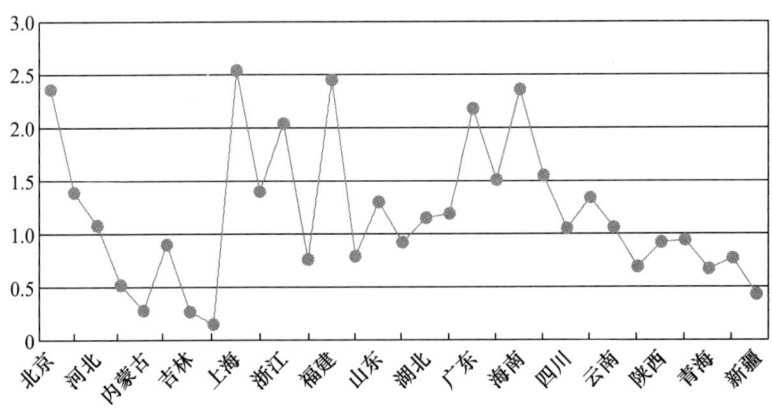

图 2-4　2015 年我国各省份蔬菜生产规模比较优势指数

2. 我国蔬菜生产品种布局现状

我国幅员广阔，具有多样化的气候类型，适合各类蔬菜的种植，目前我国拥有近 150 种蔬菜品种，其中产量较大的有 20 多种，年产量均在千万吨以上。我国当前的蔬菜品种按照植物学分类标准可分为果菜类、根菜类、花菜类、叶菜类、茎菜类及其他类。其中，果菜类蔬菜主要有茄子、西红柿、丝瓜、冬瓜等；根菜类蔬菜主要有萝卜、根用芥菜、芜菁等；花菜类蔬菜主要有西兰花、菜花、白花菜、松花菜等；叶菜类蔬菜主要有油菜、莜麦菜、空心菜、卷心菜等；茎菜类蔬菜主要有莴笋、菜薹、茭白、蒜苗、荸荠、慈姑等。

为了更好地了解我国蔬菜品种种植规模情况，本书对 2015 年我国主要蔬菜的种植面积和产量情况进行统计整理，如表 2-6 所示。

表 2-6　2015 年我国蔬菜分种类主要品种生产情况

品种		播种面积（万亩）	播种面积占比（%）	总产量（万吨）	产量占比（%）	亩产量（千克）
蔬菜总计		32999.65	100	78526.1	100	2379.6
叶菜类	菠菜	1129.01	3.42	2194.38	2.79	1943.64
	芹菜	1139.01	3.45	2973.24	3.79	2610.37
	大白菜	3943.61	11.95	11036.82	14.05	2798.66

续表

品种		播种面积（万亩）	播种面积占比（%）	总产量（万吨）	产量占比（%）	亩产量（千克）
瓜菜类	黄瓜	1746.77	5.29	5571.60	7.10	3189.67
块根类	胡萝卜	719.54	2.18	1787.01	2.28	2483.56
茄果菜类	茄子	1163.40	3.53	2916.47	3.71	2506.85
	番茄	1517.57	4.60	5329.89	6.79	3512.13
葱蒜类	大葱	859.74	2.61	2196.33	2.80	2554.65
	大蒜	1174.52	3.56	1924.43	2.45	1638.49
豆类	豇豆	784..79	2.38	1405.10	1.79	1790.43
其他菜类		1768.10	5.36	3151.86	4.01	1782.63

资料来源：中国种植业信息网。

在我国蔬菜主要生产品种中，大白菜种植面积最大，为3943.61万亩，占蔬菜总种植面积的11.95%；第二为黄瓜，种植面积为1746.77万亩，占蔬菜总种植面积的5.29%；第三为番茄，种植面积达1517.57万亩，占蔬菜总种植面积的4.6%；第四为大蒜，种植面积为1174.52万亩，占蔬菜总种植面积的3.56%；胡萝卜种植面积最小，为719.54万亩，仅占蔬菜总种植面积的2.18%；其他类蔬菜种植面积为1768.1万亩，占蔬菜总种植面积的5.36%。

在各类主要蔬菜品种的生产产量方面，大白菜产量最高，为11036.82万吨，占蔬菜总产量的14.05%；其次为黄瓜，为5571.60万吨，占蔬菜总产量的7.10%；番茄居第三，为5329.89万吨，占蔬菜总产量的6.79%；第四为芹菜，总产量为2973.24万吨，占蔬菜总产量的3.79%；豇豆产量最低，为1405.1万吨，占蔬菜总产量的1.79%；其他类蔬菜产量为3151.86万吨，占蔬菜总产量的4.01%。

在各类主要蔬菜品种的亩产量方面，番茄的亩产量最高，为3512.13公斤；其次是黄瓜，为3189.67公斤，另外，大白菜亩产量为2798.66公斤，芹菜为2610.37公斤，大葱为2554.65公斤，茄子为2506.85公斤，胡萝卜为2483.56公斤，均高于蔬菜平均亩产量2379.6公斤，大蒜的亩产量最低，仅有1638.49公斤。

为了更深入地分析我国主要蔬菜在各大城市的分布情况，表2-7列示了我国10种主要蔬菜在全国31个省份的种植规模情况。

表2-7 2015年我国各省份蔬菜主要品种种植面积　　　　　　　　单位：万亩

省份	总蔬菜	菠菜	芹菜	大白菜	黄瓜	胡萝卜	茄子	番茄	大葱	大蒜	豇豆
全国	32999.65	1129.01	1139.01	3943.61	1746.77	719.54	1163.4	1517.57	859.74	1174.52	784.79
北京	86.22	5.42	8.37	9.83	7.73	1.68	3.09	8.21	1.88	0.3	1.64
天津	135.21	7.01	13.76	17.40	18.15	0.32	5.79	14.12	6.71	0.90	1.13
河北	1856.24	108.44	73.91	365.70	201.20	45.20	83.31	159.15	79.95	48.35	18.83
山西	385.59	7.61	7.85	42.12	29.90	19.04	14.07	53.01	22.88	4.68	2.55
内蒙古	422.49	8.10	21.47	56.81	29.39	35.79	14.03	37.64	19.68	4.28	3.11
辽宁	710.58	19.52	31.13	158.90	113.75	8.96	58.67	80.70	23.73	3.66	12.83
吉林	316.59	9.59	11.21	95.76	34.68	5.450	17.33	15.71	16.74	7.22	3.45
黑龙江	403.28	8.61	8.43	105.74	31.64	11.27	19.17	22.49	27.32	9.98	15.68
上海	191.13	3.47	6.24	3.95	4.89	0.42	3.56	4.61	1.53	0.66	2.76
江苏	2058.59	86.94	88.64	225.80	100.80	32.06	79.67	88.02	36.71	157.38	42.17
浙江	909.00	14.85	32.93	39.06	23.93	5.03	34.88	26.42	5.54	13.71	26.63
安徽	1293.09	64.25	79.02	114.62	69.20	34.58	53.96	60.05	50.93	50.57	36.36
福建	1085.79	29.76	25.995	110.13	43.88	22.02	36.57	31.04	—	10.02	16.65
江西	858.41	33.50	44.90	101.23	36.03	25.89	34.23	12.44	12.84	28.64	20.99
山东	2793.62	93.63	100.95	390.06	164.66	48.35	92.67	114.71	102.93	299.78	17.67
河南	2588.43	106.58	117.60	269.67	201.92	85.34	100.94	143.18	130.94	170.49	120.53
湖北	1760.28	70.49	53.25	247.49	87.35	49.67	64.74	52.32	31.23	38.01	64.74
湖南	1994.94	48.80	63.06	207.18	84.38	50.33	77.28	46.40	26.16	44.64	66.39
广东	2025.60	126.98	82.73	212.46	79.22	21.93	61.85	39.63	45.21	44.19	25.86
广西	1743.71	75.47	48.62	236.06	78.33	17.10	41.42	69.30	31.92	32.97	78.02
海南	373.14	4.49	4.13	5.64	10.32	1.02	17.66	5.40	2.39	2.22	29.60
重庆	1062.11	15.47	12.06	59.37	33.17	12.23	26.97	26.79	13.19	13.08	25.98
四川	1973.19	48.57	60.93	175.04	87.81	52.29	86.06	65.88	37.23	52.95	65.30
贵州	1386.38	28.20	22.49	236.25	33.53	24.03	32.78	40.55	25.88	41.09	35.40
云南	1421.19	29.24	26.67	233.66	28.58	8.45	25.76	28.62	24.35	40.70	15.65
西藏	35.79	1.20	0.30	2.36	0.32	0.24	0.27	0.42	0.18	0.12	0.11
陕西	753.93	33.75	36.83	68.81	54.98	30.72	29.16	58.91	34.14	30.83	18.45
甘肃	760.29	19.91	19.43	77.73	34.10	34.22	30.00	49.74	23.18	14.12	8.94
青海	72.15	5.10	1.85	7.14	2.04	6.03	0.83	1.47	5.73	2.12	0.075
宁夏	185.04	3.77	20.93	11.40	10.07	5.61	8.57	27.80	7.13	1.82	1.82
新疆	465.21	10.38	13.46	56.18	10.92	24.33	8.19	132.90	11.60	5.12	5.58

资料来源：中国种植业信息网。

由表 2-7 分析可知,在我国蔬菜生产中,以菠菜、芹菜和白菜为代表的叶菜类蔬菜主要产区种植面积前 5 位排名依次为山东省、河北省、河南省、广东省和江苏省,该 5 省种植面积总和占全国叶菜类蔬菜种植面积的 38.37%。其中,最大的菠菜种植产区为广东省,占全国菠菜总种植面积的 10.94%;最大的芹菜种植产区为河南省,占全国芹菜总种植面积的 10.04%;最大的白菜种植产区为山东省,占全国白菜总种植面积的 9.62%。

以黄瓜为代表的瓜菜类蔬菜主产区种植面积前 5 位排名依次为河南省、河北省、山东省、江苏省和辽宁省,该 5 省种植面积总和占全国黄瓜种植面积的 43.57%。

以胡萝卜为代表的块根类蔬菜主产区种植面积前 5 位排名依次为河南省、四川省、湖南省、湖北省、山东省,该 5 省种植面积总和占全国胡萝卜种植面积的 38.67%。

以茄子和番茄为代表的茄果类蔬菜主产区种植面积前 5 位排名依次为河南省、河北省、山东省、江苏省、四川省,该 5 省种植面积总和占全国茄果类蔬菜种植面积的 36.78%。其中,最大的茄子种植产区为河南省,占全国茄子总种植面积的 8.44%;最大的番茄种植产区为河北省,占全国番茄总种植面积的 10.20%。

以大葱和大蒜为代表的葱蒜类蔬菜主产区种植面积前 5 位排名依次为山东省、河南省、江苏省、河北省、安徽省,该 5 省种植面积总和占全国葱蒜类蔬菜种植面积的 53.95%。其中,最大的大葱种植产区为河南省,占全国大葱总种植面积的 1482%;最大的大蒜种植产区为山东省,占全国大蒜总种植面积的 24.83%。

以豇豆为代表的菜用豆类主产区种植面积前 5 位排名依次为河南省、广西壮族自治区、湖南省、四川省、湖北省,该 5 省区种植面积总和占全国豇豆种植面积的 48.96%。其中,河南省豇豆种植面积最大,达到全国豇豆种植面积的近六分之一。

通过以上分析发现,河南、山东、河北、江苏、湖北、四川、湖南、广东等省份为我国主要蔬菜品种的集中产区,2015 年 8 省各类蔬菜总种植面积均达到 1700 万亩以上,约占全国蔬菜总种植面积的 51.66%,其中,又以江苏省、山东省、河南省和广东省蔬菜种植面积居多,均超过 2000 万亩。

由此可见，河南省为全国最大蔬菜产区，主要生产菠菜、芹菜、白菜、黄瓜、胡萝卜、茄子、番茄、大葱、大蒜、豇豆、其他常见蔬菜，其中，芹菜、黄瓜、胡萝卜、茄子、大葱、豇豆等种植面积居全国首位。山东省作为全国第二大蔬菜产区，主要生产大白菜、菠菜、芹菜、胡萝卜、黄瓜、茄子、番茄、大葱、大蒜、其他常见蔬菜，其中，大白菜、大蒜等种植面积居全国首位。河北省为全国第三大蔬菜产区，主要生产菠菜、芹菜、白菜、黄瓜、茄子、番茄、大葱、大蒜、其他常见蔬菜，其中，番茄种植面积位居全国第一。广东省为菠菜、芹菜、大葱的蔬菜主产区之一，其中，菠菜种植面积居全国首位。江苏省为菠菜、芹菜、黄瓜、茄子、番茄、大蒜的蔬菜主产区之一，四川省为胡萝卜、茄子、豇豆的蔬菜主产区之一，湖南省为我国胡萝卜、豇豆的蔬菜主产区之一，湖北省为我国白菜、胡萝卜、豇豆的蔬菜主产区之一。

第二节　我国蔬菜加工与流通现状分析

蔬菜采摘后由于处理不当会造成蔬菜的大量损失，因此通过大力发展蔬菜加工和物流产业，实现蔬菜保值、增值是保障蔬菜充足供应，满足消费者多样化需求的关键。

一、我国蔬菜加工现状分析

1. 蔬菜加工类型现状

蔬菜生产受所处地域环境和自然条件影响极大，致使蔬菜具有生产周期长、淡旺季产量差距大、运输和存储成本偏高等特点，导致蔬菜在淡季、受灾等供不应求情况下价格会攀升，而在旺季、丰收年度等供过于求情况下价格会降低，使蔬菜大量积压，没有销路，造成浪费。蔬菜加工企业通过对新鲜蔬菜的加工、处理，一方面可增加蔬菜的附加价值，扩大产品销路。据调研数据显示，蔬菜经加工后可实现价格提升，一般能达到原蔬菜价格的 1.2 倍；而经过深加工的蔬菜价格增长更多,可达到原蔬菜价格的10倍以上。另一方面可延长蔬菜的保质期,减少蔬菜的损失。普通蔬菜大多保质期较短,采摘后可保存几天或十几天,而经过加工后的蔬菜大多可保存一年甚至更长时间。因此,蔬菜加工业的发展可从根本上缓解蔬菜供求不均衡带来的尖锐矛盾,已受到更多蔬菜相关经营企业的关注。

蔬菜加工企业大多采取两种加工方式:一种加工方式称为蔬菜初步加工,另一种加工方式称为蔬菜深加工。

(1) 蔬菜初加工。蔬菜初步加工方式主要采用新鲜蔬菜的包装和保鲜处理两种形式。①新鲜蔬菜包装形式主要是指通过对新鲜蔬菜的拣选、分类和简单包装的方式来保障蔬菜质量和提高蔬菜外表美观,并在一定程度上延缓蔬菜变质的加工方法,但该加工方法对蔬菜处理比较简单,蔬菜保存期比较短,在运输过程中对保鲜技术要求较高。经过包装处理的蔬菜一般在超市和蔬菜专营店销售,价格会略高于农贸市场普通蔬菜价格,更符合大中城市居民的购买需要。②蔬菜保鲜形式主要是指将具备一定存储期的蔬菜,如土豆、胡萝卜、姜等,存储在冷鲜库、地窖等保鲜存储设备中,从而使蔬菜达到优质保鲜的效果。

(2) 蔬菜深加工。蔬菜深加工主要采取六种加工方式:①腌制蔬菜。腌制蔬菜是我国采用最早的一种蔬菜深加工方式,由于腌制蔬菜相对比较简单,而蔬菜经过腌制后保质期相对较长且具有独特的味道,市场需求较为广阔,国内越来越多的蔬菜加工企业都选择了从事蔬菜腌制业务。②脱水蔬菜。脱水蔬菜是采用特殊工艺将新鲜蔬菜中的水分排出,以延长蔬菜的保存周期,经过脱水处理的蔬菜经济、方便、便于运输,更适用于非蔬菜产区,方便面生产企业等对脱水蔬菜常年具有大量需求。③冷冻蔬菜。冷冻蔬菜是采用低温冷冻方式对蔬菜进行加工处理,从而最大限度保存蔬菜品质和营养,以延长蔬菜保质期。经过速冻处理的蔬菜便于运输,可极大地缓解冬春蔬菜供应紧张的情况。④罐装蔬菜。罐装蔬菜是运用密闭容器实现对蔬菜真空保存的一种蔬菜加工方式,罐装蔬菜便于储运、携带方便、保质期长,可更好地调节季节与地区差异。⑤净菜及切割蔬菜。净菜及切割蔬菜是蔬菜在初加工的基础上进行蔬菜清洗、切割处理,并进行脱水包装的加工方法,经过处理的蔬菜具备统一的规格标准,蔬菜安全性更有保障。⑥蔬菜榨汁。蔬菜榨汁是运用机械工具将新鲜蔬菜汁液进行提取的加工方式,蔬菜汁液营养丰富、绿色健康,并且可以与其他食品配合使用,正成为新的市场需求热点。

2. 蔬菜加工企业现状

蔬菜加工企业是指运用必要的生产工具或设备，经过一定的生产程序，以新鲜蔬菜为原材料进行加工处理，增加了蔬菜的价值和使用价值，形成新产品，从而满足消费者多样化需求的一类生产组织。

蔬菜加工企业选址时一般优先考虑贴近蔬菜产地：其一，可以缩短蔬菜从采摘到加工的距离，保证蔬菜的新鲜品质；其二，可以降低蔬菜运输成本，充分保障农户和加工企业的利益；还有，贴近蔬菜产地可为加工企业提供充足的原材料供应，保障蔬菜加工生产的稳定性；其三，蔬菜加工企业靠近农村可吸收大量农村剩余劳动力，解决农民工就业问题，增加农民的收入。

随着蔬菜产业的快速发展，蔬菜加工企业无论从数量方面还是从生产规模等方面都取得了显著成效，但与发达国家相比还存在以下显著差距：

（1）我国从事蔬菜加工的大型企业偏少，对产业的带动作用明显不足。我国蔬菜加工企业大多为中小民营企业或个体企业，蔬菜加工规模相对较小，蔬菜生产种类比较单一，加工方式也主要以简单的初级加工为主。究其原因，关键在于蔬菜加工企业无论在生产规模还是生产品质方面，都难以形成竞争优势，致使其严重缺乏市场议价能力，只能成为市场价格的被动接受者。蔬菜加工企业以低价卖出产品，为了盈利，只能压低蔬菜的采购价格，将损失转嫁给农户，农户在利润降低的情况下，只能通过降低对蔬菜的投入成本或减少蔬菜种植面积来弥补损失，最终导致蔬菜供给减少，蔬菜价格升高，蔬菜价格的不稳定必将使得蔬菜生产、加工以及销售环节都遭受损失。蔬菜深加工种类如蔬菜脆片、蔬菜汁等产品获利空间较大，发展前景较好，但由于我国多数蔬菜加工企业经营规模较小，缺乏扩张经营的资金和技术，导致企业蔬菜深加工的种类还较少，更多企业还只是从事对蔬菜的简单初级加工，所能获取的利润也是有限的。

（2）我国蔬菜加工企业生产工艺水平较低。我国大多数蔬菜加工企业技术创新意识不强，缺乏技术资金投入，致使蔬菜加工企业设备陈旧、技术水平也相对落后，与发达国家相比还有较大差距，目前蔬菜加工企业的经营业务还大多以蔬菜初加工产品为主，而创新型的深加工蔬菜产品几乎没有生产，即使有加工生产的企业其产品质量也差距较大。据统计发现，经过加工的蔬菜达到蔬菜总量的

1/4 时，蔬菜产值可增加两倍或三倍。我国当前蔬菜加工量还非常有限，在全国蔬菜总量中还不足 10%；而像美国等发达国家的蔬菜加工能力远远超过中国，其蔬菜加工创造的价值可达到蔬菜原价值的十倍以上。由此可见，我国蔬菜加工水平还较低，仍有巨大的发展空间有待提升。

（3）蔬菜加工企业缺少完善的物流运输系统。作为蔬菜加工企业的上游供应商（蔬菜种植户或蔬菜生产组织）为企业提供蔬菜加工的原材料，为了保障蔬菜加工的品质，对新鲜蔬菜物流运输的速度和效率要求特别高；蔬菜自身所具有的自然属性决定了对物流运输温度和湿度的特殊要求。我国物流业起步较晚，特别是蔬菜物流，由于蔬菜自身的特殊性对物流的要求更高，目前我国多数蔬菜加工企业还无法建立自己完善的物流运输体系，多数通过物流外包的形式解决蔬菜运输问题。但由于蔬菜加工规模较小，致使从事专业化蔬菜物流服务的企业还较少，蔬菜在物流运输过程中造成的损失还很严重，最终加重了蔬菜加工的成本。

（4）蔬菜安全成为蔬菜加工企业日渐关注的问题。以往许多蔬菜加工企业为了谋求高利润，低价采购劣质蔬菜，过度使用对人体有害的加工材料，给消费者的人身健康带来了极大危害。近年来，随着消费者收入水平的提高和消费者健康意识的不断增强，食品安全问题越来越受到政府和社会大众的关注，蔬菜加工企业开始注重对蔬菜各个加工过程产品安全问题的监管和控制，但关于蔬菜加工流程和标准体系的建设仍须不断完善。

总之，我国蔬菜加工规模较小，蔬菜加工技术落后，蔬菜采摘后由于处理不当造成采后损失率较高，采后产值只占产前产值的 38%，已加工蔬菜的产品增值比率也较低，另外，加工蔬菜的流通和安全问题还有待提高。政府为了鼓励蔬菜加工企业扩大生产规模，提高蔬菜加工品质和品种，给予了许多政策上的优惠，特别对蔬菜供应链纵向合作的"公司+农户"蔬菜生产模式在所得税上给予优惠减免，另外，自 2012 年 1 月 1 日起对蔬菜流通零售环节的纳税人免征增值税。蔬菜加工企业应从自身实际出发，依托当地蔬菜种植资源，充分调研蔬菜加工品市场需求现状，不断创新开发新的蔬菜加工品种。另外，蔬菜加工企业还应积极转变观念，以科技创新推动产业发展，提高深加工蔬菜的附加价值。最后，蔬菜加工企业要充分发挥其在整个供应链中的衔接作用，与蔬菜生产基地建立长期合作关系，培育具有地域特色的蔬菜品牌，形成生产、加工、销售为一体的蔬菜产业链条。

二、我国蔬菜流通现状分析

1. 我国蔬菜流通体制发展历程

蔬菜流通是连接蔬菜生产和蔬菜销售的中间环节,其发展水平对于缓解蔬菜供需矛盾起着至关重要的作用。我国蔬菜流通体制发展大体经历了六个阶段:

(1) 蔬菜自由购销阶段(1949~1955年)。新中国成立初期,我国城乡人口规模较小,蔬菜供求基本处于平衡状态。当时大中城市蔬菜流通主要是通过菜农和菜贩提供的,而靠近农村的小城镇则是通过集市贸易来实现的。第一个五年计划初期,随着城市人口的迅速增长,原有的私营蔬菜流通方式无法满足城市蔬菜需求,部分大中城市的国营商业企业开始从事蔬菜经营业务,逐渐在蔬菜批发环节占据主导优势,而在零售环节,个体菜贩仍然占据主导地位。该时期蔬菜流通的主体主要还是以个体菜贩和菜农为主。

(2) 第一次蔬菜统购包销阶段(1956~1961年)。1956~1961年,我国进行全面的社会主义改造,国家所有产品都采取统购包销政策。1956年3月,中国蔬菜公司正式成立,除人民公社实行蔬菜自给供应外,大中城市郊区蔬菜实行计划生产,由蔬菜公司统购包销,关闭城乡农贸市场,菜农不允许自己经销蔬菜。1958年12月,国务院再次做出规定,蔬菜由国营商业企业统一经营,负责安排生产、保证供应,并负责对蔬菜私营商业企业进行社会主义改造。蔬菜的统购包销在新中国成立初期资源紧张的情况下,对保障大中城市郊区蔬菜供给、稳定价格曾发挥过积极的作用。但该种经营模式割断了菜农与市场的直接联系,严重挫伤了菜农生产的积极性,蔬菜品种、数量急剧下降,导致蔬菜经营企业严重亏损,城市居民的蔬菜需求得不到保障等弊端日益显现。

(3) 多元蔬菜流通主体并存发展阶段(1962~1965年)。第一次蔬菜统购包销实施后暴露出两方面较大的问题:一方面由于蔬菜收购价格偏高,蔬菜价格调整周期长,造成菜农收入远高于粮农和企业工人收入,收入分配不均问题引发社会矛盾;另一方面国营蔬菜公司按国家计划价格进行蔬菜经营,无法根据市场需求进行价格调整,造成企业亏损严重,1962年全国亏损额就达20435万元。针对

第二章 我国城市蔬菜产销现状与存在问题分析

以上两方面问题,国家局部调整蔬菜经营政策,降低部分蔬菜的统一收购价格,允许菜农自行销售计划外蔬菜,价格可根据市场来确定,从而实现了菜粮比价的合理性。另外,国营蔬菜公司通过拉大部分蔬菜销售价格与收购价格之间的差距,逐步减少了蔬菜经营的亏损。该时期政策中虽然允许了多种蔬菜个体参与经营,但国营蔬菜公司仍在蔬菜流通中占据主导地位,计划流通体制仍未从根本上发生转变。

(4) 第二次统购包销阶段(1966~1977年)。1966~1977年"文化大革命"期间,全国蔬菜经营再次恢复到了由国营蔬菜公司统购包销的流通体制,严重阻碍了我国蔬菜流通体制的改革进程,导致城市蔬菜零售网点数量大幅减少,城市蔬菜供应数量增长缓慢,国营蔬菜公司亏损额连年增加。全国35个大中城市的亏损额由1965年的3325.4万元增至1976年的10336.8万元。

(5) 蔬菜流通双轨制阶段(1978~1984年)。党的十一届三中全会以后,我国各地陆续进行了蔬菜流通体制改革,试行由蔬菜生产队自产自销的经营方式,逐步在乡镇恢复集市贸易。1984年1月国务院在《关于做好蔬菜供应工作保持菜价基本稳定的报告》中明确指出:要以计划经济为主,发挥国营蔬菜公司的主导作用,对80%的大路菜实行计划经营;而对20%的精细菜则放开经营,充分发挥个体经营的积极补充作用,从而实现双轨制经营模式。双轨制经营对于稳定物价、增加蔬菜品种、繁荣蔬菜市场、改善人民生活都发挥了积极作用。但该阶段国营公司的计划经营仍占据主导地位,由于计划价格无法根据市场需求进行及时调整,导致国营蔬菜公司亏损额持续上升,无法适应市场经济的发展要求。

(6) 全面市场经济体制阶段(1985年至今)。1985年我国开始对蔬菜实行经营和价格全面放开,我国蔬菜经营全面转向市场经济体制。1988年国务院批准实施第一轮"菜篮子"工程建设,重点保障蔬菜总量的增长,解决蔬菜城市供应量严重不足的问题;1990年我国继续实施第二轮"菜篮子"工程建设,开始注重调整品种结构,提高蔬菜品质,解决蔬菜流通成本偏高的问题。蔬菜经营以市场体制调节为主,以国家宏观调控为辅。

2. 我国蔬菜流通市场现状

目前,我国生鲜蔬菜的集散与流通主要是通过批发市场完成的。1978年蔬菜流通双轨制改革后,我国蔬菜批发市场开始逐步发展起来,从此由国营蔬菜公司占主导的计划经营开始向市场经营转变,如1979年上海率先成立的"上海市副食品交易市场"等。1983年国务院第21号文件中明确提出,"要在大中城市逐步建设农产品批发市场"的号召;1990年政府为全面推进"菜篮子"工程建设,开始大力发展农产品批发市场,加快蔬菜的流通;1994年之后,政府不断加强对农产品批发市场法制建设,先后出台了"新鲜农产品批发市场建设五年规划""批发市场管理办法""国家定点鲜活农产品批发市场制度"等条例,进一步完善了批发市场流通体制建设。为进一步促进农产品市场流通,农业部还组织筹备成立了"中国农产品市场协会"。蔬菜批发市场不断扩大,以原有蔬菜国营公司为主导的计划流通体制逐步解体,以农产品批发市场为核心的市场流通体制开始逐步建立。

下面对2008~2015年亿元以上农产品市场数量变化情况、亿元以上蔬菜市场经营情况和亿元以上蔬菜类市场经营情况进行分析。

(1)2008~2015年我国亿元以上农产品市场、蔬菜市场数量变化情况分析。如表2-8和图2-5所示,我国亿元以上农产品市场数量由2008年的921个连续增长,到2012年达到最多为1044个,然后数量有所减少,2014年减少至999个。2008~2014年,亿元以上蔬菜市场数量变化与农产品市场数量变化基本相同,表现为先增后减的规律,2014年蔬菜市场数量达到304个,7年间蔬菜市场数量占农产品市场数量的比例平均约为30%,由此可见,在整个农产品流通市场中,蔬菜作为体现人们生活品质的必需品占据着极其重要的地位,并持续保持稳定。农产品综合市场是指经营多种农产品的场所,其中蔬菜交易是农产品综合市场经营的一项重要内容,该市场经营规模的情况也在一定程度上反映了蔬菜流通的程度。我国亿元以上农产品综合市场呈现不断发展趋势,2012年达到最高值为715个,然后数量有所下降,2014年达到683个。

表2-8 2008~2015年我国亿元以上农产品市场、蔬菜市场数量

年份	2008	2009	2010	2011	2012	2013	2014	2015
亿元以上农产品市场数量(个)	921	946	981	1020	1044	1019	999	979
亿元以上蔬菜市场数量(个)	280	289	295	313	312	312	304	299
亿元以上农产品综合市场数量(个)	630	657	691	702	715	689	683	683

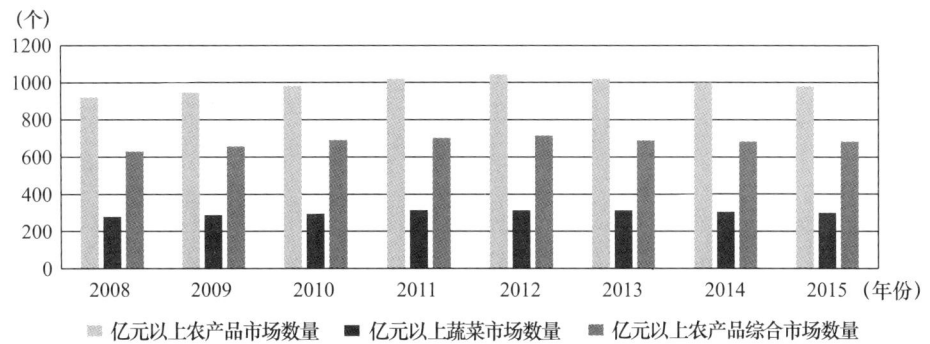

图 2-5 2008~2015 年我国亿元以上农产品市场数量比较

由此可见，2008~2012 年，我国农产品流通市场数量（包括蔬菜流通市场）呈现持续增长势头，2012 年达到最高值，究其原因关键在于，2012 年之前国家为推动农产品流通体系建设，先后出台了一系列相关政策，经过多年的努力，这些政策已初见成效，农产品流通市场数量不断增加。与农产品流通相关的政府扶持政策主要有以下几个：

其一，"双百市场工程"扶持政策。商务部于 2006 年启动了"双百市场工程"，重点改造 100 家大型农产品批发市场，着力培育 100 家大型农产品流通企业。当年商务部从中央贸易发展基金中安排 5 亿元，重点支持农产品批发市场的质量安全追溯系统、环保等准公益设施和仓储、配送等经营设施建设；重点扶持农产品流通企业的冷链系统和生鲜农产品配送中心建设，推动农产品流通产业化和规模化。

其二，保障农产品供应的"绿色通道"政策。为了解决我国农副产品紧张的问题，农业部于 1988 年提出建设城市"菜篮子"工程。经过多年努力，城市蔬菜供应有了基本保障。2010 年 8 月中旬，政府进一步强化"菜篮子"工程，实行市长负责制，开通蔬菜由生产地到城市的"绿色通道"，加快蔬菜流通的速度。2011 年 6 月初，各级政府纷纷加大对蔬菜农贸市场的建设投入和政策帮扶，实现了蔬菜规模化集聚，缓解了城市蔬菜供需之间的矛盾。

其三，冷链物流发展政策。随着农产品流通规模的日益加大，大力发展冷链物流变得越来越重要，为此各级政府不断加大对农村物流服务体系发展专项资金的投入，通过完善农产品物流设施设备，减少农产品流通中的损耗。2010 年 8 月中旬，中央政府明确提出，要不断加强《农产品冷链物流发展规划》建设，在蔬菜生产地、流通市场和销售地都要建立相关的蔬菜冷藏设施设备。

其四，农产品市场建设和升级改造政策。2008年以来，我国农产品流通政策日益重视加强农产品市场建设。2010年中央一号文件提出，要在全国对农产品批发市场进行统一的规划布局，加强对大型农产品批发市场的升级改造建设。2010年8月下旬国务院再次通知，要求"各级政府要充分发挥蔬菜批发市场和零售市场的保障作用，建立完善的蔬菜销售体系"。

在上述农产品流通相关政策推动下，大量资本进入农产品流通市场，再加上缺乏规划，法律法规不够完善，一些地方政府盲目招商引资等因素，导致农产品流通市场投资严重过剩，恶性竞争加剧。这些累积的矛盾，在国内外经济下行压力影响下，开始显现，农产品及蔬菜流通市场数量开始减少。除了由于盲目发展、恶性竞争造成农产品流通市场数量减少外，还包括以下几方面原因：

第一，农业生产的专业化和集中化程度不断提高，促进了农产品市场向专业化和规模化方向发展。2012年以后，我国广大农区种植结构进一步调整优化，农产品生产逐渐向区域化、专业化方向发展，不管是粮食作物还是蔬菜、水果等特种农产品，都已经基本形成全国性的区域中心，专业化程度不断提高。其中，蔬菜产量最多的九个省份合计占全国蔬菜总产量的比例从1985年的40.29%提高到2014年的63.93%。农业生产集中程度的提高，促使原来分散、小规模的农产品市场进一步集中，逐步向专业化、规模化方向发展。

第二，零售超市在农产品销售中发挥着越来越重要的作用。随着居民消费水平的提升和生活方式的改变，超市作为一种新型零售业态，以其品质保证、环境优雅、安全可靠等特点在农产品特别是蔬菜零售市场中占据越来越大的份额。随着超市农产品经营规模的扩大，其采购方式发生了改变，由最初从销地批发市场采购转变成为向农产品生产基地直接采购。随着超市零售在农产品流通中所占比重的不断提高，农产品流通市场的数量开始逐步萎缩。

第三，大型流通市场的区域垄断性不断增强。随着经济发展和居民生活水平的提高，销地大型批发市场作为农产品流转和销售的聚集地，其交易规模进一步扩大，市场集散功能进一步增强，区域垄断地位开始显现，辐射空间不断扩大。例如，北京新发地农产品批发市场提供了北京60%的蔬菜，南京白云亭批发市场提供了南京80%的蔬菜。最终导致小型流通市场纷纷倒闭或并入大型流通市场。

（2）2008~2014年亿元以上蔬菜市场经营情况分析。我国亿元以上蔬菜市场经营情况主要包括蔬菜市场摊位数、营业面积、成交额等方面内容，如表2-9所示。

表2-9 2008~2015年我国亿元以上蔬菜市场经营情况

年份	2008	2009	2010	2011	2012	2013	2014	2015
亿元以上蔬菜市场数量（个）	280	289	295	313	312	312	304	299
亿元以上蔬菜市场摊位数（个）	195753	223538	220055	228107	234367	223435	212648	214680
平均每个市场摊位数（个）	699	773	746	729	751	716	699	718
亿元以上蔬菜市场营业面积（万平方米）	1303.53	1479.77	1586.85	1536.87	1558.95	1596.24	1551.72	1650.61
平均每个市场营业面积（万平方米）	4.65	5.12	5.38	4.91	5.00	5.12	5.10	5.52
亿元以上蔬菜市场成交额（亿元）	1989.81	2509.22	3062.70	3264.52	3601.07	3838.25	3771.56	4013.88
亿元以上蔬菜批发市场成交额（亿元）	1888.67	2449.32	3010.11	3191.95	3521.47	3703.63	3656.35	3889.49
批发市场成交额占比（%）	94.91	97.61	98.28	97.77	97.78	96.49	96.94	96.90
亿元以上蔬菜零售市场成交额（亿元）	101.14	59.89	52.59	72.57	79.61	134.62	115.21	124.39

由表2-9可知，2008~2015年，亿元以上蔬菜市场摊位数与蔬菜市场数量变化趋势基本相似，2012年蔬菜市场摊位数达到最高值为234367个，然后数量逐年下降，到2014年降为212648个，2015年略有回升。根据蔬菜市场数量和市场摊位数量，进一步计算平均每个蔬菜市场的摊位数可发现，2009年平均每个蔬菜市场摊位数最高为773个；2012年位居第二，为751个；2014年每个市场摊位数恢复到与2008年一致，为699个。由此说明，2009年蔬菜市场摊位增长速度远远高于蔬菜市场增长速度，蔬菜商贩从事蔬菜经营的积极性较高。然后每个市场摊位数量开始减少，而2012年有所反弹增至751个，接下来持续下降，

最终 2014 年市场平均摊位数又降至 2008 年水平。说明随着蔬菜市场竞争的加剧，蔬菜市场摊位数将会出现波动情况，最终将趋于理性。

2008～2010 年，随着蔬菜市场数量的增加，蔬菜市场总营业面积和平均每个市场营业面积均持续增长，2010 年蔬菜市场营业面积为 1586.85 万平方米，平均每个市场营业面积为 5.38 万平方米，说明两年来新增蔬菜市场的营业面积远超过之前蔬菜市场平均营业面积，从而拉高了蔬菜市场平均面积，或由于原有蔬菜市场进行大规模的扩张改造后致使蔬菜市场平均营业面积提升；2011 年蔬菜市场数量仍有所增加，但蔬菜市场营业面积却显著下降，跌至 1536.87 万平方米，平均每个市场营业面积跌至 4.91 万平方米，说明 2011 年蔬菜市场数量存在增减变化，减少的数量低于增加的数量，但减少的市场营业面积总和却大于增加的市场营业面积之和，导致蔬菜市场数量增加而营业面积却减小；2012 年和 2013 年蔬菜市场数量稳定在 312 个，而营业面积却持续增长，导致平均市场营业面积也同步增长，说明这两年蔬菜市场扩容改造投入较大，实现了市场营业面积的快速增长；2015 年蔬菜市场数量降至 299 个，蔬菜市场营业面积达到 1650.61 万平方米，平均市场营业面积达 5.52 万平方米。说明 2015 年蔬菜市场经过兼并整合后，虽然蔬菜数量有所减少，但蔬菜市场营业规模有了明显增长。

2008～2013 年，蔬菜市场成交额持续增长，直至 2014 年，蔬菜市场成交额下降了 1.73%，2015 年出现大幅反弹。2008～2009 年，蔬菜市场数量、摊位数、营业面积同步增长，导致蔬菜市场成交额增长了 26.1%，说明在蔬菜市场培育初期，通过数量的积累可实现蔬菜市场成交额的快速增长。2010 年蔬菜市场数量、营业面积继续增加，而摊位数却有所减少，导致市场成交额增长了 22.05%，说明通过筛选蔬菜摊贩，增加其经营规模可提升蔬菜市场成交额。2011 年蔬菜市场数量和摊位数有所增加，市场营业面积有所减少，蔬菜市场成交额增长了 6.58%，说明该年蔬菜市场增减变化比较频繁，新增市场数量多于退出市场数量，但新增市场营业面积却小于退出市场面积，受市场发展惯性影响仍实现了 6.58% 的增长，增速已经明显减缓。2012 年和 2013 年，在蔬菜市场数量保持相对稳定的情况下，市场营业面积持续增长，导致市场成交额分别增长了 10.3% 和 6.58%，说明通过对蔬菜市场的扩容改造将促进市场成交额的增加。2014 年蔬菜市场数量、摊位数和市场营业面积都有所降低，导致市场成交额略有下降，说明受国内外经济下滑形势影响，蔬菜市场经济指标有所下降。2015 年国家加大对蔬菜市场的调整力度，虽然蔬菜市场数量有所下降，但蔬菜市场经营规模实现大幅增长，致使蔬菜成交额表现出快速增长的势头，充分体现出我国蔬菜流通市场强大的发展后劲。

2008~2015年，蔬菜批发市场成交额变化趋势与蔬菜市场成交额变化趋势相同，且批发市场成交额占市场成交额的比例约为97%。2010年批发市场成交额占比最高，为98.28%；2013年蔬菜市场成交额达到最高值，而批发市场成交额占比却最低，为96.49%，说明该年蔬菜零售市场成交额显著增加，开始占有一定的位置；2014年蔬菜市场整体指标出现下滑趋势，但蔬菜批发市场成交额占比略有增长；2015年蔬菜市场整体指标再次增长，蔬菜批发市场成交额占比基本与2014年持平。总之，蔬菜批发市场在蔬菜流通体系中占有至关重要的地位，发挥着主流通的作用，但随着蔬菜市场流通体制改革的深化，蔬菜零售市场功能日益增强，逐步开始分担蔬菜批发市场一定的交易功能。

（3）亿元以上蔬菜类经营情况分析。亿元以上蔬菜类经营情况分析是指对交易额在亿元以上的蔬菜专业市场和农产品综合市场中关于对蔬菜类摊位数、成交额等指标的分析。

2008~2015年，蔬菜类成交额始终保持增长势头，而蔬菜类摊位数在2008~2012年持续增长，2013~2015年开始有所减少。根据蔬菜类摊位数和蔬菜类成交额，进一步计算每个摊位成交额，如表2-10所示发现，每个摊位成交额持续增长，2015年最高为172.06万元。总之，八年来蔬菜类摊贩数量表现为先增后减的变化趋势，但摊贩的平均经营规模却显著增加，充分说明了蔬菜类交易总额的增长不仅取决于蔬菜类摊位数量的增加，关键还在于蔬菜摊贩交易能力的提升。

表2-10 2008~2015年我国亿元以上蔬菜类经营情况

年份	2008	2009	2010	2011	2012	2013	2014	2015
亿元以上蔬菜类摊位数（个）	381068	407198	414909	425897	434187	421243	405731	402467
亿元以上蔬菜类成交额（亿元）	3263.59	3851.05	4789.38	5238.7	5925.28	6337.45	6659.91	6924.87
每个摊位成交额（万元）	85.64	94.57	115.43	123.00	136.47	150.45	164.15	172.06
亿元以上蔬菜类批发市场成交额（亿元）	2818.25	3423.10	4296.68	4687.05	5346.94	5694.13	6008.75	6250.81

续表

年份	2008	2009	2010	2011	2012	2013	2014	2015
亿元以上蔬菜类零售市场成交额（亿元）	445.34	427.95	492.7	551.65	578.34	643.32	651.17	674.06

我国蔬菜批发市场主要包括生产地批发市场、销售地批发市场和批零结合的批发市场三类。生产地批发市场是指在蔬菜生产基地建立的批发市场，如山东潍坊蔬菜批发市场等；销售地批发市场是指在蔬菜消费量比较集中的大型城市建立的批发市场，如北京新发地蔬菜批发市场等；批零结合的批发市场是指那些规模较小，同时具有批发和零售功能的蔬菜批发市场，该类蔬菜批发市场数量最多，是整个蔬菜批发市场体系中的重要组成部分。为了加快蔬菜流通，降低蔬菜流通成本，我国有些蔬菜经营者往往不通过蔬菜批发市场，直接通过城市零售超市、农贸市场等蔬菜零售市场形态实现蔬菜的快速销售。无论蔬菜的流通环节如何，都离不开运输过程。因此，通过优化设计蔬菜运输线路，缩短蔬菜运输时间，对于降低蔬菜运输损耗，提高蔬菜流通效率将具有极其重要的作用。

3. 我国城市蔬菜运输现状

中国蔬菜产地主要集中在山东、河北、河南等省份，2015年山东省、河北省及河南省蔬菜产量分别为10272.9万吨、8243.7万吨和7456.5万吨，然而我国主要蔬菜消费市场却集中在广东省、北京市、上海市、浙江省、四川省和山东省等人口密集、经济较发达地区。由于蔬菜本身具有易腐烂、难以保存的特性和我国蔬菜运输过程中距离长、运输设备条件差等原因，造成蔬菜运输过程中破损、变质情况极其严重。北京市农林科学院蔬菜研究中心研究员高丽朴代表在审议政府工作报告中提到：我国的瓜果蔬菜在流通运输环节中损耗高达20%~25%，而发达国家在这方面的损耗可以控制在5%以下。由此可见，我国蔬菜运输环节与国外发达国家相比还存在很大差距，需要大力加强对蔬菜运输过程的管理。

为了保障国家"菜篮子"工程项目的全面落实，中央政府针对农产品运输中的特殊性，提出"绿色通道"建设的一系列实施方案，运用"一条龙"货运方式尽可能降低蔬菜运输中的损耗，提高蔬菜运输效率。我国现有蔬菜运输"绿色通道"主要有四条：

第一条：山东潍坊蔬菜产地到北京城区的绿色通道。该通道于1995年正式开通，从山东潍坊蔬菜产地出发，途经山东省、河北省、天津市，最后到北京市场，全程500多公里。该通道是北京市场主要的蔬菜供给线。

第二条：海南蔬菜产地至北京城区的绿色通道。该通道于1996年正式开通，从海南蔬菜产地出发，途经广东省、湖南省、湖北省、河南省、河北省，最后到达北京市场，全程3300多公里。

第三条：海南蔬菜产地到上海城区的绿色通道。该通道于1998年正式开通，共分为南北两条通道，北路通道从海南出发，途经广州市、南昌市、合肥市、南京市，最后到达上海市；南路通道从海南出发，途经广州市、福建省、常山市、杭州市，最后到达上海市。该通道全程约5046公里，充分保障了上海市场的蔬菜供应。

第四条：山东潍坊蔬菜产地到哈尔滨城区的绿色通道。该通道于1999年正式开通，共分为陆路和水路两条通道。陆路通道从山东潍坊出发，途经河北省、天津市、辽宁省、吉林省，最后到达哈尔滨市；水路通道从山东潍坊出发，途经蓬莱市、大连市、沈阳市、吉林省，最后到达哈尔滨市，全程约2299公里。

通过我国"绿色通道"项目的全面实施，我国城市蔬菜的产销一体化格局基本形成，蔬菜流通速度显著提升。但2012年统计数据显示，全国社会物流总值为158.4万亿元，同比增长12.3%；而农产品物流总值仅为2.7万亿元，同比增长为4.5%，而且占全国比重不足2%。充分说明目前中国的农产品物流行业仍然无法满足我国蔬菜产业发展的要求，还需要不断加强蔬菜物流产业的建设。

第三节 我国城市蔬菜消费现状分析

一、我国城镇居民消费水平分析

城镇居民人均可支配收入是指反映城镇居民全部现金收入能用于安排家庭日

常生活的那部分收入。它是家庭总收入扣除缴纳的所得税、个人缴纳的社会保障费以及调查户的记账补贴后收入。该指标的高低反映了城镇居民消费能力的高低。由表2-12可见,2005~2015年,我国城镇居民人均可支配收入呈现递增态势,由2005年的10493元增长到2015年的31195元,增长了197%,说明我国近年来城镇居民的购买能力有了大幅提高。

居民消费水平是指居民为满足自身生存、发展的需要,所购买消费的各类产品或服务的数量。根据2016年国家统计年鉴,对2005~2015年城镇居民消费状况进行分析,见表2-11。

表2-11 2005~2015年城镇居民人均可支配收入与消费水平情况

年份	2005	2006	2007	2008	2009	2010	2011	2012	2013	2014	2015
城镇居民人均可支配收入(元)	10493	11760	13786	15781	17175	19109	21810	24565	26955	29381	31195
城镇居民消费水平(元)	9832	10739	12480	14061	15127	17104	19912	21861	23609	25424	27088
城镇居民消费水平指数(上年=100)	108.5	106.6	111.6	106.5	108.0	107.9	108.2	107.2	105.3	105.6	105.1
城市居民消费价格指数(上年=100)	101.6	101.5	104.5	105.6	99.1	103.2	105.3	102.7	102.6	102.1	101.5

由表2-11可知,2005~2015年,我国城市居民消费水平呈现递增趋势,由2005年人均消费9832元增长到2015年的27088元,增长了175.5%。从城市居民消费水平指数(与上年相比)看,10年间城市居民消费水平指数均大于100,但表现出波动变化的趋势,其中,2007年消费水平指数最高,为111.6,说明2005~2015年城市居民消费水平都在增长,但增长的幅度有大有小,呈现波动式上升的特点,2007年城市居民消费水平较2006年增长幅度最大,2013年和2014年较上年增长幅度均较小,且增长幅度较稳定。为了更好地分析我国城市居民消费水平情况,现对我国31个典型城市居民消费水平进行比较分析,如表2-12所示。

表2-12 2015年分地区居民消费水平比较

省份	全体居民（元）	农村居民（元）	城市居民（元）	城乡消费水平对比	城镇居民消费水平指数
北京	39200	22315	41846	1.88	106.6
天津	32595	19922	35290	1.77	105.7
河北	12829	7666	17924	2.34	105.9
山西	14364	8809	19018	2.16	112.1
内蒙古	20835	11814	26872	2.27	103.6
辽宁	23693	13707	28567	2.08	107.1
吉林	14630	8837	19358	2.19	105.2
黑龙江	16443	9238	21660	2.34	106.5
上海	45816	23005	48750	2.12	107.4
江苏	31682	20428	37515	1.84	108.5
浙江	28712	19953	33359	1.67	103.9
安徽	13941	7674	20251	2.64	104.8
福建	20828	13631	25202	1.85	106.5
江西	14489	9432	19362	2.05	106.7
山东	20684	12651	26993	2.13	105.2
河南	14507	8271	21821	2.64	108
湖北	17429	9542	23561	2.47	106.5
湖南	16289	9785	22770	2.33	105.8
广东	26365	13344	32393	2.43	106.2
广西	13857	7439	21076	2.83	104.4
海南	17019	9124	23626	2.59	104.5
重庆	18860	8337	25795	3.09	108.5
四川	14774	10039	20114	2.00	104.7
贵州	12876	7866	20082	2.55	106.7
云南	13401	7820	20699	2.65	109.4
西藏	8756	5412	17466	3.23	109.1
陕西	15363	7944	21877	2.75	104.2
甘肃	11868	6255	19480	3.11	107.1
青海	15167	9109	21217	2.33	112
宁夏	17210	9050	24041	2.66	108.2
新疆	13684	7694	20532	2.67	106.2

分析表2-12可知，在全国31个省份中，全体居民平均消费水平最高的城市依次为上海市45816元、北京市39200元、天津市32595元、江苏省31682元、浙江省28712元和广东省26365元；全体居民平均消费水平最低的城市依次为西藏自治区8756元、甘肃省11868元、河北省12829元、贵州省12876元、江西省14489元。上海、北京、天津、江苏、浙江和广东等省份依靠地位优势和雄厚的经济基础实现了经济发展的快速增长，居民消费水平显著提高；而西藏自治区、甘肃省、贵州省、江西省和河北省等由于产业结构单一，经济发展基础比较薄弱，人口规模较大等原因，居民消费水平还较低。上海市全体居民消费水平是西藏自治区全体居民消费水平的5.23倍。

城市居民消费水平最高的6省份排名依次为上海市48750元、北京市41846元、江苏省37515元、天津市35290元、浙江省33359元、广东省32393元，上海市、北京市仍排前两位，天津市排名较江苏省有所下降，但仍高于浙江省和广东省。城市居民消费水平最低的5个省份依次为西藏自治区17466元、河北省17924元、山西省19018元、吉林省19358元、江西省19362元，西藏自治区城市居民消费水平仍最低，河北省由于人口较多，致使城市居民消费水平较低。上海市城市居民消费水平是西藏自治区城市居民消费水平的2.79倍，较上海市和西藏自治区全体居民消费水平比值5.23倍相比有所下降，说明上海市城乡居民消费水平之间差距较小，而西藏自治区城乡居民消费水平之间差距较大。

从城乡消费水平对比来看，2015年城乡消费水平比值最大的5省份分别为西藏自治区3.23、甘肃省3.11、重庆省3.09、广西壮族自治区2.83和陕西省2.75，说明该5城市城乡消费水平差异很大，导致全体居民消费水平除重庆市略高于18000元外，其余城市均低于18000元；2015年城乡消费水平比值最小的5省份分别为浙江省1.67、天津市1.77、江苏省1.84、福建省1.85、北京市1.88，说明该5省份城乡消费水平差异不大，导致全体居民消费水平也居于全国前列。

从城镇居民消费水平指数来看，2015年31个省份的城市居民消费水平指数均大于100，说明2015年较2014年城镇居民消费水平均有所增长，其中增长较快的城市依次为山西省112.1、青海省112、云南省109.4、西藏自治区109.1、江苏省108.5、重庆市108.5，增长较慢的城市分别为内蒙古自治区103.6、浙江省103.9、陕西省104.2、广西壮族自治区104.4、海南省104.5。

城市居民消费价格指数是反映一定时期内城市居民家庭所购买的生活消费品价格和服务项目价格变动趋势和程度的相对数。其指数大小直接反映该时期物价通货膨胀的程度,一般城市居民消费价格指数超过103都认为处于通货膨胀状态。如表2-12所示,2005~2015年,2005年和2006年城市居民消费价格指数为101.6和101.5,均小于103,物价涨幅较小,即2006年消费水平涨幅为9.22%,未达到通货膨胀水平;2007年和2008年城市居民消费价格指数分别为104.5和105.6,均大于103,通货膨胀较为严重,导致2007年和2008年城镇居民消费水平较上一年均有大幅度增长,分别为16.21%和12.66%;2009年国家针对通货膨胀进行调控,效果开始显现,城市居民消费价格指数降为99.1,受物价回落影响,该年城镇居民消费水平较2008年增长率降为7.58%;2010年和2011年市居民消费价格指数又开始回升,分别为103.2和105.3,均大于103,通货膨胀再次加剧,导致该两年城镇居民消费水平较上一年增长幅度加快,分别为13.06%和16.41%;2012年之后,通货膨胀有所抑制,城市居民消费价格指数分别降为102.7、102.6、102.1和101.5,导致城镇居民消费水平增速有所减缓,分别为9.78%、7.99%、7.68%和6.54%。

二、我国城镇居民蔬菜消费总量分析

蔬菜是城镇居民生活消费的重要部分,随着城镇居民消费水平的提高,对蔬菜的消费量发生了显著变化,如表2-13所示。

表2-13 2005~2015年我国人均蔬菜产量与城镇居民人均购买量

年份	2005	2006	2007	2008	2009	2010	2011	2012	2013	2014	2015
人均蔬菜产量(公斤)	433.0	411.5	428.4	447.2	464.4	486.8	505.6	524.8	540.2	555.6	571.3
城镇居民人均蔬菜消费数量(公斤)	118.6	117.6	117.8	123.2	120.5	116.1	114.6	112.3	100.1	100.1	100.2
人均蔬菜消费占比(%)	27.39	28.57	27.50	27.55	25.95	23.85	22.67	21.40	18.53	18.02	17.54

由表2-13可见,2005~2015年随着蔬菜供需双方面的拉动作用,我国蔬菜总产量实现稳步增长,致使除2006年我国人均蔬菜产量较2005年有所下降外,

其余年份人均蔬菜产量均较上年有所增加,由2006年的人均411.54公斤增长到2015年的人均571.3公斤,增长了38.8%。在城镇居民人均蔬菜消费数量方面,呈现出先增长后下降并逐渐趋于稳定的过程。2005~2007年,我国城镇人均蔬菜消费量基本保持稳定,维持在118公斤左右;2008年人均蔬菜消费量增长至123.2公斤,直到2012年,人均蔬菜消费量持续下降至112.3公斤,2013~2015年,人均蔬菜消费量稳定在100.1公斤左右。在城镇居民人均蔬菜消费占比方面,2005~2008年,人均蔬菜消费量占人均蔬菜产量的比重较稳定,保持在28%左右,之后人均蔬菜消费占比逐步下降,2015年降至17.54%。说明在生产和消费之间的流通和加工环节消耗了大量蔬菜,一方面由于蔬菜包装、运输、存储条件有限造成蔬菜大量损耗浪费,另一方面蔬菜加工量在蔬菜产量中的比例逐步提高,城镇居民对新鲜蔬菜的消费量在减少,对深加工蔬菜的消费量在增加。

三、我国城镇居民蔬菜消费结构分析

为了更深入分析城镇居民人均蔬菜消费量下降的原因,需要对城镇居民人均主要食品消费结构进行分析,如表2-14所示。

表2-14 2005~2015年城镇居民人均主要食品消费量　　　单位:公斤

年份	2005	2006	2007	2008	2009	2010	2011	2012	2013	2014	2015	年均消费量	占比(%)
粮食	76.98	75.92	77.6	—	81.33	81.53	80.71	78.76	121.3	117.2	112.6	90.4	26.4
鲜菜	118.58	117.56	117.8	123.15	120.45	116.11	114.56	112.33	100.1	100.1	100.2	112.8	32.9
食用植物油	9.25	9.38	9.63	10.27	9.67	8.84	9.26	9.14	10.9	11.0	11.1	9.9	2.88
肉类	23.86	23.78	22.14	22.7	24.2	24.51	24.58	24.96	28.5	28.4	28.9	25.1	7.3
禽类	8.97	8.34	9.66	8	10.47	10.21	10.59	10.75	8.1	9.1	9.4	9.4	2.8
鲜蛋类	10.4	10.41	10.33	10.74	10.57	10	10.12	10.52	9.4	9.8	10.5	10.3	3
水产品	12.55	12.95	14.2	—	—	15.21	14.62	15.19	14.0	14.4	14.7	14.2	4.1
鲜奶	17.92	18.32	17.75	15.19	14.91	13.98	13.7	13.95	17.1	18.1	17.1	16.2	4.7
鲜瓜果	56.69	60.17	59.54	54.48	56.55	54.23	52.02	56.05	47.6	48.1	49.9	54.1	15.8

由表2-14和图2-6可知,2005~2015年,在城镇居民人均主要食品消费

结构中,蔬菜消费量最大,每人年均消费量112.8公斤,在食品消费总量中占比32.9%;粮食消费量其次,每人年均消费量90.4公斤,占食品消费总量的26.4%;瓜果消费量居第三位,每人年均消费量54.1公斤,占食品消费总量的15.8%;肉类包括猪牛羊肉,消费量居第四位,每人年均消费量25.1公斤,占食品消费总量的7.3%;鲜奶和水产品消费量相似,分别占食品消费总量的4.7%和4.1%;鲜蛋类、食用植物油和禽类消费最少,分别占食品消费总量的3.00%、2.88%和2.8%。因此,在城镇居民食品消费结构中,蔬菜、粮食和瓜果的消费量最大,合计消费量占食品消费总量的75.1%,占绝对优势地位;其余食品如肉、禽、蛋、水产品和鲜奶、食用油消费数量占比还较小,还有待进一步发展。

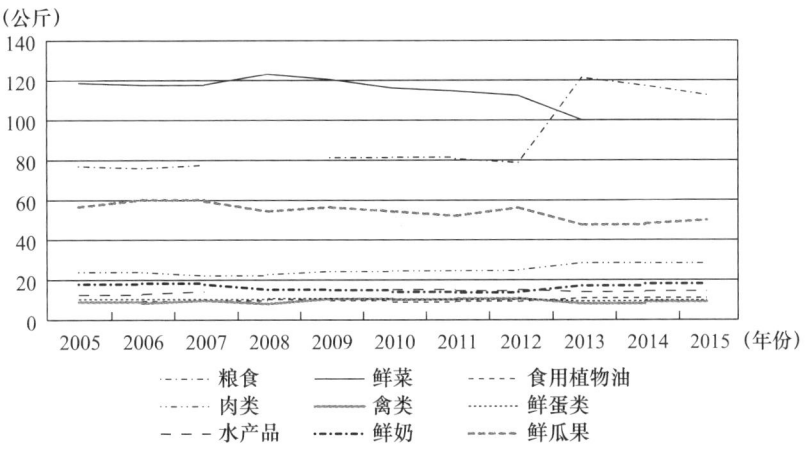

图2-6 2005~2015年城镇居民人均主要食品消费量变化趋势

从每类食品消费变化趋势来看,2005~2015年,粮食人均年消费量总体表现为先增后降的趋势,2010年达到最高81.53公斤,2012年降为78.76公斤,2013年又猛增到121.3公斤;蔬菜人均年消费量表现为先增后降并逐步趋于稳定;食用植物油人均年消费量表现为有增有减的波动变化趋势,2014年和2015年保持稳定在11公斤左右;肉类人均年消费量比2005~2007年略有下降,之后保持持续增长势头,2015年增长到28.9公斤;禽类和鲜蛋类人均年消费量均呈现波动变化趋势,但波动变化幅度不大,2015年禽类消费量为9.4公斤,鲜蛋类消费量为10.5公斤;水产品人均年消费量总体表现为先增后降的趋势,2015年消费量为14.7公斤;鲜奶人均年消费量总体表现为先降后增的趋势,特别是2013年实现迅速增长,2014年继续增长到18.1公斤,2015年又恢复到2013年水平;鲜瓜果人均年消费量表现为波动变化趋势,特别是2013年出现大幅下降,2015年回升到49.9公斤。

通过对上述城镇居民食品消费结构变化趋势的整理,进一步分析城镇居民人均蔬菜消费量变化的原因,发现随着人均蔬菜产量和城镇居民人均消费水平的提高,促使蔬菜人均消费量表现为增长趋势,之后人均蔬菜消费量开始逐年下降,到2015年降为100.2公斤,较2005年下降了15.51%,主要原因如下:其一,蔬菜消费与其他食品如肉类、禽类、蛋类、鱼类等消费存在较强的替代性。随着城镇居民消费水平的提高,在食品消费结构中对基本必需品如粮食和蔬菜的消费量将逐步减少,而对高档食品如肉类、水产品和鲜奶等的消费量将逐步增加。2005~2015年,我国城镇居民人均肉类消费增长了21%,禽类消费增长了4.8%,水产品消费增长了17%,食用植物油消费增长了20%,由此可见,城镇居民人均蔬菜消费量下降并趋于稳定有其合理性。其二,蔬菜消费更注重品种和品质。通过多年来温室大棚建设,我国北方城市冬贮菜减少,细菜增加,加上南方地区沿海城市水产品消费增大和使用水果部分替代蔬菜,使我国近年来人均蔬菜消费量下降并趋于稳定。

由表2-15可知,2005~2015年,我国总人口增长了5.1%,而城镇人口增长了37.2%,城镇人口占比由2005年的42.99%增长至2015年的56.1%。因此,虽然城镇居民人均蔬菜消费下降了15.51%,但由于城镇人口的迅速增长,我国城镇居民蔬菜实际消费总量增长了15.9%。所以,为了应对未来人口增长和居民对蔬菜需求结构变化的要求,稳定蔬菜供给具有极其重要的意义。

表2-15 我国2005~2015年总人口与城镇人口数量情况

年份	2005	2006	2007	2008	2009	2010	2011	2012	2013	2014	2015
总人口(人)	130756	131448	132129	132802	133450	134091	134735	135404	136072	136782	137462
城镇人口数(人)	56212	58288	60633	62403	64512	66978	69079	71182	73111	74916	77116
城镇人口占比(%)	42.99	44.34	45.89	46.99	48.34	49.95	51.27	52.57	53.73	54.77	56.10

城镇居民食品消费结构的变化除与居民收入水平密切相关外,与各类食品的消费价格水平也存在一定的关联,如表2-16所示。

表2-16 2005~2015年食品类城镇居民消费价格分类指数

年份	总指数	食品	粮食	油脂	肉禽及其制品	蛋	水产品	菜	瓜果
2005	101.8	102.9	101.4	94.3	102.5	104.6	105.9	109.1	102.2
2006	101.5	102.3	102.7	98.6	97.1	96.0	101.2	108.2	117.9
2007	104.8	112.3	106.3	126.7	131.7	121.8	105.1	107.9	102.2
2008	105.9	114.3	107.0	125.4	121.7	104.3	114.2	111.0	110.8
2009	99.3	100.7	105.6	81.7	91.3	101.6	102.5	113.6	107.1
2010	103.3	107.2	111.8	103.8	102.9	108.1	108.1	118.5	114.6
2011	105.4	111.8	112.2	113.4	122.6	114.2	112.1	101.1	115.9
2012	102.6	104.8	104.0	105.1	102.1	97.1	108.2	113.7	100.1
2013	102.6	104.7	104.6	100.3	104.3	104.4	104.2	108.0	105.9
2014	102.0	103.1	103.1	95.1	100.4	110.4	104.4	99.4	114.1
2015	101.4	102.3	102.0	96.8	105.0	93.0	101.8	106.8	97.6

由表2-16可知,2005年和2006年我国总体物价水平较平稳,食品类价格略有增长,但2005年食品消费中鲜蛋、水产品和蔬菜价格增长幅度较高,2006年,食品消费中蔬菜和瓜果价格增幅明显,尤其瓜果价格增长尤为突出。2007年和2008年,我国总体物价水平出现通货膨胀,食品类价格通胀尤为显著,2007年食品消费中除瓜果价格增长较稳定外,其余食品均表现为一定的价格膨胀,其中油脂、肉禽和鲜蛋价格增长最高,消费价格指数分别为126.7、131.7和121.8;2008年油脂和肉禽价格继续升高,消费价格指数分别为125.4和121.7。2009年国家推行一系列调控措施,总体物价有所回落,食品类价格保持稳定,但粮食、蔬菜和瓜果物价仍持续通胀,蔬菜价格通胀较明显,消费价格指数为113.6。2010年和2011年我国总体物价再次出现通货膨胀,2010年除油脂、肉禽价格略有增长外,其余食品价格通胀均较严重,其中蔬菜通胀最高,消费价格指数为118.5;2011年除蔬菜价格有所控制外,其余食品价格均通胀严重,其中肉禽类消费价格指数最高,为122.6。2012~2015年我国总体物价水平增长平稳,其中,2012年肉禽、鲜蛋和瓜果价格稳定;2013年仅油脂价格平稳;2014

年油脂、肉禽和蔬菜均保持稳定价格,其中蔬菜价格还略有回落;2015年仅肉禽和蔬菜价格出现通胀,油脂、鲜蛋和瓜果价格都有所回落。由此可见,2005~2015年,蔬菜除2011年和2014年价格较稳定外,其余时间均表现出较高的价格膨胀,在一定程度上也限制了蔬菜消费量的快速增长。

随着各城市蔬菜温室大棚种植面积的不断上升以及城镇居民消费水平和消费安全意识的不断增强,城镇居民对白菜、萝卜等冬季储备蔬菜消费量迅速下降,而对西红柿、黄瓜、茄子、菜花等精细、绿色、健康蔬菜的消费量大幅增加。我国城镇居民当前消费的蔬菜品种主要包括黄瓜、西红柿、大葱、茄子、丝瓜、洋白菜、芹菜、豆芽菜、蒜头、韭菜、胡萝卜、莴笋、空心菜、蒜薹、葱头、莲藕、生姜等,这些蔬菜共占居民蔬菜消费总量的80%左右,城镇居民蔬菜消费品种日益丰富,蔬菜消费品质不断增强。

四、我国城镇居民蔬菜消费趋势

由以上分析可知,我国城镇居民在蔬菜消费数量上发生了显著变化,但同时我们发现,城镇居民蔬菜消费还表现为其他两方面变化趋势。

1. 城镇居民蔬菜选择更加倾向于多品种和健康性

随着我国城镇居民消费观念和消费能力的提高,广大居民开始对新的蔬菜品种更感兴趣,蔬菜消费品种向多样化方向发展。如西芹、西兰花等蔬菜品种正逐步成为城镇居民消费的主要品种,另外更多南方蔬菜如秋葵等开始进入北方家庭的餐桌,受到消费者的欢迎。多样化的蔬菜品种不仅在口味上,而且在营养上都为城镇居民提供了更广范围的选择,迎合了城镇居民追求新颖、差异、变化的需求。

随着城镇居民收入水平的提高和安全健康意识的增强,城镇居民对纯天然、优质、安全的绿色有机蔬菜的需求越来越大。近年来频发的苏丹红鸭蛋、三聚氰胺奶粉、地沟油、瘦肉精等事件,使食品安全越来越受到城镇居民的重视,同时城镇居民日益增长的消费水平也为绿色有机食品的消费提供了收入保障,居民对蔬菜安全性的要求越来越高,选择绿色、健康的有机蔬菜已逐渐得到消费者的共识。

国家高度重视蔬菜安全生产工作,国务院发布的关于加强新阶段"菜篮子"工作的通知中明确指出,"菜篮子"工程建设既要保障农户的利益,实现农民增收;又要保障广大城市消费者的利益,使消费者能以合适的价格买到高品质、健康的蔬菜。另外,"菜篮子"工程的实施是个长期的过程,不仅要注重蔬菜产量,还要注重蔬菜品质,要保障蔬菜从田间地头到餐桌全过程操作标准化、质量可监控。

2. 城镇居民购买蔬菜时更倾向于选择方便、整洁的场所

城镇居民蔬菜消费意识的改变,带动了城镇居民蔬菜消费方式上的转变。我国传统城市蔬菜销售地点大多集中在城市中心的蔬菜农贸市场和城市周边的农贸集市,由于农贸市场设施条件较差,已不能适应新形势下城镇居民对安全蔬菜消费的高层次需求。随着大型超市以及生鲜超市在国内各大城市的迅速兴起,我国城镇居民出于快捷性、舒适性和安全性的考虑,选择超市购买新鲜蔬菜已成为一种必然趋势。

为了科学分析我国城市蔬菜产销发展的现状,本书设计城市蔬菜产销调研方案,对蔬菜生产、流通和销售环节展开调查,并对调查数据进行汇总分析,找出我国城市蔬菜产销发展中存在的问题,进而提出我国城市蔬菜供应链一体化建设的发展思路。

第四节 我国城市蔬菜产销调研方案设计与问题分析

一、我国城市蔬菜产销调研方案设计

1. 调研目的确定

通过对城市蔬菜产销现状的调查,找出我国城市蔬菜生产、流通以及销售环节中存在的诸多问题,力求通过构建城市蔬菜供应链一体化模式,解决城市蔬

产销不平衡的矛盾，充分发挥蔬菜产业的集聚、带动作用，推动蔬菜产业向纵深发展。具体目的包括以下几个方面：

（1）通过对蔬菜传统个体生产模式存在问题的调研分析，探寻蔬菜各类生产组织模式的特点与适用条件，引导各地农户根据地区实际，积极选择适宜的蔬菜生产组织模式，以实现蔬菜生产的规模化、标准化和安全化，从根本上保障农户的利益。

（2）通过对蔬菜流通现状的调查，找出蔬菜流通过程中存在的问题，基于问题，本书深入研究蔬菜供应链系统中物流商与蔬菜生产组织和加工商之间的供需合作关系，通过建立蔬菜供应链企业间的长期协作关系，以实现城市蔬菜流通的高效、低成本运作。

（3）通过对城市消费者蔬菜需求状况的调查，了解当前蔬菜供应与蔬菜需求之间的偏差，从而为蔬菜批零企业实施蔬菜营销策略提供依据。

2. 调研区域与调研对象的选择

调研范围的选择分为两个阶段：第一阶段，对我国城市蔬菜调研区域的选择；第二阶段，对蔬菜调研区域内调研对象的选择。

（1）我国城市蔬菜调研区域选择。本书依据《全国蔬菜产业发展规划（2011～2020年）》的设计，在全国选取了31个代表城市，并考虑地区分布和气候条件等因素，将我国划分为六大蔬菜产区，即华南区、长江区、西南区、西北区、东北区、黄淮海与环渤海区。31个代表城市遵循了"合理布局大城市蔬菜生产基地，保障自足供应；积极利用产区蔬菜种植优势，保障城市应急供应"的原则，全面保障了全国各大城市蔬菜的供应需求。本书依据31个代表城市蔬菜产量规模排名，并采取典型抽样法，选取山东、河北、江苏、四川和广东五省作为蔬菜生产重点地区代表，并在五大省市所属蔬菜产区中采取随机抽样的方式，选择五个蔬菜产业重点县，分别为寿光市、乐亭县、东台市、岳池县、博罗县进行调研。另外，课题组依据31个代表城市蔬菜消费水平排名情况，重点选择上海、北京、江苏、浙江和广东五省市作为城市蔬菜销售代表地区，并采取随机抽样法选取上海市、北京市、南京市、杭州市和广州市五个城市进行调研。

（2）蔬菜调研对象的选择。在蔬菜调研区域选择的基础上，对调研对象进行进一步选择，可分为三类：

第一类是针对蔬菜农户的调查。本书采用问卷调查法，在每个蔬菜重点县随机选择100家农户进行问卷调查，共调查500家农户。

第二类是针对蔬菜相关企业的调查。本书在每个蔬菜产区随机选择蔬菜加工商30家、蔬菜批发商30家进行问卷调查，共调查相关企业300家。

第三类是针对城市消费者的调查。本书在每个省市采取分区抽样方式，选取8个农贸市场和8个蔬菜零售超市，每个蔬菜零售市场随机选择10个消费者进行问卷调查，共调查800个消费者。

3. 调研方法的选择与确定

（1）问卷调查法。首先针对三类调查对象，从蔬菜生产、流通和销售环节入手，设计一份"城市蔬菜产销现状"调查问卷（见本书附录）。调查问卷经多次研讨、论证、修改后，最后定稿。然后，招募12位在校研究生参与调研项目，并对调研人员进行培训，由每位老师带领两位学生分组展开调研。问卷调查采用匿名方式，现场发放问卷、现场收回，以确保收集数据的相对真实性。

（2）观察法。在对蔬菜产区实地调查过程中，除了针对调查对象采取问卷调查外，还采取观察法，通过照相、记录的方式，对蔬菜生产、流通和销售的现场进行实地调查。

（3）面谈法。在对蔬菜产区实地调查过程中，选择重要调查对象，如蔬菜种植大户、蔬菜加工企业经理、流通企业经理、具有交流意愿的消费者等，进行面对面的访谈，从不同角度，深入了解蔬菜产销过程中遇到的问题以及改进建议。

4. 调研内容设计

本书针对农户、蔬菜相关企业、城市蔬菜消费者三类调查对象设计了调查问卷。问卷由三部分构成：第一部分主要了解调查对象的基本情况以及调查对象对城市蔬菜成本和质量安全问题的认识情况。调查对象的基本情况主要包括性别、年龄、月收入、受教育程度等方面。第二部分分别针对不同调查对象采取封闭问题的方式展开调查。对蔬菜农户，主要调查其参与生产组织的形式，蔬菜的生产种植情况，农药、化肥的使用和环境污染情况以及蔬菜的加工和销售情况；对蔬菜相关企业，主要调查其与农户的关系、对蔬菜的经营和加工情况、蔬菜的营销策略情况等。对城市消费者,主要调查购买蔬菜的渠道,对蔬菜数量和质量的需求情况,对蔬菜营销方式的评价等。第三部分分别针对不同调查对象采取开放式问题的方式在蔬菜成本、质量安全和营销策略等方面征询建议。

调研内容以问题的形式围绕调研主题,针对不同调研对象特点来设计,问卷问题遵循"先易后难,先封闭式后开放式"的原则,涵盖城市蔬菜产销现状调查的各个方面,所调研指标必须与调研主题密切相关,问题与备选方案的选择要匹配,并且调研指标设定明确,易于收集,便于统计和分析。

5. 调研时间安排

(1) 2013年10月至12月,文献资料搜集、整理阶段。通过山东理工大学数据库查阅国内外相关文献资料,并对文献资料进行整理分析,确定研究思路,为调查问卷的设计提供准备资料。

(2) 2014年1月至2月,调查问卷的设计阶段。针对三类调查对象设计调查问卷,并进行问卷研讨,对调查问卷进行修订和完善。

(3) 2014年3月,调研小组的划分与培训。按照选定的蔬菜生产和消费地区,由本书调研组成员与招募的在校研究生成立多个调研小组,每个小组由三名成员构成,一位调研组教师和两位招聘的在校研究生。由调研组教师对两位学生进行调研前的培训,明确调研的目的和调研过程。

(4) 2014年4月至7月,调研小组开展调研过程。每个调研小组按事先确定的调研区域和调研对象展开实地调研,现场发放调查问卷,请调查对象填写调查问卷并现场回收;对调查现场进行详细的观察,并选择重点调查对象进行访谈,认真记录访谈信息。

(5) 2014年8月至9月,调研数据整理、分析阶段。对收集的调查问卷进行筛选,废除不合格的调查问卷,将调查数据进行分类汇总、整理,并进行数据分析。

(6) 2014年10月至12月,通过对调研数据的整理、分析,发现城市蔬菜产销发展过程中存在的问题,形成调研结论。

6. 调研资料的整理

调研采取典型抽样和随机抽样方式共计发放问卷1600份（其中，针对农户问卷500份，蔬菜相关企业300份，城市蔬菜消费者800份），问卷回收后，经过项目组整理筛选，剔除不合格问卷，最后确认有效问卷1528份（其中，针对农户问卷474份，针对蔬菜相关企业286份，针对城市蔬菜消费者768份），有效问卷回收率为95.5%。调研组在开展问卷调研的同时，还配合采用了观察法和重点访谈法，通过对各调研小组观察和访谈所收集的记录和视频资料的汇总、整理，以进一步补充和完善调研内容。

二、我国城市蔬菜产销中存在的问题分析

调研组在对我国五大蔬菜产区城市和五大蔬菜消费城市的农户、蔬菜相关经销企业和消费者调查的基础上，梳理了该三类调查对象对成本和质量安全的认知情况。从表2-17可以看出，在性别指标方面，在对蔬菜种植农户和蔬菜经销商的调查中，男性所占比例偏高，约占60%，而在对城市蔬菜消费者的调查中，女性所占比例较高，约为60%。在年龄指标方面，在对蔬菜种植农户的调查中，25～50岁所占比例最高，为76.6%，25岁以下所占比例最低，为4%；在对蔬菜经销商和消费者的调查中，25～50岁和50岁以上调查对象所占比例均较高，25岁以下调查对象所占比例均较低。在受教育程度指标方面，蔬菜种植农户受教育程度最低，小学程度农户占80%；蔬菜经销商受教育程度有所提高，小学程度经销商占60%；城市蔬菜消费者受教育程度较高，初中以上的受教育比例占61%。在月收入指标方面，蔬菜种植农户收入水平偏低，月收入在3000元以下的农户占77%；蔬菜经销商月收入在2000～3000元所占比例较高，为45%；城市蔬菜消费者收入在3000元以上的比例较高，为75.5%。在从业时间指标方面，蔬菜种植农户和经销商从业一年以下的占比分别为6%和9%，从业6年以上的占比分别为75%和77%。调查还发现，三类调研主体都认为当前蔬菜品质较好，且都可以接受目前的菜价。认为城市蔬菜主要成本构成中物流成本约占40%，加工成本约占36%。调查结果显示，90.8%的农户、92%的蔬菜经销商和98.7%的城市蔬菜消费者认为应该加强蔬菜质量安全管理。无论年龄大小和受教

育程度高低，三类调研主体普遍认为城市蔬菜质量安全监管的重心应该是以政府机构为首的认证部门。

表2-17 城市蔬菜调查对象基本情况

类型	选项	农户	城市蔬菜经销商	城市蔬菜消费者
性别	男	286	177	309
	女	188	109	459
年龄	25岁以下	21	38	33
	25~50岁	363	136	360
	50岁以上	90	112	375
受教育程度	小学程度	380	171	297
	初中到高中程度	85	94	334
	大学及以上	9	21	137
月收入	2000元及以下	187	77	35
	2000~3000元	179	52	153
	3000~4500元	87	130	401
	4500元以上	21	27	179
从业时间	1年及以下	31	28	
	2~5年	86	37	
	6~10年	216	85	
	10年及以上	141	136	

表2-18 城市蔬菜质量安全调查分析

类型	选项	农户	城市蔬菜经销商	城市蔬菜消费者
蔬菜质量安全	优	56	28	52
	良	133	89	200
	一般	249	153	449
	不知道	36	16	67
蔬菜安全政策	非常了解	60	30	83
	了解	122	121	315
	听说过	199	117	234
	不了解	93	18	136

续表

类型	选项	农户	城市蔬菜经销商	城市蔬菜消费者
蔬菜监管重点	生产	245	112	547
	加工	101	68	110
	运输	90	58	80
	销售	38	48	31

本书针对以上调研对象对蔬菜产销状况的主观评价，结合蔬菜产销调查问卷数据，对我国蔬菜产销现状中存在的问题进行具体分析。调查问卷显示，政府在宏观层面对我国蔬菜产业给予了强有力的政策扶持和引导，蔬菜市场自我调节机制不断增强，我国城市蔬菜产销工作取得显著进展，但仍存在许多问题需要不断改进和解决。

1. 城市蔬菜质量安全问题有待解决

2015年农业部4次监测了152个城市117个蔬菜品种的94项指标，蔬菜合格率为96.1%（中国农业信息网）。但问卷调查结果显示，在蔬菜质量安全指标方面，39.9%的蔬菜种植农户认为蔬菜质量优良，40.9%的城市蔬菜经销商认为蔬菜质量优良，而仅有32.8%的城市蔬菜消费者认为蔬菜质量优良。在对蔬菜质量安全政策了解程度方面，12.7%的蔬菜种植农户、10.4%的城市蔬菜经销商和10.8%的城市蔬菜消费者非常了解，多数调查对象对蔬菜质量安全政策有一定了解或听说过。在蔬菜监管重点方面，52%的蔬菜种植农户、39%的城市蔬菜经销商和71%的城市蔬菜消费者认为应该在生产环节重点加强对蔬菜质量安全的监管。总之，三类调研主体都对城市蔬菜质量安全有很高的期望，说明加强城市蔬菜质量安全的实质性工作还须进一步深化。

除了上述提到的基本认知情况外，本书在对农户进行调查时发现：首先，季节交替时节虫害较多，为了满足城市蔬菜消费需求，83%的农户会给蔬菜喷洒农药，虽然不会造成蔬菜表面食用农药量超标，但是容易给基地土壤环境造成破坏，进而危害到蔬菜品质。其次，销售市场现有的城市蔬菜检测技术落后，实施力度较差，难以在销售终端对蔬菜品质进行严格把关，如76%的城市蔬菜销售商承认在销售环节没有恰当的蔬菜新鲜度检测和农药含量检测，导致蔬菜质量检测合格证的可信度较低。最后,就城市蔬菜质量安全责任而言,经销商经常存在侥幸心理逃脱监管机构的检查,投机行为严重。三类调研主体在城市蔬菜质量安全责任问题上都存在推卸责任的心理,对政府行政监督的期望大于89%。从深度访谈记录来看,十几位重点农户、蔬菜经销商和蔬菜消费者普遍认为,虽然政府对蔬菜质量安全指明了大的方向,市场监管力度逐步增强,但是蔬菜监管实际操作细节问题较多,相关监管部门如工商局、食药局、质监局等在监管职责方面分工不清,遇到问题后出现相互推诿现象,城市蔬菜质量检测体系仍不够健全,尚需要建立系统的城市蔬菜检测机制。其中,消费者 C_1 提出应签订城市蔬菜质量安全担保合同,权责追溯到个人,以明确蔬菜安全责任关系。

2. 城市蔬菜产销成本偏高

蔬菜经销商 M_8 提到,"消费者对品质好的蔬菜具有偏好,但并不一定会产生实际购买行为,只有价格达到消费者接受程度,消费者才会表现出对高品质城市蔬菜的支付意愿"。近年来,城市蔬菜价格攀升,原因是多方面的:首先,蔬菜生产原料价格上涨是导致蔬菜总成本上涨的主要原因。2015 年化肥上涨 20 元,薄膜上涨 20 元,蔬菜平均每亩总成本 1857 元,比 2014 年增加 30.12 元,增幅为 1.1%。其次,蔬菜种植环境和设施的破坏加剧了蔬菜生产成本。农户 R_5 对蔬菜种植资源利用问题提出了自己的想法,其认为,"某些土壤肥沃条件较好的种植地被征用为城镇改造用地,原本的排灌水路线被破坏,造成成本加剧"。R_{10} 指出,农药喷洒和水污染致使土壤污染,土壤污染加剧了资源环境承载能力的不可协调性,造成更大程度上的高成本负荷。再次,城市蔬菜保质期短的自然属性加剧了蔬菜流通成本。城市蔬菜市场预测难度大,物流技术落后和标准化程度低等因素导致城市蔬菜流通成本偏高,迫切需要减少流通环节,降低流通成本。其中,农户 R_3 认为应简化蔬菜交易手续,采取形式多样的地头交易形式;蔬菜经销商 M_5 认为,要完善物流基础设施建设,合理规划运输路线,以应对自然因素对蔬菜造成的不可控风险。最后,城市蔬菜专项资金贷款门槛较高,城市蔬菜资金投入、资金运转和设备更新问题较难解决,加剧了蔬菜销售成本。

3. 生产组织模式过于简单

调查显示,52.2%的农户仍然以个体形式从事生产,5.5%的农户与农业龙头企业签订合作协议，42.3%的农户与农业合作社组织保持紧密联系。农户 R_4 谈道："很多个体经营的农户参加过农业合作组织，但后来都因为组织实力太弱，管理不规范等原因退出了合作组织。"大部分农户获取市场需求信息的意识和能力还较弱，更多依靠传统经验进行生产，生产的盲目性较大。加入合作组织的农户 R_{10} 认为，"农户与各类生产组织企业合作，可依托合作组织平台，掌握市场需求信息，降低交易成本，增强自身获利能力"。从当前农户与各类生产组织合作的情况来看，合作形式比较单一，合作组织的规模效应功能还未能充分显现，还需要政府在资金和政策方面给予更大的引导和支持，实现农户与各类生产组织的深度合作。

4. 批零市场行为缺乏创新

本调查通过设计对城市蔬菜深加工、拓宽城市蔬菜销售渠道、创新城市营销策略、及时获取信息的能力和打造城市蔬菜品牌五方面来探究批零市场的销售行为，如表 2-19 所示。

表 2-19 城市蔬菜产销行为分析

类型	选项	农户	城市蔬菜销售商
对城市蔬菜深加工	考虑，实现可能性小	318	87
	考虑，实现可能性大	15	149
	未考虑	141	50
拓宽城市蔬菜销售渠道	考虑，实现可能性小	100	63
	考虑，实现可能性大	204	207
	未考虑	170	16
创新城市蔬菜营销策略	考虑，实现可能性小	89	71
	考虑，实现可能性大	1	197
	未考虑	384	18
获取及时信息的能力	考虑，实现可能性小	310	31
	考虑，实现可能性大	80	216
	未考虑	84	39
打造城市蔬菜品牌	考虑，实现可能性小	73	128
	考虑，实现可能性大	8	150
	未考虑	393	8

由表 2-19 可知，70.3%的农户考虑对城市蔬菜进行深加工处理，但由于受资金投入、技术、厂房等条件限制，多数农户不敢轻易涉及蔬菜加工领域。仅有 3.16%的农户认为对蔬菜进行深加工是可以实现的，想做就会做好。大部分农户不理解营销渠道和营销策略之间的区别，35.9%的农户认为只要自己种植的蔬菜品质好，自然就有人买，不必过多考虑城市蔬菜市场动态信息。所以，81%的农户未考虑过依靠营销策略增加收入，83%的农户未考虑创建自己的蔬菜品牌。

相比农户，城市蔬菜销售商更关心多种方式互补提高城市蔬菜销售收入。在城市蔬菜深加工方面，82.5%的城市蔬菜销售商考虑过这个问题，其中52%的销售商认为可以实现；94.4%的蔬菜销售商考虑要拓宽蔬菜销售渠道，而72.4%的销售商希望通过打造全方位的销售方式，使自己成为蔬菜销售行业的代表。93.7%的蔬菜销售商考虑要创新城市蔬菜营销策略，而68.9%的销售商认为可以实现。86.4%的蔬菜销售商认为对市场信息的把握具有不对称性，应该提高及时获取城市蔬菜市场信息的能力。多数城市蔬菜销售商认为打造城市蔬菜品牌十分重要，并愿意为此增加对蔬菜品牌的宣传投入。虽然城市蔬菜销售商相比农户的市场意识更强，也具备一定的承担市场风险能力，但是城市蔬菜销售与其他销售行业相比，具有更大的不确定性，蔬菜销售过程中不可控的风险因素更多，因此需要积极探寻蔬菜销售的规律，不断创新蔬菜销售方式，期望在多产业融合一体化的基础上，提升城市蔬菜销售的品质，降低蔬菜销售风险和成本。

5. 农户与城市蔬菜销售商之间短期行为严重

一方面，农户从自身利益出发更关注当前交易的最大化。调查发现，仅有30%的蔬菜农户与蔬菜销售商或加工商签订了蔬菜订购合同，多数农户选择自己来经销蔬菜。农户 R_6 表示，"大部分农户不签订合同，希望能够根据市场行情按最高的采购价格出售，避免因为始终如一的合同价格使自己遭受损失"。另一方面，蔬菜加工商或销售商出于对采购成本的考虑，总是尽可能地向农户压低价格。调查数据表明，仅有24%的城市蔬菜销售商与农户之间签订了采购合同，除农户不愿意与小型销售商签订合同的心理因素外，60%的蔬菜销售商更愿意通过大型批发市场采购蔬菜，既可以节约采购时间，又可以降低采购成本。农户与蔬菜加工商或经销商之间的短期交易行为，虽从短期来看维护了各自的利益，但从长期来看加剧了交易的成本，另外交易双方短期恶性竞价，势必造成欺诈行为，最终使双方相互隐瞒信息，造成欺骗损失。因此，积极引导蔬菜农户加入各类生产组织，建立蔬菜生产组织与蔬菜加工商或经销商之间的长期合作关系至关重要。

6. 城市蔬菜消费者需求难以把握

城市消费者对蔬菜的消费日益呈现多样化的特点。调查显示，年轻消费者一般喜欢去超市或者网上购买蔬菜，对蔬菜价格不太敏感；中老年消费者更关注蔬菜价格，大多选择蔬菜农贸市场或超市购买蔬菜，对网上购买蔬菜认知较少，且购买的蔬菜数量一般适合一日食用。另外，随着人们蔬菜消费意识的增强，城市消费者对多样化、高品质安全蔬菜有着更加强烈的需求，但仅凭蔬菜外观难以判定蔬菜品质，面对有机蔬菜的高价格，城市蔬菜消费者存在购买需求与购买决策之间的矛盾心理，既需要高品质绿色健康的蔬菜，又因为无法辨识有机蔬菜而难以决策。从而导致高品质健康蔬菜在城市推广过程中遇到困难。

本书通过对问卷调查数据的整理、分析，深刻剖析了我国城市蔬菜产销过程中存在的各种问题，期望通过设计、构建我国城市蔬菜供应链一体化运作体系，对我国蔬菜生产、流通、销售环节进行优化改革，从而推动我国蔬菜产业的健康发展。

第三章
我国城市蔬菜供应链一体化模型构建及动力机制研究

第一节 城市蔬菜供应链一体化基本认知

在全球经济一体化背景下,我国蔬菜产业面临着巨大的竞争压力,原有各自独立的蔬菜生产、流通和销售模式与企业狭隘的本位化经营理念,造成企业之间恶性竞争严重,已无法适应网络化竞争的社会发展需要。因此,构建蔬菜生产、流通和销售的供应链一体化体系,跨越企业界限,从产业融合角度对蔬菜产业一体化运作效率进行研究,必将具有重要的实践推广价值。

一、蔬菜供应链一体化概念

供应链(Supply Chain)的思想最早来源于物流的概念(Logistics),在物流理论与实践不断发展的基础上,将物流研究的范围扩大,把与制造企业相关的上下游企业整合在一起,形成供应链条,相邻企业间结成供应与需求的密切关系,遵循系统最优化原理,实现供应链系统的高效运作,进而保障供应链节点企业利益的一种网络结构模式。

美国供应链协会认为:供应链是包括从供应商的供应商到顾客的顾客之间,

所有对产品的生产与配销的相关活动流程。

本书认为，供应链是指具有资源优势的核心企业，通过整合产品、信息、资金等资源，使原材料供应商、产品制造商、批零销售商以及最终消费者之间建立紧密的供应与需求关系，从而形成相互交叉的网络结构。供应链中核心企业发挥着关键作用，通过核心企业对供应链中的各项资源进行整合，以满足消费者需求为目标，驱动供应链体系高效运行。核心企业可以是制造商，也可以是经销商，还可以是加工商或物流商等，在整个供应链中处于主导地位。供应链运作过程中不仅存在物资、商品的流通，还包括信息、资金、技术等资源的流通，并且在各个环节的流通过程中实现价值增值的过程。供应链管理是一个复杂的系统工程，只有供应链节点企业间建立长期稳定的合作关系，保障供应链的高效低成本运行，实现系统整体利益最大化，供应链节点企业的利益才可以得到保障。

城市蔬菜供应链一体化是指运用管理经济学原理，遵循质量安全管理制度，通过完善的冷链与物流配送系统，在信息化服务的协调下，从城市蔬菜种子采购到城市蔬菜消费过程中对产销预测、包装加工、物流协同、存储管理、品质评价、技术更新等进行多产业融合、集成式管理的过程。

二、蔬菜供应链一体化特点

蔬菜供应链一体化表现为以下几方面特点。

1. 蔬菜供应链一体化下多环节、多功能的互补性

蔬菜供应链包括多个环节的活动流程，每一环节都有执行主体，如蔬菜生产资料供应环节，由蔬菜相关供应商向菜农提供肥料、种子等蔬菜种苗或设备的活动；蔬菜生产环节，由蔬菜农户按照生产流程对蔬菜进行种植、采摘的活动；蔬菜存储、加工环节，由蔬菜批发商、加工商对蔬菜进行存储、保鲜、加工和包装的活动；蔬菜流通环节，由蔬菜物流商对蔬菜进行运输、配送的活动；蔬菜销售环节，由蔬菜零售商对蔬菜进行宣传和销售的活动。要实现蔬菜供应链一体化必须对蔬菜供应链的各个环节进行整合和协调，实现蔬菜运作功能的专业分工与优势互补，提高蔬菜供应链一体化运作的效率。

2. 蔬菜供应链一体化下蔬菜品质的安全性

在传统的蔬菜交易过程中,由于蔬菜自身的特殊属性和蔬菜交易过程中多因素的不确定性,带来蔬菜交易时间上的延误,再加上蔬菜存储条件恶劣等原因,造成蔬菜质量得不到很好的保障。而在供应链条件下,核心企业根据市场需求,以事先签订合同的形式,实现蔬菜生产、流通和销售的无缝连接,消除交易时间的延误,降低了交易成本,充分保障了供需双方的利益。另外,蔬菜供应链一体化克服了菜农、蔬菜相关企业以及消费者之间信息传递阻塞,甚至信息传递失误的弊端,实现了供应链各节点企业间各种信息资源的共享,从信息资源公开的角度也充分保障了蔬菜品质的安全性。

3. 蔬菜供应链一体化下蔬菜经营的规模性

在以农户个体经营为代表的传统蔬菜经营模式中,蔬菜经营规模小、经营品种单一、经营成本偏高,无法满足城市消费者对蔬菜高品质、低成本的要求。蔬菜供应链一体化模式将单个、零散的农户整合起来,形成各类蔬菜生产组织,按照市场需求,与流通、加工或销售企业建立持续稳定的长期合作关系,实现规模化交易,降低交易成本,提高销售利润。

4. 蔬菜供应链一体化下各节点企业目标的统一性

在传统蔬菜交易模式下,蔬菜经营企业各自为政,仅考虑自身短期利益,交易企业间更多表现为竞争关系,为了各自利益,企业相互压价,以次充好,最终企业长期利益受到损害。在蔬菜供应链一体化模式下,只有保障供应链的健康运行,每个供应链企业的利益才能得到保障,由此企业间建立了紧密的长期合作关系,通过合作实现供应链整体利润的最大化,再由核心企业本着公平、公正的原则在供应链企业间合理分配利润,最终保障了各节点企业的利益。由此可见,供应链各节点企业在保障供应链一体化过程中所确立的目标具有统一性。

5. 蔬菜供应链一体化下市场的竞争性

在传统蔬菜交易模式下,以农户个体经营为主,缺乏市场竞争意识,蔬菜生产具有极大的盲目性,蔬菜生产与市场需求严重脱节,蔬菜从生产、流通到销售过程中各个经营主体为了各自利益竞争激烈,农户在市场竞争中缺少信息、缺少资源,始终处于竞争劣势,自身的利益得不到保障。在蔬菜供应链一体化模式下,核心企业整合供应链资源,根据市场需求,以合同订单方式组织蔬菜的生产、流通和销售流程,在蔬菜交易过程中,具有较强的竞争能力,大大提高了蔬菜经营的附加价值。

三、蔬菜供应链一体化相关理论

1. 农业纵向合作理论

农业纵向合作又称农业垂直合作,Mighell等(1963)认为,纵向合作是整个农产品供应链中,农产品生产组织与农产品相关组织分工越来越细化、关系越来越密切的过程,它把农产品原料供应商、由农户组成的各类生产组织、农产品加工商和销售商之间从流程上、形式上、功能上联结成一个统一的整体。而关于供应链纵向合作关系,有学者认为是一种为整合处在同一个链条集合中上游、中游、下游资源的一种制度安排。纵向合作关系理论是产业经济学中较成熟的理论,其中影响最大的是新制度经济学理论和产业组织理论。产业组织理论则从企业的垄断动机、产业生命周期、不确定性等方面分析了纵向合作关系。农业供应链的纵向合作形式大体上来说可以分为以下几种:市场交易形式、销售契约形式、生产契约形式、农业专业合作组织和垂直一体化等。某种程度上说,选择农业组织化程度最优的制度设计有其必要性,因为这样可以节约交易成本,同时提升各个业务活动阶段的交易价值,是分工和生产专业化发展的必然结果。其中,现货市场交易和纵向一体化是农业产业链纵向协作的两种极端形式,现货市场交易是控制强度最低的一种形式,它的主要特征是灵活、独立、一次性、双方之间的信息交流有限。而纵向一体化是控制强度最高的一种形式,它的主要特征是双方之间相互依赖、信息开放式流动以及利益共享(Williamson,1985;Peterson,2001)。选择合适的纵向合作形式实际上是一种战略决策,恰当的选择能够带来交易成本节约和利润增加,而不恰当的选择所产生的合作形式则很容易解体。

2. 交易费用理论

交易费用理论最早来源于1937年科斯在《企业的性质》中提出的观点。科斯认为，使用价格机制是有代价的，为了执行一项市场交易，要进行谈判、讨价还价、拟定契约、实施监督等一系列流程。这种情况下，交易费用越低，交易就越容易进行。后来有学者对交易费用的范围进行扩展，认为交易费用还应包括发现交易费用和合适的交易价格的费用、执行交易的费用和监督违约并制裁的费用。科斯认为，市场在交易成本为零时可以自动调节，从而达到最优的配置；而在交易费用不为零时，就需要人为地进行制度机制的设计和安排。从新制度经济学的角度来说，不同制度下交易费用的比较可以在一定程度上测量一种制度的绩效。这种理论为不同的蔬菜供应链纵向合作形式的案例分析提供了理论依据。科斯的产权经济理论又表明，市场和企业是两种相互竞争和相互替代的交易形式，将生产单位集中在一个企业内或采用长期的契约关系可以节约成本。正如本书所认为的那样，纵向合作关系越紧密，越有利于节约成本，也越有利于提高蔬菜产品的安全质量。

威廉姆森进而完善了交易成本理论，并提出了决定交易性质的三个基本维度：资产专用性、不确定性和交易频率。由于交易特性即交易维度的差别，不同的交易协作模式带来的交易效率也不同。

（1）资产专用性。是指将资产长期投资于某个项目，在项目实施过程中无法收回，被计入交易成本。某种意义上，当存在有效的制度来约束交易主体的机会主义行为时，资产专用性越高，联合越稳定。农产品供应链生产环节中的两个重要主体农户和农产品加工企业的资产专用性表现在不同的方面，前者的投入表现在土地等固定资产、种子化肥等生产资料、种植过程中学习知识及技能所花费的时间和精力；后者的投入表现在人力资本、生产线、技术创新、厂房等方面。在农产品供应链中，资产专用性的强弱决定最终的纵向协作方式。

（2）不确定性。交易过程中存在太多的不确定性，这些不确定性因素有些是可控的，多数是不可控的，从而导致交易过程变得更加复杂多变。

（3）交易频率。交易频率是指单位时间实现交易的次数，交易频率的高低直接影响制度成本回收期的快慢。

3. 不完全契约理论

该理论是研究如何最有效地安排剩余控制权的理论，作为不同类型纵向合作关系的关键考虑因素，不完全契约理论对本书的写作提供了理论基础和视角。契约的定义是当事人在签订合约时做出的一系列承诺的集合，它对未来可能发生的所有状态中参与者的行为做出规定。所以契约在一定程度上可以理解为配置组织内的决策权机制或制度。因为交易的不确定性和当事人的有限理性，契约不可能考虑到所有可能发生的情况，语言的模糊性也不能在任何时刻准确地描述不确定性，所以契约往往是不完全的。以哈特为代表的产权学派认为，在契约中没有详细规定的那部分权利就是剩余控制权，一般来说，剩余控制权应该属于资产所有者。在我国农业产业化的早期，"契约农业"（又称订单农业）最为常见，指蔬菜种植户在决定种植计划之前，先与第三方签订产销合同，并根据合同规定的条款明确双方的权利和义务，进行生产和收购，但这种农业经营方式下的农户违约率高达80%。这种契约是不完全契约，极有可能出现违约的情况，最好的解决办法是双方依据各自的要素享赋各自投入专用性资产，农户还要垫付一定数量的保证金。另外，公司方也要积极分配合作剩余价值，避免独占剩余控制权。

4. 协同效应理论

协同理论是基于系统论、控制论和信息论发展起来的，由德国科学家赫尔曼创立。其中，系统理论是由若干密切联系的个体组成，并且这些个体相互作用能够实现特定功能的统一整体。作为一个系统具有整体性、层次性和协调性的特点，系统整体运作的效果远远大于单个个体运作效果的简单相加。系统在运动过程中始终保持开放的状态，从外界获取信息、资源和能量，并通过自身的整合加工，形成系统输出，产生更大的效益。系统理论认为，系统整体与个体之间、个体之间、系统内部与外部环境之间相互联系、相互制约，只有统一协调好多方面的关系，才能保障系统的有效运行。在系统理论研究的基础上，协同理论进一步解决了系统内部由混乱状态向有序状态转变的问题。对于所要研究的大系统来说，每一个构成要素都是一个小系统，这些小系统相互作用，由最初的杂乱关系到形成稳定的新结构，其中演变过程具有一定的规律性，对演变规律的分析是协调理论研究的重点，协调理论关键解决"1+1>2"的问题。

在供应链体系中,供应链核心主导企业与参与企业密切配合,更好地发挥了协同效应。首先,供应链核心企业整合自身资源,协调内部各部门之间关系,加强企业内部信息沟通,充分发挥自身竞争优势,实现良好的内部协同效应;其次,供应链核心企业为了更好提升产品价值,向上与供应商企业,向下与销售企业,建立长期合作关系,通过资源共享、信息共通,形成良好的外部协调效应。

蔬菜供应链由蔬菜供应商、蔬菜生产组织、蔬菜加工商、蔬菜销售商和消费者组成。蔬菜供应链参与企业之间存在既竞争又合作的复杂关系,运用协调理论,探寻蔬菜相关企业之间合作的规律,对保障蔬菜供应链稳步运行,推动我国蔬菜产业健康发展都将具有重要意义。

第二节 城市蔬菜供应链一体化总体模型构建

蔬菜不同于工业产品,其生产技术落后,组织化程度低,服务配套不完善,致使蔬菜产业难以形成规模,短期投机行为严重,菜农收入水平低下。要解决蔬菜产业发展、农村繁荣与农民增收的难题,需要不同产业和部门形成协作机制,通过第一产业、第二产业、第三产业联动发展,将蔬菜相关企业整合起来,形成规模效益,充分发挥蔬菜产业的基础性作用,提高蔬菜产品的比较利益,真正实现工业带动农业、"龙头"带动农民的蔬菜供应链一体化运作体系,如图3-1所示。

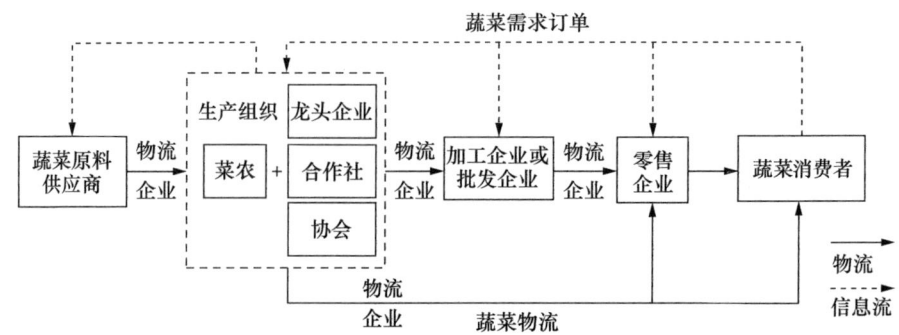

图3-1 城市蔬菜供应链一体化总体模型

在城市蔬菜供应链一体化模型中，蔬菜原料供应企业、蔬菜各类生产组织、蔬菜加工企业、蔬菜批发和零售企业与城市消费者之间存在供应与需求的长期利益关系。蔬菜零售企业如超市或农贸市场向城市消费者提供蔬菜产品，同时获取消费者市场需求信息，向上游蔬菜加工企业或蔬菜批发企业发布采购订单，甚至可以直接向蔬菜生产组织采购蔬菜产品；蔬菜加工企业或批发企业根据蔬菜零售企业需求订单制订蔬菜采购计划，向蔬菜生产组织发布采购订单；蔬菜生产组织打破原有的家庭农户经营模式，采用菜农与合作组织（龙头企业、合作社和协会等）相结合的生产组织结构，扩大了生产规模，提高了生产标准，按照市场需求的订单，向蔬菜原料供应商采购生产资料，组织安排生产，既避免了生产的盲目性，又保障了市场需求的及时供应。各个节点企业之间的供应过程是通过蔬菜物流企业来实现的。在整个蔬菜供应链体系中，各个利益实体通过市场需求驱动紧密地结合在一起，只有供应链企业间密切合作，打破原有短期行为的限制，才能在激烈的市场竞争中，提高自身竞争力，供应链运作效率提高了，蔬菜产品被市场接受了，每个蔬菜节点企业的利益最终才可以得到保障。

蔬菜供应链体系中的节点企业涉及不同行业，属于各自独立的经济实体，如何将他们有机整合起来是关键。在企业资源整合过程中，需要有一家或几家企业在整个价值链中处于核心位置，由核心企业驱动，吸引相关企业加入供应链条，并通过不断选择、淘汰，形成相对稳定又动态调整的供应链体系。由于受地区发展水平、行业特点和组织化程度的限制，不同蔬菜供应链体系中核心驱动企业的选择是不同的，有的以合作社或龙头企业为驱动核心，有的以加工企业或销售企业为驱动核心，还有的以物流企业为驱动核心。本书主要以蔬菜合作社企业作为核心驱动研究的蔬菜供应链一体化的运作规律。

第三节　城市蔬菜供应链一体化动力机制研究

城市蔬菜供应链一体化是市场竞争日益加剧，蔬菜多产业融合发展的必然要求。城市蔬菜供应链一体化形成过程中受到宏观政策、同类供应链竞争、市场需求和蔬菜供应链自身发展等驱动因素的影响。其中，宏观政策引导是保障城市蔬菜供应链一体化发展的关键驱动力；同类供应链竞争是促进城市蔬菜供应链一体化发展的竞争驱动力；消费者市场需求是实现城市蔬菜供应链一体化发展的牵引驱动力；蔬菜供应链自身发展是实现蔬菜供应链一体化发展的内在驱动力。四类驱动因素对蔬菜供应链一体化的影响作用如图3-2所示。

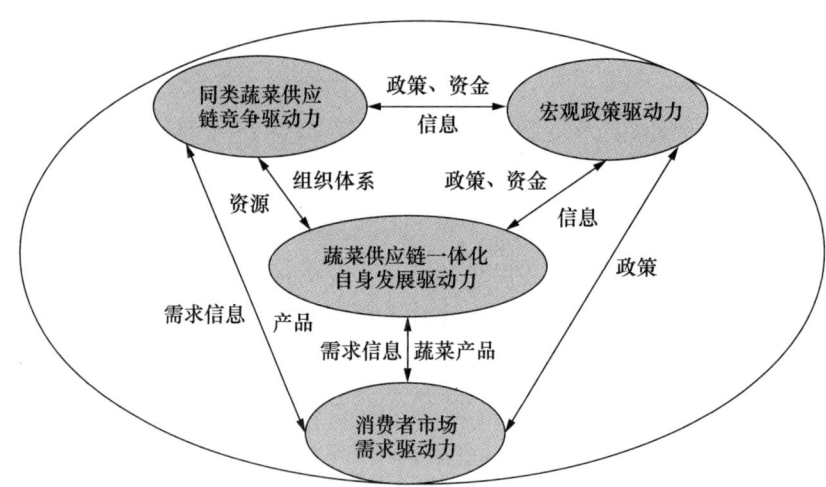

图3-2　蔬菜供应链一体化驱动关系

图3-2中，宏观政策引导是推动蔬菜产业快速发展的外部环境动力，我国各级政府根据社会经济发展趋势和我国蔬菜产业发展的特色，制定一系列相关蔬菜产业引导、帮扶政策，从资金、技术、信息、土地等方面为蔬菜产业快速发展创造了良好的外部环境。同类蔬菜供应链体系是推动蔬菜供应链一体化发展的竞争驱动力，在竞争压力驱使下，蔬菜供应链企业间必须建立基于长期合作关系的一体化组织结构关系，优化配置蔬菜供应链资源，保障蔬菜供应链一体化系统的高效运作。蔬菜市场的消费需求是推动蔬菜供应链一体化发展的牵引动力，离开市场需求，蔬菜产业的发展便失去前进的方向，只有严格遵循市场需求规律，围绕蔬菜市场需求订单对蔬菜供应链体系进行优化调整，保质保量地向市场提供安全、多样、低成本的健康蔬菜产品，才能推动蔬菜产业的持续发展。蔬菜供应链自身发展是推动蔬菜供应链一体化的内在动力，蔬菜供应链企业间合作的最终目的是追求自身的发展，随着全球一体化经济模式的兴起和外部竞争环境的日益恶

化，企业要想发展，原本各自为政的竞争模式已不能适应新形势发展的需要，企业间必须建立长期的合作互补关系，通过建立供应链一体化联盟，整合社会资源，通过全程化高效运作，以对抗外部更大规模的竞争，只有整个供应链运作成功了，每个企业的利益才可以得到保障。

一、基于政府多渠道引导的政策动力机制

政府引导为蔬菜供应链一体化发展创造了良好的外部环境，实现了社会资源如资金、技术、人才、土地等向蔬菜产业迅速集聚，推动了蔬菜供应链一体化系统的快速形成。基于政府引导的动力机制包括补贴资源激励和调控能力激励两类。

我国"十三五"规划出台了一系列城市蔬菜补贴性政策。提出要继续发挥种菜直接补贴、菜种和农机具购置补贴等政策惠农效应，落实重要蔬菜生产基地、批发市场质量安全检测费用补助，开展公益性蔬菜批发市场建设试点等。政府还利用税收政策、财政方案深化城市蔬菜融资机制改革，鼓励申请蔬菜相关融资贷款，给予一定的利率优惠和税收减免。通过政府对广大蔬菜种植户和蔬菜经营企业所给予的直接财政补贴和资金扶持，极大调动了广大农户蔬菜种植的积极性，蔬菜农户改变原有的家庭个体经营模式，通过多种形式，参与到蔬菜种植协会、蔬菜合作社或龙头企业契约合作组织中，形成蔬菜生产的规模化种植和管理，蔬菜种植面积连年增长，蔬菜品种、品质不断提升；另外，随着全球经济环境的恶化，许多加工企业和服务企业敏锐地意识到蔬菜产业发展的前景，充分利用国家产业扶持政策向蔬菜产业投入大量的资金、人才和技术等资源，这些现代化企业进入蔬菜产业市场，不仅带来了设施、设备等硬件资源，而且将现代化的管理模式带入蔬菜产业，由此，以市场需求为驱动，以现代化管理企业为主导的蔬菜供应链一体化运作体系开始逐步形成。

政府补贴激励推动了蔬菜供应链一体化系统的形成，为了实现蔬菜供应链一体化系统的高效运行，政府还制定了多项蔬菜产业调控激励制度：首先，以保护基地自然环境为重点，制定的城市蔬菜品质评价制度。在传统蔬菜个体生产模式下，农户为了降低生产成本，过度使用农药化肥，蔬菜品质难以保障；随着人们收入水平提高和健康意识的增强，消费者对高品质、健康蔬菜提出了更高的要

求,然而仅从外观,消费者无法对蔬菜品质进行清晰的鉴别;政府通过制定蔬菜品质评价制度,积极引导农户根据市场需求对蔬菜品质进行改良、升级,既保护了蔬菜生产环境,又提升了蔬菜附加价值,增加了农户的收入。其次,政府为加强对城市蔬菜的舆论引导,制定了相关制度与措施。各级政府通过农业局、蔬菜局等涉农相关部门不断加强对蔬菜科普知识的宣传和推广,增强广大农户和消费者对蔬菜安全生产与消费的认识,从而促进蔬菜供应链一体化机制的完善发展。再次,政府为规范蔬菜市场秩序,制定相关制度与措施。为解决城市蔬菜市场中寡头和垄断行为造成的资源配置不均问题,规制危害城市蔬菜消费者利益的不法厂商行为,政府制定系列法规、制度,保障蔬菜供应链一体化运行的规范化。最后,政府部门为保障蔬菜供应链一体化稳健发展,制定相关制度与措施。政府管理部门积极引导广大农户参与各类生产组织,不断优化蔬菜产业运作流程,为城市蔬菜产销商提供多种途径的技术支持,共同维持城市蔬菜供应链一体化稳定发展。

二、基于不同蔬菜供应链竞争的产业动力机制

在每个市地的蔬菜产业体系中,围绕不同的核心主导企业可形成多条蔬菜供应链系统,每条蔬菜供应链都包括蔬菜原材料供应商、农户参与的各类生产组织、蔬菜加工商、蔬菜批发商、蔬菜物流商、蔬菜零售商和城市消费者等供应链节点企业,节点企业间相互合作形成一体化的虚拟整合企业,完成蔬菜从源头生产,到采摘加工,再到存储流通,最后到终端销售的全过程。

在每条蔬菜供应链一体化运作体系中,如果供应链运作效率高,能适应市场需要,可获取更高的收益,从而供应链中每个节点企业的利益将得以保障,供应链将得以健康发展;如果供应链运作效率低下,蔬菜销售成本偏高,无法适应市场需求,将使供应链陷入瘫痪,供应链节点企业利益得不到保障,最终供应链将瓦解、断裂。脱离供应链的节点企业必须积极寻求新的合作伙伴,加入到新的蔬菜供应链体系中,才能在激烈的市场竞争中寻求生存、发展的空间。

由此可见,在全球一体化大趋势下,市场竞争变得日益复杂化,企业之间的竞争将逐步被供应链之间的竞争所替代,只有蔬菜供应链一体化体系能够更好地整合供应链企业间的资源,充分协调好节点企业之间的关系,实现蔬菜供应链一

体化高效运行，蔬菜供应链的发展才有生命力。在蔬菜供应链竞争中，一旦某条蔬菜供应链被淘汰，该链条上的所有蔬菜节点企业都将受到牵连。因此，蔬菜供应链是由多家蔬菜相关企业相互连接的整体，在同类蔬菜供应链竞争压力作用下，蔬菜供应链节点企业间只有结成长期一体化的合作关系，真正实现信息、资源、人才等的共享融合，蔬菜供应链发展了，供应链节点企业的利益才可以得到保障。

三、基于市场拉动的需求动力机制

随着我国经济发展水平和人们生活水平的提高，消费者对农副产品，特别是蔬菜产品提出了更高的要求，追求"品质优良、品种丰富、产品新鲜安全、供应及时、价格适中"的绿色农产品已经成为广大消费者的共同愿望，这就对蔬菜供应链管理提出了更高层次的要求。如何解决蔬菜经营过程中高品质与低成本之间的矛盾，成为蔬菜产业发展的关键问题。通过建立蔬菜供应链一体化体系，从生产环节对生产资源进行整合，形成规模化的生产组织形式，按照市场需求实现蔬菜生产的规模化、标准化和科学化，从而有效提高蔬菜品质，降低蔬菜成本；从蔬菜加工、流通和销售环节，蔬菜供应链核心企业充分运用有效的信息共享平台系统，进一步优化蔬菜运作流程，最终按照消费者订单需要将高品质、低成本的绿色蔬菜配送到消费者手中。由此可见，只有实现蔬菜供应链一体化高效运作，才能实现蔬菜产业的规模化、标准化和品质化，才能从根本上满足消费者日益增长的蔬菜需求。

蔬菜市场需求对蔬菜供应链的拉动作用主要表现在以下几个方面。

1. 对蔬菜规模生产的拉动作用

我国蔬菜生产长期以来一直以家庭化小农生产为主，从事蔬菜生产和交易的个体数量众多，而生产和交易的规模却较小，再加上蔬菜运销能力有限，流通环节过多，造成蔬菜品质低下，成本偏高，无法满足城市消费者对高品质蔬菜的需求。

市场对蔬菜高品质、低成本的要求，推动了蔬菜生产的规模化经营。土地是蔬菜生产的基础要素，是不可再生的稀缺资源，但伴随着工业化、城市化进程的加快，城郊可用耕地越来越少。通过构建蔬菜供应链一体化体系，按照市场需求，由供应链核心企业有规划地引导蔬菜产业的发展，将农村零散的土地以各种形式整合起来，实行规模化种植。一是可以加快土地的有序流转，产生规模效益。土地整合后有效解决了家庭个体经营规模不经济的问题，土地实现连片种植、统一管理，大大提高了土地的生产效益，特别是在对资本有效利用的基础上，土地的规模经济体现得更加明显。二是可以保证土地的开发利用方向。土地整合后以蔬菜基地的形式统一经营、管理，可大大提高土地利用水平，蔬菜产出率和优质率将显著提高；另外，蔬菜基地加入到蔬菜供应链体系中，其对接市场的能力更强，对市场动态的把握更准确，这给蔬菜的生产安排提供了明确方向。

2. 对蔬菜供应链核心企业的拉动作用

在蔬菜市场需求的指引下，蔬菜供应链核心企业利用其资源优势，优化调配蔬菜种植产量和种植品种，充分缓解蔬菜供应与需求之间的矛盾，极大消除了蔬菜生产的盲目性和风险性，增强了蔬菜产品的市场竞争力和附加价值。另外，市场需求的拉动作用，还进一步巩固了蔬菜供应链核心企业与蔬菜相关企业之间的供需关系，保障了蔬菜采购合约按期履行，降低了蔬菜经营过程中的谈判成本、交易成本等费用。

3. 对蔬菜品质和品牌提升的拉动作用

在对蔬菜高品质需求的拉动下，通过各类蔬菜生产组织，如蔬菜种植合作社、蔬菜协会、蔬菜生产基地企业等，将零散的蔬菜种植户整合在一起，统一安排、组织生产，从而在蔬菜生产组织形式上保障了蔬菜优良品种和先进种植技术的全面推广与提升；另外，依靠蔬菜供应链核心企业雄厚的资金和科研实力，能不断对蔬菜品种和技术进行创新改造，并将创新成果在农户中广泛推广，从而在资金和技术上保障了蔬菜品质的提升。

蔬菜品质提升了，必须加强对蔬菜品牌的建设。通过蔬菜供应链一体化整合可将蔬菜生产组织与蔬菜加工企业紧密结合在一起，创建"特色产地与知名企业相结合"的优质蔬菜品牌。蔬菜名牌的建设需要一个长期过程，不仅要有高质量的蔬菜品质、令消费者满意的服务，还要有先进的管理经验和运营模式，还必须配合多样有效的营销策略。传统的家庭式小农生产模式和小规模的加工企业都难以创立一个优秀的品牌。蔬菜供应链一体化整合将具有特色优势的蔬菜产品与先进的工业技术结合，运用多样化的营销手段，加强消费者对蔬菜品牌的认知，扩大蔬菜品牌在销售市场的影响力，从而以更低的成本使消费者辨识蔬菜产品，提升蔬菜品牌的附加值，降低城市蔬菜被替代的概率。

4. 对蔬菜供应链高效运行的拉动作用

首先，城市蔬菜供应链一体化作为一个系统，必然要与蔬菜市场进行物质和能量交换，交换产生不同的利益关系，决定不同的市场形态。变动的市场形态使得城市蔬菜服务商不断改变产销行为以保持市场需要。供应链间节点与链外企业相互磨合，形成更高层次的经营目标。为实现更高的经营目标，蔬菜服务商会利用新技术调整内部结构应对市场需要、注重蔬菜品质、合理激励员工提高工作效率。从供应链一体化发展角度来说，供应链上某一企业做出调整后，为适应供应链高效运转，供应链上各节点企业必定也会做出适应性调整。因此，城市蔬菜需求的改变推动蔬菜供应链一体化向纵向发展。其次，城市蔬菜高品质需求促进了蔬菜新营销渠道的出现。电商销售模式发展了线上线下一体化流通格局，城市蔬菜大数据提升了规模服务功能，以城市蔬菜为载体引导产销商转变交易方式，减少了中间合作商的挑拣。除新渠道的应用外，城市蔬菜供应链一体化的形成在一定程度上缓解了化肥污染土壤、灌溉水质量下降等现实问题。在维护城市蔬菜生产资料的前提下，发展城市蔬菜内部要素，解决农村人力资本溢出问题，提升城市蔬菜高技术人才向农村流动的劳动力转移效益，从而保障蔬菜供应链一体化运作效率的提高。

四、基于蔬菜供应链自身驱动的利益动力机制

利益角度的动力机制是城市蔬菜供应链一体化研究的主体，是控制和协调城市蔬菜一体化的主要力量。城市蔬菜供应链间企业的思想、行为都可以从利益角度找到合理的解释和深藏的规律。

1. 蔬菜供应链一体化对蔬菜生产组织的利益驱动

传统家庭小农式蔬菜生产模式致使蔬菜生产规模小、生产成本高，农户抗击

市场风险的能力弱，在市场交易中处于弱势地位，农户的利益得不到保障。通过积极引导，将零散的农户集中起来加入合作社组织和农业协会等蔬菜生产组织，生产组织与蔬菜经营企业建立供需合作的供应链一体化关系，按照市场需求有计划地整合土地资源，统一采购农用物资和设备，统一组织技术培训和蔬菜生产，统一组织蔬菜销售，实现了蔬菜的规模化、标准化生产，减少了交易环节，降低了交易成本，提高了蔬菜附加价值，从根本上保障了农户的利益。

2. 蔬菜供应链一体化对蔬菜经销商的利益驱动

城市蔬菜经销商加入供应链一体化的目标可分为三层：最底层是维持产销协调、组织平衡；中间层是掌握可靠的城市蔬菜消费者需求信息；最高层次是提高城市蔬菜价格附加度，获取额外利润。蔬菜供应链中所有环节的经销商之间存在供应与需求的密切关系，其中处于核心地位的蔬菜经销商可以是蔬菜加工商，也可以是蔬菜物流商，其在整个供应链运作过程中发挥着关键引导作用。核心经销商依靠其雄厚的资金、技术或信息等资源优势，吸引蔬菜相关经销企业建立一体化蔬菜供应链体系，为获得潜在利润而调整供应链企业间合作关系，并通过创新经营方式来降低蔬菜交易成本，提高蔬菜交易价格，只有所有蔬菜经销商的实际收益超过预期收益时，蔬菜供应链经销企业间合作发展的利益驱动作用才可以显现，蔬菜供应链才可实现持续健康的发展。

3. 蔬菜供应链一体化对蔬菜消费者的利益驱动

城市消费者对蔬菜日益增长的高品质、低成本、绿色环保的多样化需求，只有通过蔬菜供应链一体化才可以得到实现。通过蔬菜供应链一体化整合，准确获取蔬菜市场需求信息，依据市场需求订单组织安排蔬菜生产、流通和销售的一体化经营，降低蔬菜经营成本，提高蔬菜品质，满足消费者的要求。另外，城市蔬菜供应链一体化所产生的电话订菜、网上买菜、基地自提等新型营销渠道满足了城市蔬菜消费者的多种购买习惯。这些新习惯的产生导致城市蔬菜市场竞争加剧，使得城市蔬菜相对价格发生变化，从而保障了城市蔬菜消费者的利益。

蔬菜供应链动力机制为城市蔬菜供应链一体化发展指明了方向。其中，政府引导动力来自于国家产业调整的改革政策，只有将第二产业紧密融入第一产业，不断加强第三产业建设，才能保障蔬菜产业体制改革的深入；蔬菜供应链之间的竞争动力是推动蔬菜供应链一体化发展的市场调节力量，只有通过激烈的市场竞争，才能有效整合蔬菜供应链资源，提高蔬菜供应链运作效率；市场需求动力是实现蔬菜供应链一体化发展的外部牵制力，在市场对蔬菜高品质、低成本需求的牵制作用下，只有不断打破过去蔬菜经营体系中各自为政的理念，通过蔬菜经营企业间建立供应链一体化合作关系，才能保障蔬菜消费者需求的有效满足；蔬菜经营者利益动力是推动蔬菜供应链一体化发展的内在动力，只有蔬菜相关经营企业间结成利益共享的紧密合作关系，在蔬菜供应链一体化运作过程中充分保障各蔬菜经营企业的利益，才能推动蔬菜产业的稳固发展。在四种动力机制的共同作用下，充分整合蔬菜供应链资源，不断优化城市蔬菜供应链一体化结构，必将推动蔬菜供应链一体化实现健康发展。

第四章
城市蔬菜供应链一体化运作研究

为实现城市蔬菜供应链一体化的高效运作，需要对蔬菜供应链构成组织的利益和相互之间的合作关系进行深入分析，以探寻蔬菜供应链一体化形成的规律。本章分别从生产环节、流通环节和销售环节入手，在对蔬菜生产组织模式、蔬菜供应链供需企业之间的合作关系以及蔬菜供应链销售模式进行研究的基础上，将蔬菜供应链各环节进行整合，对蔬菜供应链一体化运作模式进行总结。

第一节 城市蔬菜生产组织模式及获利机理研究

蔬菜生产组织模式是指蔬菜生产者对所投入的资源要素、生产过程以及产出物的有机、有效结合和运营方式的一种概括，是对蔬菜生产与运作管理中的战略决策、系统设计和系统运行管理问题的全面综合。不同经济发展时期蔬菜生产组织模式发生了极大的变化。1949~1958 年，全国范围内开展大规模土地改革，农民自发形成互助合作组开展生产。1958~1978 年，人民公社化运动在全国迅速展开，生产队拥有土地等生产资料，生产队统一安排生产，社员只能按照计划安排从事生产劳动，生产队将集体劳动成果在社员间进行平均分配。1979~1984 年，党的十一届三中全会的召开，人民公社被全面取消，实施家庭联产承包制，农民自主承包土地，具有更大的经营自主权。1985 年之后，各类农业合作化组织开始出现，农业生产开始向规模化、专业化方向发展。党的十四次代表大会首次提出了大力发展市场经济的口号,社会主义市场化建设步伐逐步加快。

多样化的蔬菜生产组织形式,解决了家庭承包经营无法克服的弊端,适应了新形势下对蔬菜生产规模化、标准化和市场化的要求,并从根本上保障了菜农的利益。因此,对比传统蔬菜生产模式,对各类生产组织模式下菜农的获利机理进行研究,对推动各类蔬菜生产组织模式迅速发展将具有重要的现实意义。

一、城市蔬菜生产组织模式比较分析

随着消费者健康意识和消费水平的提高,消费者更加关注蔬菜的质量、健康等方面的问题。但传统零散的小农式种植模式组织化程度低、信息成本高,菜农主观生产意愿占主导因素,蔬菜销售渠道单一,导致蔬菜生产、流通成本偏高,蔬菜品质和数量与市场严重脱节,既无法满足城市消费者多样化的需求,又无法增强农户脱贫致富的能力。究其原因在于,菜农分散、独立、相互竞争的低端生产组织模式无法形成有规模的生产组织融入蔬菜供应链体系,无法与蔬菜相关企业形成竞争与合作的协同发展关系,无法形成蔬菜品牌优势提升市场竞争地位。因此,积极引导菜农以多种形式加入蔬菜生产组织,将蔬菜生产组织融入蔬菜供应链体系,依据市场需求发展城市蔬菜特色品牌,将有利于推动蔬菜供应链一体化体系的发展。

1. 典型的四类蔬菜生产组织模式

(1) 龙头企业带动型生产组织模式。图4-1为龙头企业带动型模式,该模式是指当地具有规模优势的龙头企业,包括大型蔬菜生产基地、大型蔬菜加工企业或大型蔬菜批发、零售企业等,本着利益共享、风险共担的原则与菜农签订长期合作合同,龙头企业为菜农提供种苗、生产技术、运输包装等服务,并负责蔬菜的深入加工和市场销售;菜农按龙头企业的要求组织蔬菜生产,根据约定时间,保质保量地向龙头企业供应蔬菜产品,双方结成密切的利益共同体关系。

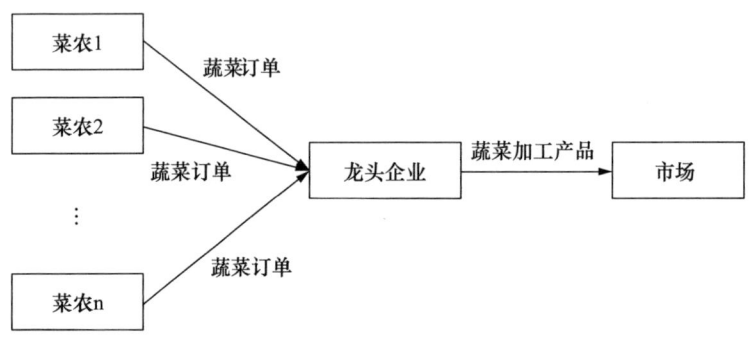

图4-1 龙头企业带动型生产组织模式

龙头企业带动型生产组织模式以大型蔬菜生产加工企业或蔬菜批零企业为核心，与市场需求建立紧密的联系，通过蔬菜零售企业掌握城市消费者需求信息，从而确定市场需求订单；龙头核心企业根据市场需求订单，与菜农建立长期合作关系，签订蔬菜种植合约，由菜农按照合约要求组织生产蔬菜的品种和数量。龙头核心企业按照合约规定，向菜农提供蔬菜生产所需的种苗、技术和相关配套服务，并按期向菜农收购蔬菜产品。菜农按合约规定，严格按公司标准独立进行蔬菜生产，并按约定的时间和数量向企业提供蔬菜产品。该生产组织模式使龙头核心企业与菜农之间的关系变得更加密切，菜农不再单独面对市场，而将市场风险转嫁给了龙头企业，从而保障了菜农稳定的收入。而龙头企业凭借其雄厚的资本、丰富的产品运作经验和强有力的市场控制能力，解决了单个菜农自身所无法克服的资金、技术、信息等方面的问题，保障了自己稳定的蔬菜供应，并通过对生态蔬菜进行深度加工，提升蔬菜的附加价值，增加了企业的经济效益。

 案例

山东康瑞食用菌科技有限公司

山东康瑞食用菌科技有限公司是一家集新品种筛选开发、菌种规模生产、食用菌工厂化栽培、新技术试验示范、培训推广服务及食用菌加工、产品销售、发展生产基地为一体的综合型食用菌企业，公司位于齐河县大黄乡食用菌产业园，

成立于2007年4月，注册资金1300万元，总资产1.1亿元，日产鲜金针菇30吨，员工500多人，占地面积9.6万多平方米。公司下属有"齐河县瑞源食用菌专业合作社"和"德州佐田康瑞生物科技有限公司"，德州佐田康瑞生物科技有限公司利用食用菌废料年生产有机生物菌肥10万吨，远销全国各地。

公司通过大力实施"科技兴菌"战略，形成了自己独有的科技创新能力，不断加快食用菌新品种、新技术、新工艺的开发、引进和推广，不断提高科技含量和技术水平，逐步形成一套适合本地特点的栽培技术。通过自身的科研力量，引进选育了杏鲍菇、金针菇、真姬菇等新品种，已具备适宜工厂化生产的新品种和山东省地方标准"有机食品金针菇工厂化生产技术规程"，包括优良品种、菌种优质繁育技术和高产配方技术与工厂化生产工艺技术。

公司在全县推广企业带动型生产模式，积极发展订单农业，取得了良好的经济效益和社会效益。2005年以来，共签订食用菌购销合同3200余份，培训技术人员1000人次，公司为下属的宣章工厂化金针菇栽培基地、康庄平菇栽培基地提供免费的技术指导，优惠提供菌种，优先签订回收合同，解除了广大群众的后顾之忧，带动了全县食用菌生产的大发展，并普及到周边县市。2007年大黄乡被省食用菌协会评为"全省小蘑菇新农村建设先进乡镇"，公司董事长张汉兵被评为"全省小蘑菇新农村建设先进个人"。

(2)农村合作社带动型生产组织模式。图4-2为农村合作社带动型生产组织，该模式是近年来应用比较广泛的一种蔬菜生产组织模式。依据《中华人民共和国农民专业合作社法》中对合作社的认定，"农民专业合作社是指由村、乡负责人牵头，以平等自愿的原则将广大农户组织起来所形成的经济组织"[①]。合作社由农户自愿加入或退出，农户加入合作社的形式可以多样化，既可以提供资金，也可以提供土地或生产设备；合作社以企业形式向工商局申请注册，然后以企业形式集中采购，向菜农提供技术、资金、设备等服务，实现蔬菜生产的集约化管理，并统一收购蔬菜，进行规模化销售，从而提高蔬菜的市场竞争力。

---

① 《中华人民共和国农民专业合作社法》，2007年7月1日起施行。

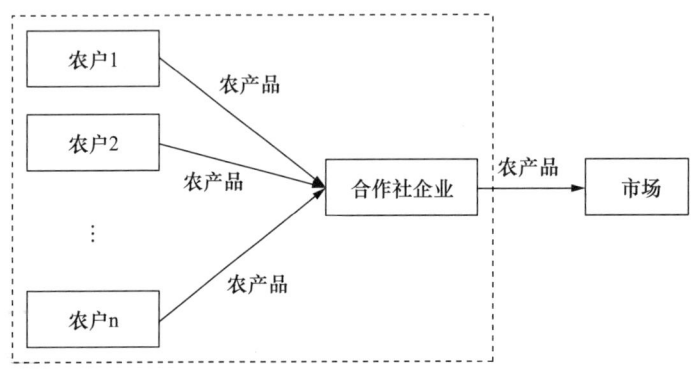

图4-2 农村合作社带动型生产组织模式

政府高度重视农村合作社的发展,为此制定了一系列相关法规,对农村合作社企业在成立条件、规范化管理和年检等方面给予大力帮扶和支持。在合作社成立过程中,形式比较灵活,菜农可以资金、土地或设备等多种形式加入,成为会员。合作社企业对入社会员实施规范化的管理,统一采购、统一技术、统一设备、统一收购、统一销售,通过规模化的经营,提高蔬菜价值,增加菜农收入。

 案例

聊城市"绿园蔬菜合作社"

聊城市"绿园蔬菜合作社"是宋书军等7人共同出资119万元所成立的蔬菜生产组织。在蔬菜生产过程中,合作社引进先进的蔬菜生产技术对入社会员进行统一指导,所生产的蔬菜,合作社统一收购,统一销往市场,取得了良好的经济效益。

其一,合作社为广大菜农提供专家免费咨询服务,有效解决了菜农在蔬菜种植中遇到的各种问题。绿园蔬菜合作社自成立以来,已向村民集中授课约计3600余次。同时,合作社开通科技服务热线,随时解答菜农提出的各类技术难题,对菜农遇到的疑难病害,无法通信答复的则安排技术人员现场诊断,向菜农传授种植技术和农业标准化知识。其二,发放会员证,为蔬菜无公害生产提供保障。绿

园合作社向会员发放会员证,持证会员可享受合作社提供的多项免费服务,极大调动了菜农入社的积极性。其三,积极帮助菜农分忧。合作社本着为社员服务的宗旨,帮助社员解决各类困难,如资金问题、土地问题、纠纷问题等,受到广大菜农的一致好评。其四,优选农资产品,提高蔬菜品质。绿园合作社经过多年调研分析,已选择与40余家信誉可靠、品质优良的农资企业建立长期合作关系,实行规模采购,既降低了农资购买成本,又避免了生产风险。其五,实现蔬菜统一销售,保障菜农的利益。绿园蔬菜合作社成立蔬菜物流中心,将会员生产的无公害蔬菜直供国内的大商场、超市及相关企事业单位,不仅保障了蔬菜的品质,同时也为菜农赢得了可观的经济收益。

(3)农业协会带动型生产组织模式。图4-3为农业协会带动型生产组织模式,该模式是由当地具有蔬菜种植经验的专业大户或能人等发起、组建,蔬菜专业大户向协会会员提供蔬菜种苗、农用物资,传授蔬菜专业种养技术,并统一收购、统一销售蔬菜的一种专业化生产组织模式。

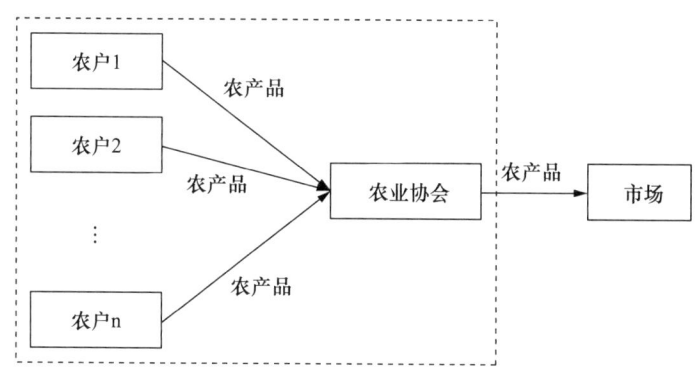

图4-3 农业协会带动型生产组织模式

协会组织创立形式简单,协会与会员之间关系松散,带有极强的不稳定性。蔬菜专业大户本着平等自愿的原则吸收菜农加入协会,凭借其所掌握的市场信息和蔬菜专业技术经验向菜农提供一定的服务和帮助,主要收取一定的蔬菜技术指导费和蔬菜销售的中介服务费等,但其自身抗击市场风险的能力是有限的,一旦蔬菜销售遇到问题,蔬菜协会组织很容易瓦解。菜农加入协会的目的主要是学习蔬菜种植专业技术，因此，能够在蔬菜专业大户的指导下按照要求进行生产，但一旦未能达到自己的生产预期，这种协作关系将无法维持。虽然协会组织存在诸多问题，但其组织形式简单、运作灵活，在农村蔬菜产业发展初期，菜农组织化意识不强，蔬菜产业基础薄弱的情况下，无疑是一种比较适用的生产组织模式。

案例

五莲县许孟镇瓜菜协会

2003年3月，五莲县许孟镇瓜菜协会正式成立，该协会按照"民办、民管、民受益"的原则，实行独立的会计核算，属非营利性的农民合作组织，2015年拥有企业单位会员1家，农民会员2000余名。经过多年努力，全镇无公害蔬菜种植面积已达3.6万亩，年产蔬菜0.5亿公斤，收入约0.8亿元。协会先后获得多项荣誉称号，如"国家级农业标准化示范区""中国特产之乡建设先进单位""中国西葫芦第一乡""山东省百强农村经济协会"等，所生产的西葫芦、芸豆、芋头三项产品已获得国家无公害农产品认证。

许孟镇瓜菜协会积极打造无公害蔬菜品牌，不断增加农民收入，主要表现在以下几个方面：其一，积极引进蔬菜新品种和新型实用技术。协会积极引入新品种和新技术，并通过举办培训班、现身说法、科技下乡等方式进行广泛宣传推动，取得了良好的效果。目前协会已引进法国EX-17寒宝西葫芦、山西花粒九粒白芸豆、莱阳8520芋头等蔬菜新品种20余项，所引进的"秸秆生物反应堆"新技术，已在20多个村、2000个大棚种植中得到全面推广。其二，完善市场服务设施建设。协会加大投入，硬化处理了市场周边的道路，对市场交易大棚和存储仓库进行了维修，最新购置了市场电子磅等设备，实现了市场功能的提升和改造。其三，创新实施"支教会"模式。许孟镇实施"党支部+远程教育+瓜菜协会"的"支教会"模式，即将党的组织建设与协会发展结合起来，充分利用信息技术的优势，对瓜农实行远程教育，并给予一定的经费支持，真正达到政府、协会、瓜农多方共赢的目的。

(4) 企业组织型生产组织模式。图4-4为企业组织型生产组织模式，该模式是指现代企业管理与蔬菜生产相结合的一种新型蔬菜生产组织模式。该模式在实施过程中，通过企业租赁或购买菜农的土地，将周边小规模散乱的菜农土地连接整合在一起，形成具有一定规模的蔬菜种植基地，并由企业提供蔬菜生产所需的各种设备、物资，雇用一定的蔬菜种植劳动力进行工业化蔬菜种植的一种生产组织方式。

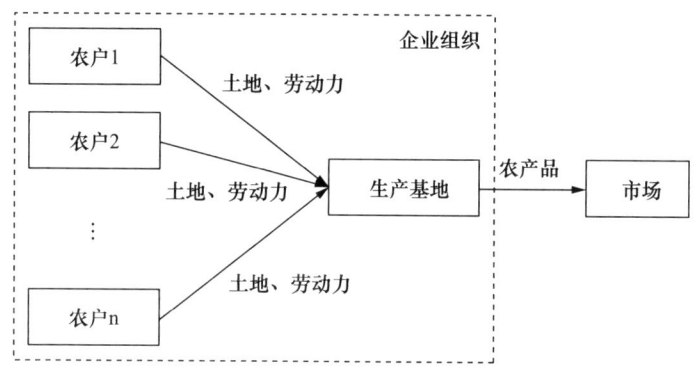

图4-4　企业组织型生产组织模式

企业组织型生产模式将传统的农业组织转变成为现代化的工业组织形式，菜农通过土地入股成为企业股东，又通过雇佣关系成为农业工人，既发挥了菜农的技能，调动了其蔬菜生产的积极性，又保障了蔬菜生产过程的科学化管理。公司在经营过程中，首先，实现了蔬菜生产与市场需求的紧密结合。公司充分了解城市蔬菜市场需求信息，严格按用户需求订单组织生产，避免了蔬菜生产的盲目性。其次，实现了蔬菜种植资源优化配置。企业整合菜农闲置的各种资源，包括购置或租赁菜农的土地、雇用菜农担任蔬菜种植工人等，既实现了土地合法、有序流转，提高了土地利用效率，又创造了更多农村就业机会，增加了菜农的收入。再次，保障了蔬菜生产的科学化。企业运用现代化的管理经验和蔬菜种植技术，实行规模化蔬菜生产，既降低了蔬菜生产成本，又提高了蔬菜的品质。最后，实现多方利益的共赢。公司凭借资金和品牌优势将优质蔬菜产品销往市场，最大限度满足了企业、菜农和消费者三方的利益。

我国城市蔬菜供应链一体化

寿光市北洛镇的"绿色农庄"企业

在寿光市政府的积极鼓励和引导下,更多经营户开始投资创办蔬菜生产企业,蔬菜生产企业采取租赁或购买等方式,将零散的土地集中起来,实施规模化种植,全面加快蔬菜种植标准化的推进步伐。寿光市北洛镇菜农燕兴华创办的"绿色农庄"企业集中征集耕地一百多亩,一方面,将零散的土地集中起来进行规模化经营,降低了土地经营成本,提高了土地利用效率;另一方面,整个蔬菜农场在运作过程中,从蔬菜种苗选择、蔬菜生产流程、蔬菜种植标准、蔬菜产品收集、蔬菜销售等严格按现代企业的管理方式进行操作,取得了较好的经济效益。

在企业组织型生产组织模式下,菜农的角色和地位发生了根本改变,菜农既是资产所有者,又是被雇用的蔬菜种植工人。菜农可以将自己闲置不用的土地以出租的方式将使用权转让给蔬菜种植企业,收取一定的土地租赁费;另外,菜农依靠自身所掌握的蔬菜种植技能又成为蔬菜种植企业的雇佣工人,从此菜农的生产不再是自己的事情,菜农必须严格按企业的标准要求进行蔬菜生产,并按照生产劳动成果的多少领取工资和奖金。该模式的实施,不仅提高土地资源的利用效率,而且为菜农创造了更多就业机会,从两个方面提高了菜农的收入,是当前最具发展前途的蔬菜生产组织模式。

由此可见,四类蔬菜生产组织模式在不同的农村发展阶段所发挥的作用是不同的,千篇一律选择先进的蔬菜生产组织模式显然是行不通的,要根据当前各地农村发展的实际,并结合各类蔬菜生产组织模式特点,有重点、分阶段地选择更适合自己的蔬菜生产组织模式组合,才能有效推动蔬菜产业实现快速发展。下面对四类蔬菜生产组织模式进行比较分析,如表4-1所示。

2. 四类蔬菜生产组织模式特点分析

通过表4-1对四类蔬菜生产组织模式特点的比较分析得出以下结论:

第四章　城市蔬菜供应链一体化运作研究

表4-1　四类蔬菜生产组织模式比较分析

蔬菜生产模式	合作方式	合作程度	发起单位	获利形式	蔬菜生产品质	生产管理的标准化	生产的集约化程度	适用条件
A类：龙头企业带动型	签订合同	合作程度较高	大型企业	企业通过联系生产和销售获利；菜农通过合同销售获利	较高	有一定的标准化	集约化程度低	产业基础较好，但产业难以集约化经营
B类：农村合作社带动型	入股或出租	合作程度较高	集体组织或合作组织	合作社通过规模化企业经营获利；菜农通过集约化经营获利	较高	较标准	集约化程度低	有一定的产业基础，但产业未能进行集约化整合
C类：农村协会带动型	形式多样	合作程度低	蔬菜种植大户	协会通过提供技术、中介服务获利；菜农通过专业培训获利	不确定	标准化较差	集约化程度低	产业基础较差，产业集约化整合难度大
D类：企业组织型	入股或出租	合作程度最高	大型企业	企业通过规模化经营获利；菜农通过入股和打工获利	最高	标准化管理	集约化程度高	产业基础好，产业有利于集约化整合

（1）在合作方式方面，龙头企业带动型模式由大型蔬菜加工企业通过与菜农签订长期蔬菜采购合同，形成稳定的蔬菜生产与供应关系；农村合作社带动型与企业组织型模式主要采取菜农土地入股或租赁的方式参与到生产组织，进行蔬菜的统一生产；农村协会带动型模式主要由蔬菜种植大户与广大菜农建立合作生产方式，合作形式往往比较多样化，主要以技术指导为主。

（2）在合作程度方面，企业组织型模式中蔬菜生产企业与菜农合作程度最高，关系最密切；龙头企业带动型与农村合作社带动型模式中企业与菜农合作程度较高；而农村协会带动型模式中农业大户与菜农合作程度最低。

（3）在发起单位方面，龙头企业带动型与企业组织型模式都由大型蔬菜企业发起，但龙头企业带动型大多为蔬菜加工型或蔬菜批发零售型大型企业，企业组织型大多为蔬菜基地生产型大型企业；合作社带动型模式由蔬菜集体组织或合作组织发起；农村协会带动型模式由蔬菜种植大户发起。

（4）在获利形式方面，农村合作社带动型与企业组织型模式通过规模化的企业经营实现双方盈利；龙头企业带动型模式通过龙头企业与菜农签订长期蔬菜采购合同，从而保障双方共同获利；在农村协会带动型模式中，协会通过向菜农提供技术和中介服务获利,菜农则通过提升专业技术水平而获利。

(5)在蔬菜生产品质方面,企业组织型模式下生产蔬菜的品质最高;龙头企业带动型与农村合作社带动型模式下生产蔬菜的品质较高;农村协会带动型模式下生产蔬菜的品质往往难以确定。

(6)在生产管理的标准化方面,企业组织型模式下蔬菜生产的标准化管理程度最高;龙头企业带动型与农村合作社带动型模式下蔬菜生产的标准化管理程度较高;农村协会带动型模式下蔬菜生产的标准化管理程度较差。

(7)在生产的集约化程度方面,企业组织型模式下蔬菜生产的集约化经营程度最高;而龙头企业带动型、农村合作社带动型和农村协会带动型模式下蔬菜生产的集约化程度较低。

(8)从适用条件方面,企业组织型模式适用于蔬菜产业基础较好,蔬菜产业有利于集约化整合的情况;龙头企业带动型与农村合作社带动型模式适用于蔬菜产业化基础较好,但蔬菜产业集约化程度较低的情况,造成蔬菜产业集约化程度低的原因是多方面的:受土地资源限制难以整合,发起单位对蔬菜资源的整合能力不足,菜农缺乏蔬菜资源整合的意识等;农村协会带动型模式适用于蔬菜产业化基础较差,蔬菜产业集约化程度较低的情况。

在传统蔬菜生产模式下,菜农仅仅是蔬菜的生产者,受自身资金、生产规模、技术等条件的限制,蔬菜生产成本和生产品质都无法得到保障。在市场竞争环节,菜农处于极度弱势地位,只能通过低价格廉价处理蔬菜,使大量蔬菜产品利润流入再加工环节和流通环节,菜农的利益得不到保障。通过对蔬菜生产组织模式实施改革,鼓励菜农以各种形式加入蔬菜生产组织,以组织化的形式从事蔬菜生产、管理和销售,既可以依据市场需求提高蔬菜产品品质,又可以从根本上改变菜农在生产、交易中的弱势地位,提高菜农的收入。

通过对四类蔬菜生产组织模式的比较分析,本书认为,蔬菜产业组织化程度的高低,直接影响到蔬菜产品生产的规模和品质,直接关乎蔬菜经营企业与广大菜农的利益。农村协会带动型模式的产业组织化程度最低,适合于蔬菜产业初级发展阶段;农村合作社带动型模式和龙头企业带动型模式的产业组织化程度较高,适合于具有一定蔬菜产业发展基础的阶段;企业组织型模式的产业组织化程度最高,适合于蔬菜产业发展较成熟的阶段。但我们也看到,四类蔬菜生产组织模式对加快蔬菜产业的发展都是有利的,特别是合作社组织在我国农村具有多年存在的社会基础，其本身既具有现代企业特征，又具备一定蔬菜专业市场的职能，对于那些经济发展基础较好，菜农组织化意识较强的地区来说，该模式将具有极强的推广意义。但就当前经济发展的形势来看，我国农村经济发展水平差异很大，很大一部分农村地区经济基础还比较薄弱，农民市场化、组织化意识还不强，合作社的建设和管理还很不规范。因此，各地区在选择蔬菜生产组织模式时，应充分依据自身产业特色和自身发展的实际，借鉴四类生产组织模式的特点，分步、分阶段地选择更适合自身发展的蔬菜生产组织模式。

二、四类生产组织模式下菜农致富机理分析

菜农生产经营的目的是尽可能获取更高的利润，虽然城市蔬菜消费市场对健康、高品质蔬菜有着强烈的市场需求，但在传统家庭农户生产模式下菜农却难以实现对健康蔬菜的规模化经营。原因主要有以下几个方面：一是蔬菜产品检测体系不健全，致使消费者难以辨识。随着人们生活水平的提高、对食品健康意识的增强和食品安全事件的频发，消费者对绿色蔬菜产品有着强烈的需求，但消费者自身对绿色蔬菜产品难以辨识，而国内对绿色蔬菜产品又缺乏健全的监测体系，于是消费者对绿色蔬菜产品普遍存在"既想买又不敢买"的矛盾心理。只有通过实力雄厚的企业创立完善的绿色蔬菜生产、流通、检测体系，加强蔬菜品牌宣传才能真正解决消费者供需之间的矛盾。而单个家庭的菜农是无法从事绿色蔬菜产品经营的。二是绿色蔬菜产品成本高，市场风险大。绿色蔬菜产品对蔬菜品种、种植环境、化肥农药以及生产流程都有严格的要求，因此绿色蔬菜生产成本明显高于普通蔬菜；另外，绿色蔬菜价格受市场需求波动影响极大，市场风险极高。而传统家庭菜农既缺乏资金、技术，又不具备抵御市场风险的能力，无法从事绿色蔬菜的经营。三是菜农存在机会主义的投机心理。由于绿色蔬菜产品价格高，而消费者难以辨识，市场又缺乏统一的监管和秩序，许多菜农存在侥幸心理，以次充好，打着有机蔬菜的招牌谋取暴利。通过对农村蔬菜生产组织模式的改革，将企业、协会和菜农等有机结合在一起，充分保障合作各方的利益，从而使绿色蔬菜产品的生产成为可能。下面对四类蔬菜生产组织模式下菜农的致富驱动行为进行分析。

1. 龙头企业带动型模式下农户致富机理分析

龙头企业带动型模式是指菜农与龙头企业之间达成协议,并签订合同,菜农按龙头企业的要求进行蔬菜生产,龙头企业在规定时间内向菜农收购蔬菜,并对蔬菜产品进行加工和销售的过程。龙头企业一头连着市场,一头连着菜农,可以根据消费者的要求和市场反馈调整蔬菜产品结构,按市场需求与菜农签订订单合同,提高了市场应变能力。另外,一体化的供销体系保证了龙头企业稳定的蔬菜货源供应,降低了采购成本,提升了龙头企业市场竞争能力,最终使龙头企业通过向市场提供令消费者满意的高品质、健康蔬菜产品而获得超额利润。龙头企业带动型模式一方面保障了龙头企业的利益,另一方面也保障了菜农的利益,使菜农产生了按订单生产绿色蔬菜产品的动机,其致富机理分析如下:

(1) 合同协议降低了菜农经营成本,保证了绿色蔬菜产品的安全。依据龙头企业与菜农签订的契约,龙头企业通过批量采购向菜农统一提供蔬菜种子、化肥、农药等生产资料,并向菜农提供绿色蔬菜产品生产所需的技术指导和相关服务,从而降低了菜农在绿色蔬菜产品生产过程中的采购成本和生产成本,也避免了菜农自行购买农资产品而产生的蔬菜质量安全隐患。菜农经营成本的降低,拓展了菜农绿色蔬菜产品生产的利润空间。

(2) 契约合作关系充分保障菜农的利润。菜农按照龙头企业要求进行蔬菜产品生产,并向龙头企业稳定供货;龙头企业按协议要求的价格和数量收购菜农的蔬菜产品,双方结成稳定的合作关系。在合作过程中,龙头企业为了保障蔬菜产品的优良品质和及时供应,会向菜农提供资金、技术等方面的帮助和支持,并进行适当的监督和控制,为了稳定与菜农之间的长期合作关系,龙头企业甚至不惜牺牲自身的利益。例如,当菜农按期交货时,绿色蔬菜产品市场价格却发生骤降,为了维持与菜农之间稳定的关系,龙头企业宁愿牺牲自身的利益,按照合同约定价格收购菜农的产品,充分保证了菜农的利益。而菜农为了将自己生产的蔬菜产品稳定地销售出去,愿意与龙头企业之间保持长期合作关系。如果龙头企业放弃收购菜农的蔬菜产品,双方合作关系破裂,龙头企业将丧失稳定的货源供应,使其长期利益遭受损失;同样,菜农不能按龙头企业要求提供所需蔬菜产品,双方合作关系破裂,菜农所生产的大量蔬菜产品将难以销售,其自身利益遭受损失。因此,稳定的契约合作关系保障了菜农的长期利润,避免了家庭菜农生产模式下生产利润的不确定性。

（3）提升绿色蔬菜产品质量，增加菜农利润。为了更好地开拓市场，龙头企业积极加大对市场需求信息的掌控，严格按客户对绿色蔬菜产品的质量安全要求与菜农签订协议，组织生产。为了降低蔬菜生产管理成本，龙头企业改变绿色蔬菜产品监控流程，将价格昂贵的事后检测改为事前监控，从蔬菜生产源头到整个生产过程再到流通和销售，严格按绿色蔬菜产品安全标准执行。为了调动菜农生产绿色蔬菜产品的积极性，龙头企业制定一系列激励措施，包括资金、技术等方面的支持，更关键的是与菜农签订长期收购合同，将销售风险由菜农转嫁给龙头企业，消除菜农生产的后顾之忧。在销售环节，龙头企业为了打消消费者对绿色蔬菜产品的担忧，主动申报、获取各种绿色蔬菜产品质量安全认证，加强对绿色蔬菜产品的品牌宣传，通过提升企业形象，保障绿色蔬菜产品市场销售的优质优价。菜农通过对绿色蔬菜产品的生产，在保证龙头企业利润的同时，使自身获取更高的利润。

2. 农村合作社带动型模式下菜农致富机理分析

农村合作社带动型模式主要通过合作社将零散的菜农组织起来统一进行管理，从而实现了蔬菜采购的统一化、蔬菜生产的标准化和蔬菜销售的专业化。合作社作为专业的蔬菜中介机构，积极帮助菜农引入绿色蔬菜产品种苗，对菜农进行专业的蔬菜种植技术指导，并集中收购绿色蔬菜产品进行规模化销售，增强了蔬菜产品市场竞价的能力，保障了合作社的利润，同时也增加了菜农的利润。其致富机理如下：

（1）农村合作社的规模化经营降低了菜农的经营成本。一方面，农村合作社将零散的菜农集中起来，按照菜农的需求集中采购、分配蔬菜种植设备和物资，并组织从事蔬菜生产技术方面的推广和培训，极大地降低了菜农在绿色蔬菜产品生产过程中的采购成本和生产成本；另一方面，合作社将菜农的绿色蔬菜产品集中进行流通和销售，降低了绿色蔬菜产品在销售环节中的流通成本和促销成本。合作社的规模化经营降低了菜农的经营成本，增加了菜农的利润。

（2）合作社与菜农利益密切相关。在龙头企业带动型模式下，龙头企业与菜农签订合作协议，为了保障合约的顺利执行，龙头企业需要对菜农进行监督，从而加剧了生产过程中的监管成本；而在农村合作社带动型模式下，加入合作社的菜农是独立的生产个体,但相互之间又有着共同的利益追求:一方面,菜农为了自身利益愿意按合作社的要求约束自己的行为;另一方面,合作社成员为了集体的利益,也为了自身的利益,将主动监督其他会员的不规范行为,从而大大降低了合作社对菜农的监督成本,实现了合作社利益与菜农利益的统一,在保障合作社组织集体利益的同时,也保障了菜农的利益。

(3) 农村合作社产权明晰,可以保障菜农的利益。农村合作社以菜农自愿入股的方式组建,通过规模化经营,降低成本,提高市场竞争力,获取更高的利润。另外,合作社对内不以营利为目的,保本微利,充分保证菜农的利益,对于合作社的利润,依据菜农入社股份享受分配红利。

3. 农业协会带动型模式下菜农致富机理分析

农业协会是蔬菜专业大户或能人利用自己在蔬菜专业技术和经营管理方面的经验,吸收广大菜农自愿加入,以实现共同发展的互助合作组织。协会主要向菜农提供蔬菜种苗、技术指导和销售中介服务,并收取一定的费用;而菜农则希望协会通过专业化的指导,在技术和销售环节帮助自己提高效益,增加收入,其致富机理如下:

(1) 降低了菜农的经营成本。协会将原本分散经营的菜农集中起来,形成生产共同体,菜农不再单独与外部私营工商企业进行交易,通过独立的协会组织进行市场竞争,协会按照菜农的需求统一采购生态农药和化肥等蔬菜种植原料和设备,并指导菜农进行规范化使用,极大降低了菜农的采购成本、生产成本和交易成本,为菜农增加利润提供了保障。

(2) 菜农依靠协会,通过提高科技水平致富。协会最初多由蔬菜专业大户或能人组建起来,形式简单灵活,主要向菜农提供蔬菜技术指导或服务,菜农更易于接受,菜农通过学习、掌握专业的蔬菜科技技术,来增加蔬菜产量和提升蔬菜品质获取利润。

(3) 协会监督成本低,可以通过提高绿色蔬菜产品质量增加菜农利润。在农业协会带动型模式下,协会与菜农之间的关系比较松散,协会仅向菜农提供蔬菜种植技术或销售等方面的中介服务,菜农是相对独立的经营个体,菜农为了自身利益愿意按协会的蔬菜技术标准要求进行生产,从而降低了协会对每位会员的监督成本;另外,为了保护协会绿色蔬菜产品的品牌效益,也为了维护自身利益，每位协会会员愿意主动监督其他会员农户的违规生产行为，协会将对其行为进行严厉惩罚，甚至将其开除协会，从而保障了协会绿色蔬菜产品的高品质，增加了菜农利润。

4. 企业组织模式下菜农致富机理分析

企业组织模式由企业、合作社、政府部门等"龙头"组织通过租赁或购买的方式将菜农手中零散的土地集中起来，按现代企业的管理方式对绿色蔬菜产品进行生产的过程。企业组织模式彻底克服了家庭农户独立经营的弊端，通过土地流转将零散土地集中起来，购置大型蔬菜种植设备，雇用菜农，真正实现规模化的蔬菜产业化经营，既保证了绿色蔬菜产品的质量，又有效降低了蔬菜生产成本，另外企业通过产业链升级，还可以创造更大的利润。菜农在企业组织模式下的致富机理如下：

（1）菜农通过租赁土地或土地入股的方式获取利润。蔬菜生产受自然环境、经济环境等因素影响较大，传统家庭农户经营模式下菜农应对风险的能力脆弱，致使菜农的经营收入极不稳定。在企业组织模式下，菜农将自己零散的土地租赁给企业获取租金，或以股份的形式向企业入股，根据企业的经营情况进行股份分红，从而保障了菜农稳定的收入。而企业将零售的土地集中起来连接成片，有利于开展大规模的机械化生产，通过规模经营，大大降低了蔬菜生产成本，提高了土地的利用效率，增加了收益，进而能够更好地保障菜农的利益。

（2）菜农转变成为蔬菜种植工人获取利润。菜农将土地租赁或入股给企业之后，便从自己的土地中彻底摆脱出来，变成自由劳动力投向市场，而企业整合土地之后，正需要大量懂技术、有经验的蔬菜种植工人从事蔬菜生产，于是自由菜农便自然成为企业的蔬菜种植工人。蔬菜种植工人按时上下班，仍然在自己的土地上经营，按照企业的生产标准和要求进行操作，按月领取工资，既保证了绿色蔬菜产品的质量，又提高了蔬菜生产的效率，增加了菜农的收入。

（3）菜农经营成本减低，增加了利润。在传统家庭农户模式下，菜农需要投入各种生产要素，独立经营，生产难以形成规格，致使生产成本较高，再加上绿色蔬菜产品的流通成本和销售成本，最终菜农能够获取的利润并不乐观。在企业组织模式下，菜农通过转让土地获取一部分利润，又通过交易劳动获取一部分工资收入，有了两部分稳定的收入，而菜农不需要投入任何的经营成本，从而真正保障了菜农的利益。

通过分析发现，四类蔬菜生产组织模式各有特点，都有利于提高绿色蔬菜产品的规模和品质，有利于增加菜农收入，其中企业组织模式的蔬菜产业一体化组织程度最高，对绿色蔬菜产品的质量安全保障最好，创新了菜农致富的新型途径，但该组织模式受农村当地经济发展水平、产业特点、经营观念等因素的影响，还很难短时期内在全国进行推广，因此在经济发展水平较高、土地资源便于整合、产业易于集约化经营的地区应该积极鼓励推行该种蔬菜生产组织模式，带动周边地区更快的发展。其他三类模式仍未摆脱菜农在自己土地上经营的状况，但其又不同于传统的家庭农户模式，菜农在经营中与龙头企业、农村合作社或农业协会等组织结成密切的合作关系，通过合作组织规模化采购，统一进行生产培训、管理，统一流通和销售，降低了菜农的经营成本，保证了绿色蔬菜产品的质量，增加了菜农的利润。其中，在龙头企业带动型模式中，菜农与龙头企业之间通过契约关系建立合作关系，两者各自独立，既合作又竞争；在农村合作社带动型模式中，菜农是合作社的成员，合作社的目的是更好地为菜农服务，两者合作关系更密切；在农业协会带动型模式中，菜农与协会的关系与合作社模式相似，只是协会模式更简单，协会的组织化功能较低，菜农致富的途径也比较单一。因此，农业协会带动型模式的组织化程度最低，形式简单，易于操作，在经济比较落后的农村地区该模式采用较多；而龙头企业带动型模式和农村合作社带动型模式具备一定的组织化程度，但又未达到企业组织模式的要求，更适宜在有一定经济基础，但又受当地产业和土地资源限制难以集中进行经营的农村地区进行广泛推广应用。

第二节 蔬菜供应链企业间竞合博弈分析

蔬菜供应链企业间要保持良好的协调关系，才能实现蔬菜供应链一体化高效运作。协调是对蔬菜供应链系统各种因素和属性之间的相互作用关系及其程度的一种反映，是系统发展的内在规定。蔬菜供应链的协调可以认为是为了实现蔬菜供应链系统总体演进的目标，各个子系统或各元素之间相互协作、配合、促进所形成的良性循环态势。

一、蔬菜供应链系统协调的问题分析

蔬菜供应链系统运行应该着重处理好各供应链企业之间的相互关系。如蔬菜供应商与蔬菜合作社企业之间的关系、蔬菜合作社企业与第三方物流企业之间的关系、蔬菜合作社企业与蔬菜加工企业、蔬菜销售企业之间的关系等。在这些关系的协调过程中往往会出现一些问题，主要表现在以下几个方面。

1. 蔬菜供应链系统内企业间彼此缺乏信任

根据有关调查表明，在多数具有供需合作关系的蔬菜相关企业间，蔬菜需求企业为了获取更高的短期利润，总是尽可能地压低供给企业的蔬菜价格，造成企业间合作失败，蔬菜需求企业不得不再寻求与其他蔬菜供给企业的合作，结果导致蔬菜交易成本增加。当前蔬菜供应链系统的发展尤为不完善，蔬菜合作社企业与蔬菜相关企业建立合作关系的时间还较短，还未建立起风险共担、利益共享的长效信任机制。因此，蔬菜合作社企业在与蔬菜供应链企业发生关系过程中经常会出现企业间由于缺乏信任而导致的短期行为。

2. 蔬菜供应链系统内各企业目标多元化

蔬菜供应链系统的目标是建立蔬菜供应链企业间的密切合作关系，实现供应链一体化系统总利润的最大化。但是，蔬菜供应链系统内各企业都是相对独立的经营单位，每个企业的经营目标都是不同的，有的目标与系统目标甚至是相矛盾的。例如，蔬菜供应链零售企业为了提高服务水平，降低经营成本，要求蔬菜合作社企业或蔬菜批发企业及时、准确配货，必将大大增加物流配送的成本。因此，综合考虑蔬菜供应链系统内各企业的经营目标，并将其目标与系统总体目标相统一，是保障蔬菜供应链系统高效运作的关键。

3. 蔬菜供应链系统内企业间信息不对称

产生信息不对称的原因主要有两个：一是供应链系统内企业之间信息系统的兼容性差。在蔬菜供应链系统内，为了有效、快速地响应城市消费者需求，就必须快速、准确地传递系统协调信息。然而，供应链系统内各企业间相互独立，企业为了各自利益，难以实现信息共享，企业所得到的往往是延迟的或不准确的市场信息。由于信息不对称会给整个蔬菜供应链系统运行带来困难。二是"牛鞭效应"对蔬菜供应链系统的影响很大。蔬菜供应链条较长，由于多种原因，在城市消费市场端所获得的蔬菜需求信息往往并不准确，这种错误的信息沿着蔬菜供应链逐级传递，每经历一个环节错误信息便放大一次，直到信息传递到最源头的蔬菜原材料供应商，结果导致传递蔬菜信息与真实的市场需求信息之间存在极大的偏差。这种信息偏差导致蔬菜企业作出错误的生产决策、仓储决策，给蔬菜企业带来巨大的损失。因此，加强信息沟通，消除蔬菜供应链系统内企业间信息的不对称现象是系统协调中需要解决的问题。

蔬菜供应链系统内部存在多种复杂的"合作—竞争"关系，本书在对传统蔬菜交易信息博弈分析的基础上，进一步对生产组织蔬菜交易的信息博弈问题进行了深入分析，分析指出了实现蔬菜合作社企业利润最大化所应满足的条件，进而为蔬菜合作社企业的合作决策提供依据。

二、传统蔬菜交易的信息博弈分析

在农村传统蔬菜交易模式下，菜农向加工商销售蔬菜，由于菜农大多从事家庭式小规模生产模式，使得菜农与蔬菜加工商之间关系松散，经常为了各自利益发生矛盾冲突。

1. 条件设立

在传统蔬菜交易模式下，菜农与蔬菜加工商进行买卖交易时，相互之间缺乏了解，但双方都属于理性决策者。在交易决策过程中，菜农与蔬菜加工商都采取两种策略：不共享信息策略和共享信息策略；菜农和蔬菜加工商都以 α 的概率选择不共享信息策略，以 $1-\alpha$ 的概率选择共享信息策略；菜农与蔬菜加工商选择两种策略所取得的收益如图4-5所示。

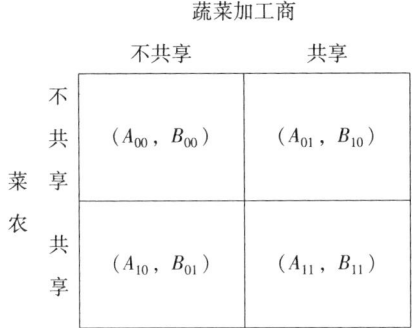

图4-5 传统农产品交易博弈分析

在图4-5中，$A_{01} > A_{11} > A_{00} > A_{10} > 0$，$B_{01} > B_{11} > B_{00} > B_{10} > 0$；0表示不共享策略；1表示共享策略；$A$表示菜农所得收益；$B$表示蔬菜加工商所得收益；$A_{01}$表示菜农选择不共享策略而蔬菜加工商选择共享策略时，菜农所得收益；B_{01}表示蔬菜加工商选择不共享策略而菜农选择共享策略时，蔬菜加工商所得收益。

2. 菜农与蔬菜加工商都选择不共享策略

当只考虑蔬菜加工商和菜农之间交易行为时，蔬菜加工商选择不共享策略，菜农选择不共享策略，所得收益为A_{00}；蔬菜加工商选择不共享策略，菜农选择共享策略，所得收益为A_{10}，因为$A_{00} > A_{10}$，所以蔬菜加工商选择不共享策略，菜农将选择不共享策略；同样，当蔬菜加工商选择共享策略时，菜农也将选择不共享策略。总之，不管蔬菜加工商选择何种策略，菜农都选择不共享策略，不共享策略是菜农的占优策略。同理，不共享策略也是蔬菜加工商的占优策略。因此，菜农与蔬菜加工商经过博弈选择后，最终都选择不共享策略，菜农获得收益为A_{00}，蔬菜加工商获得收益为B_{00}。

3. 菜农与蔬菜加工商选择不同策略

由上可知，仅考虑蔬菜加工商和菜农之间交易行为时，两者都将选择不共享策略。但在传统蔬菜交易过程中，如果两者之间发生策略选择矛盾时，允许新蔬菜加工商企业参与，问题将变得更加复杂。

（1）蔬菜加工商选择不共享策略而菜农选择共享策略。蔬菜加工商选择不共享策略而菜农选择共享策略时，蔬菜加工商获得收益 B_{01}，已达到最大收益效果，其不会改变策略；而菜农仅获得收益 A_{10}，其有四种决策可供选择：

第一种选择新蔬菜加工商，采取共享策略。选择新蔬菜加工商，菜农将增加交易成本 C；因为新蔬菜加工商采取不共享策略的概率为 α，所以菜农的期望收益为 $\alpha A_{10} + (1-\alpha) A_{11}$，期望净收益为 $\alpha A_{10} + (1-\alpha) A_{11} - C$。

第二种选择新蔬菜加工商，采取不共享策略。与上相同，菜农的期望收益为 $\alpha A_{00} + (1-\alpha) A_{01}$，期望净收益为 $\alpha A_{00} + (1-\alpha) A_{01} - C$。

第三种蔬菜加工商不变，采取共享策略。菜农的期望收益为 A_{10}。

第四种蔬菜加工商不变，采取不共享策略。菜农将获得期望收益 A_{00}。

由 $A_{01} > A_{11} > A_{00} > A_{10} > 0$ 可知，第三种决策劣于第四种决策，第一种决策劣于第二种决策。再对第二种决策和第四种决策进行比较。如果 $\alpha A_{00} + (1-\alpha) A_{01} - C > A_{00}$，即当 $C < (1-\alpha)(A_{01} - A_{00})$ 时，菜农将选择新蔬菜加工商，采取不共享策略；如果 $C \geq (1-\alpha)(A_{01} - A_{00})$ 时，菜农将选择原蔬菜加工商，采取不共享策略。

（2）蔬菜加工商选择共享策略而菜农选择不共享策略。蔬菜加工商选择共享策略而菜农选择不共享策略时，蔬菜加工商所得收益为 B_{10}，菜农所得收益为 A_{01}，不管蔬菜加工商选择何种策略，菜农有两种决策选择：

第一种选择新蔬菜加工商，采取不共享策略。选择新蔬菜加工商，菜农将增加交易成本 C；因为新蔬菜加工商采取不共享策略的概率为 α，所以菜农的期望收益为 $\alpha A_{00} + (1-\alpha) A_{01}$，期望净收益为 $\alpha A_{00} + (1-\alpha) A_{01} - C$。

第二种蔬菜加工商不变，采取不共享策略。经过博弈分析，蔬菜加工商将选择不共享策略，菜农将获得收益 A_{00}。

与上相同，如果 $\alpha A_{00} + (1-\alpha) A_{01} - C > A_{00}$ 时，可求得 $C < (1-\alpha)(A_{01} - A_{00})$，菜农将选择新蔬菜加工商，采取不共享策略；如果 $C \geq (1-\alpha)(A_{01} - A_{00})$ 时，菜农将选择原蔬菜加工商，采取不共享策略。

总之，当菜农与蔬菜加工商选择不同策略时，如果选择新蔬菜加工商的交易成本 $C < (1-\alpha)(A_{01} - A_{00})$，菜农将选择新蔬菜加工商，采取不共享策略；如果选择新蔬菜加工商的交易成本 $C \geq (1-\alpha)(A_{01} - A_{00})$，菜农将选择原加工商，采

取不共享策略。

4. 菜农与蔬菜加工商都选择共享策略

菜农与蔬菜加工商都选择共享策略，则菜农所获得收益为 A_{11}，蔬菜加工商所获得收益分别为 B_{11}。由 $A_{01} > A_{11} > A_{00} > A_{10} > 0$，$B_{01} > B_{11} > B_{00} > B_{10} > 0$ 可知，(A_{00}, B_{00}) 策略劣于 (A_{11}, B_{11}) 策略，但菜农与蔬菜加工商都选择共享策略却往往是不稳定的。因为虽然通过协议方式，菜农与蔬菜加工商可建立信息共享的合作关系，但菜农或蔬菜加工商为了实现自身利益的最大化，当合作另一方采取共享策略时自己往往选择不共享策略以获取更大利益，而合作另一方则会因此遭受损失，最终使合作关系破裂。要保持菜农与蔬菜加工商之间稳定的合作关系，除了在合作协议中明确规定菜农和蔬菜加工商所享有的权利外，还需要重点强调菜农和蔬菜加工商应各自承担的违约责任，如果违约方遭受的惩罚大于其所取得的最大收益时，则菜农和蔬菜加工商都将选择信息共享策略。

三、生产组织蔬菜交易的信息博弈分析

由上一章关于蔬菜生产组织模式研究的分析我们发现，菜农与蔬菜龙头企业、蔬菜合作社或蔬菜协会等组织结成合作联盟，以蔬菜生产企业组织的形态进入市场，与蔬菜相关企业发生关系，既保证了生产的规模化、标准化，降低了生产成本，又促进了市场供求关系的平衡，提高了自身竞争力。下面重点研究菜农与蔬菜合作社结成的蔬菜合作生产组织与蔬菜加工商之间的信息博弈关系。

蔬菜合作社生产组织与蔬菜加工商企业之间存在竞争、合作的矛盾关系，双方既存在价格竞争冲突，又各自相互依赖，蔬菜合作社生产组织希望寻求稳定的蔬菜加工商，保障稳定的蔬菜市场销售；而蔬菜加工商也希望寻求稳定的蔬菜生产组织，保障安全、可靠的蔬菜供应。于是，生产组织蔬菜交易模式彻底改变了传统蔬菜交易的模式，交易双方更趋向于建立长期稳定的战略合作关系。蔬菜合作社生产组织与蔬菜加工商企业之间的合作关系可理解为两者连续进行无限次重复交易的过程。

假设蔬菜合作社生产企业与蔬菜加工商企业每次选择不共享策略的概率为 α

$(0 \leq \alpha \leq 1)$，蔬菜交易的收益净现值为 NPV，现金贴现率为 $\gamma(0 < \gamma < 1)$，则对蔬菜合作社企业收益净现值进行如下分析。

1. 蔬菜合作社生产企业收益净现值

（1）蔬菜加工商企业首次选择共享策略。

其一，蔬菜合作社企业与蔬菜加工商企业一直都选择共享信息策略，蔬菜合作社生产企业的净现值如下：

$$NPV_{共1} = A_{11}[1 + 1/(1+\gamma) + 1/(1+\gamma)^2 + \cdots + 1/(1+\gamma)^n] = A_{11}(1+\gamma)/\gamma$$
(4-1)

其二，蔬菜合作社企业首次选择不共享策略。为了保障自身利益，蔬菜加工商企业改变策略，也选择不共享策略。蔬菜合作社企业的净现值如下：

$$NPV_{共2} = A_{01} + A_{00}[1/(1+\gamma) + 1/(1+\gamma)^2 + \cdots + 1/(1+\gamma)^n] = A_{01} + A_{00}/\gamma$$
(4-2)

因此，当蔬菜加工商企业首选共享信息策略时，蔬菜合作社企业的期望净现值为：

$$N_{共} = (1-\alpha)NPV_{共1} + \alpha NPV_{共2} = (1-\alpha)A_{11}(1+\gamma)/\gamma + \alpha(A_{01} + A_{00}/\gamma) \quad (4-3)$$

（2）蔬菜加工商企业首次选择不共享策略。

①蔬菜合作社企业与蔬菜加工商企业一直都选择不共享信息策略。蔬菜合作社企业的净现值为：

$$NPV_{不1} = A_{00}[1 + 1/(1+\gamma) + 1/(1+\gamma)^2 + \cdots + 1/(1+\gamma)^n] = A_{00}(1+\gamma)/\gamma$$

②蔬菜合作社企业首次选择共享策略。为了保障自身利益，蔬菜合作社企业改变策略，也选择不共享信息策略。蔬菜合作社企业的净现值为：

$$NPV_{不2} = A_{10} + A_{00}[1/(1+\gamma) + 1/(1+\gamma)^2 + \cdots + 1/(1+\gamma)^n] = A_{10} + A_{00}/\gamma$$

因此，当蔬菜加工商企业首选不共享信息策略时，蔬菜合作社企业的期望净现值为：

$$N_{不} = \alpha NPV_{不1} + (1-\alpha)NPV_{不2} = \alpha A_{00}(1+\gamma)/\gamma + (1-\alpha)(A_{10} + A_{00}/\gamma) \quad (4-4)$$

2. 蔬菜合作社企业收益最优分析

根据上文，计算蔬菜合作社企业总收益的期望净现值为：

$$N = (1-\alpha)N_{共} + \alpha N_{不}$$
$$= (1-\alpha)^2 A_{11}(1+\gamma)/\gamma + (1-\alpha)\alpha(A_{10} + A_{01} + 2A_{00}/\gamma) + \alpha^2 A_{00}(1+\gamma)/\gamma$$
$$(4-5)$$

接下来,需要证明要实现 N 的最大化,应满足哪些条件?

首先,求解 N 关于 α 的一阶导数,令其为 0。

$\partial N/\partial \alpha = 2(\alpha-1)A_{11}(1+\gamma)/\gamma + (1-2\alpha)(A_{10} + A_{01} + 2A_{00}/\gamma) + 2\alpha A_{00}(1+\gamma)/\gamma = 0$

所以,
$$\alpha = \frac{2(A_{11} - A_{00}) + \gamma(2A_{11} - A_{01} - A_{10})}{2(A_{11} - A_{00}) + 2\gamma(A_{11} + A_{00} - A_{01} - A_{10})} \quad (4-6)$$

其次,对求解 N 关于 α 的二阶导数,且使其小于 0。

$\partial^2 N/\partial \alpha^2 = 2A_{11}(1+\gamma)/\gamma - 2(A_{10} + A_{01} + 2A_{00}/\gamma) + 2A_{00}(1+\gamma)/\gamma < 0$,所以,$(A_{11} + A_{00} - A_{10} - A_{01})\gamma < -(A_{11} - A_{00})$。

如果 $(A_{11} + A_{00} - A_{10} - A_{01}) > 0$,则 $\gamma < -(A_{11} - A_{00})/(A_{11} + A_{00} - A_{01} - A_{10})$。因为 $-(A_{11} - A_{00}) < 0$ 且 $0 < \gamma < 1$,所以 $\gamma < -(A_{11} - A_{00})/(A_{11} + A_{00} - A_{01} - A_{10}) < 0$ 不合题意,舍去。

因此,$A_{11} + A_{00} - A_{10} - A_{01} < 0$,则 $\gamma > (A_{11} - A_{00})/(A_{01} + A_{10} - A_{11} - A_{00})$。因为 $0 < \gamma < 1$,所以 $(A_{11} - A_{00})/(A_{01} + A_{10} - A_{11} - A_{00}) < 1$,可得
$$A_{01} + A_{10} > 2A_{11} \quad (4-7)$$

因此,当满足 $\gamma > (A_{11} - A_{00})/(A_{01} + A_{10} - A_{11} - A_{00})$、$A_{01} + A_{10} > 2A_{11}$ 时,$\partial^2 N/\partial \alpha^2 < 0$ 成立。下面,继续证明 $\partial N/\partial \alpha = 0$ 时所应满足的条件。

因为 $0 \leq \alpha \leq 1$,所以 $0 \leq \dfrac{2(A_{11} - A_{00}) + \gamma(2A_{11} - A_{01} - A_{10})}{2(A_{11} - A_{00}) + 2\gamma(A_{11} + A_{00} - A_{01} - A_{10})} \leq 1$,即

$$\begin{cases} \dfrac{2(A_{11} - A_{00}) + \gamma(2A_{11} - A_{01} - A_{10})}{2(A_{11} - A_{00}) + 2\gamma(A_{11} + A_{00} - A_{01} - A_{10})} \geq 0 \\ \dfrac{2(A_{11} - A_{00}) + \gamma(2A_{11} - A_{01} - A_{10})}{2(A_{11} - A_{00}) + 2\gamma(A_{11} + A_{00} - A_{01} - A_{10})} \leq 1 \end{cases}$$

进一步推导出:

$$\begin{cases} 2(A_{11} - A_{00}) + \gamma(2A_{11} - A_{01} - A_{10}) \geq 0 \\ 2(A_{11} - A_{00}) + 2\gamma(A_{11} + A_{00} - A_{01} - A_{10}) > 0 \\ \dfrac{2(A_{11} - A_{00}) + \gamma(2A_{11} - A_{01} - A_{10})}{2(A_{11} - A_{00}) + 2\gamma(A_{11} + A_{00} - A_{01} - A_{10})} \leq 1 \end{cases} \quad (4-8)$$

或

$$\begin{cases} 2(A_{11}-A_{00})+\gamma(2A_{11}-A_{01}-A_{10}) \leq 0 \\ 2(A_{11}-A_{00})+2\gamma(A_{11}+A_{00}-A_{01}-A_{10}) < 0 \\ \dfrac{2(A_{11}-A_{00})+\gamma(2A_{11}-A_{01}-A_{10})}{2(A_{11}-A_{00})+2\gamma(A_{11}+A_{00}-A_{01}-A_{10})} \leq 1 \end{cases} \quad (4-9)$$

由式（4-8）可得，$2(A_{11}-A_{00})+\gamma(2A_{11}-A_{01}-A_{10}) \leq 2(A_{11}-A_{00})+2\gamma(A_{11}+A_{00}-A_{01}-A_{10})$，所以 $A_{01}+A_{10} \leq 2A_{00}$。

由式（4-7）可知，$A_{01}+A_{10} > 2A_{11}$，又因为 $A_{11} > A_{00}$，所以

$$A_{10}+A_{01} > 2A_{00} \quad (4-10)$$

因此，式（4-8）不合题意，应舍去。

由式（4-9）可得，$2(A_{11}-A_{00})+\gamma(2A_{11}-A_{01}-A_{10}) \leq 0$，所以

$$\gamma \geq 2(A_{11}-A_{00})/(A_{01}+A_{10}-2A_{11}) \quad (4-11)$$

因为 $2(A_{11}-A_{00})+2\gamma(A_{11}+A_{00}-A_{01}-A_{10}) < 0$，所以

$$\gamma > (A_{11}-A_{00})/(A_{01}+A_{10}-A_{11}-A_{00}) \quad (4-12)$$

因为 $2(A_{11}-A_{00})+\gamma(2A_{11}-A_{01}-A_{10}) \geq 2(A_{11}-A_{00})+2\gamma(A_{11}+A_{00}-A_{01}-A_{10})$，所以 $A_{01}+A_{10} \geq 2A_{00}$，符合要求，证明同式（4-8）。

根据式（4-11）和式（4-12）可知，$2(A_{11}-A_{00})/(A_{01}+A_{10}-2A_{11}) > (A_{11}-A_{00})/(A_{01}+A_{10}-A_{11}-A_{00})$，所以 $\gamma \geq 2(A_{11}-A_{00})/(A_{01}+A_{10}-2A_{11})$。因此，当满足 $A_{01}+A_{10} \geq 2A_{00}$，且 $\gamma \geq 2(A_{11}-A_{00})/(A_{01}+A_{10}-2A_{11})$ 时，$\partial N/\partial \alpha = 0$ 成立。

因此，当 $A_{01}+A_{10} \geq 2A_{00}$，$\gamma \geq 2(A_{11}-A_{00})/(A_{01}+A_{10}-2A_{11})$，$\alpha = \dfrac{2(A_{11}-A_{00})+\gamma(2A_{11}-A_{01}-A_{10})}{2(A_{11}-A_{00})+2\gamma(A_{11}+A_{00}-A_{01}-A_{10})}$ 时，$\partial^2 N/\partial \alpha^2 < 0$，$\partial N/\partial \alpha = 0$ 成立，N 取极大值。

当 $\gamma = 0$ 时，即现金贴现率为 0 时，$\alpha = 1$，即蔬菜合作社企业与蔬菜加工商企业都选择信息不共享策略，与传统蔬菜交易方式相同。

当 $\gamma = 2(A_{11}-A_{00})/(A_{01}+A_{10}-2A_{11})$ 时，$\alpha = 0$，即蔬菜合作社企业与蔬菜加工商企业都选择共享信息策略，蔬菜合作社企业利益将实现最大化。

总之，在农村蔬菜合作社企业交易中，当现金贴现率为 0 时，蔬菜合作社企业与生产加工商企业都将选择不共享信息策略，以维护自身利益；当 $\gamma = 2(A_{11}-A_{00})/(A_{01}+A_{10}-2A_{11})$ 时，蔬菜合作社企业与蔬菜加工商企业将建立稳定的合作

关系，都选择共享信息策略，双方都将获取最大收益。

第三节　蔬菜供应链企业间合作关系研究

为了深入贯彻落实中央"以工促农、以城带乡、工农互惠、城乡一体发展"的重大战略方针，我国各级政府在继续加大对农村基础建设的投入，在改善农民生产、生活条件的同时，积极引导资金、技术、信息等外部资源流向农村，创造良好的农村经济环境，吸引更多工业企业、流通企业进入农村市场，依托当地特色蔬菜产业形成蔬菜生产、蔬菜加工和蔬菜流通为一体的多组织蔬菜供应链一体化运作体系，推动社会主义新农村建设的快速发展。

蔬菜加工企业、蔬菜合作经济组织、菜农通过蔬菜供应链发生经济关联，其目标是获取更大的经济利益。但由于受我国蔬菜生产经营分散、规模小以及蔬菜市场信息不对称等因素影响，蔬菜供应链在形成过程中出现了一系列问题。如蔬菜加工企业为了降低原材料成本，在收购蔬菜时常常会压质、压价，导致菜农利益受损。在这样的情况下，菜农为了维护自身利益，会违约将初级蔬菜销售给出价更高的蔬菜收购商，导致蔬菜加工企业失去稳定的蔬菜原材料来源。这种由于追求短期利益所导致的蔬菜供应链合作失败，将直接损害到合作双方的利益。因此，根据蔬菜供应链管理的基本理论，确定蔬菜供应链管理研究的总体框架，并在此基础上协调蔬菜供应链企业间的合作关系将具有重要的意义。

一、参数与决策变量设定

蔬菜供应链相邻企业间存在紧密的供需关系，蔬菜相关企业在创造系统利润的过程中合作，而在分配系统利润的过程中竞争。因此，要保持蔬菜相关企业间关系的稳定，必须协调好各方的利益关系。本书将重点研究蔬菜供应链核心驱动企业（加工商企业）与其蔬菜供应商（合作社企业）之间的合作关系问题。

根据需求规律,蔬菜加工商企业、蔬菜合作社企业的需求量与价格之间存在线性关系,因此,可令 $q_1 = a_1 - b_1 p_1$,$q_2 = a_2 - b_2 p_2$,其中,a_1、b_1、a_2、b_2 皆为大于0的常数。

进而,确定蔬菜合作社企业利润、蔬菜加工商企业利润分别为:

$$r_1 = (p_1 - c_1) q_1 \quad (4-13)$$

$$r_2 = (p_2 - c_2 - p_1) q_2$$

将 $q_1 = a_1 - b_1 p_1$ 带入式(4-13)得

$$r_1 = -b_1 p_1^2 + (a_1 + b_1 c_1) p_1 - a_1 c_1 \quad (4-14)$$

同理,

$$r_2 = -b_2 p_2^2 + (a_2 + b_2 p_1 + b_2 c_2) p_2 - a_2 (p_1 + c_2) \quad (4-15)$$

c_1 表示蔬菜合作社企业的生产运作总成本;c_2 表示蔬菜加工商企业的生产运作总成本;q_1 表示蔬菜合作社企业的销售量;q_2 表示蔬菜加工商企业的销售量;r_1 表示蔬菜合作社企业的利润;r_2 表示蔬菜加工商企业的利润;r 表示蔬菜合作社企业和蔬菜加工商企业的利润总和;p_1 表示蔬菜合作社企业向蔬菜加工商销售蔬菜的零售价格,是决策变量;p_2 表示蔬菜加工商企业向客户销售蔬菜的零售价格,是决策变量。

二、蔬菜合作社企业与蔬菜加工商企业间不合作情况分析

在传统蔬菜交易方式下,蔬菜合作社企业与蔬菜加工商企业之间更多存在竞争关系,蔬菜合作社企业希望将价格提高,而蔬菜加工商企业则希望将价格降低,当价格矛盾无法调解时,市场交易中实力较强的企业将最终控制价格方向,多数情况下蔬菜加工商企业依靠雄厚的资源和市场控制力会向蔬菜合作社企业压低价格,而蔬菜合作社企业在被动接受价格的情况下,往往会采取消极抵抗的措施保障自己的利益,如缺斤短两、以次充好等,最终导致合作关系破裂,双方的利益都遭受损失。

蔬菜合作社企业与蔬菜加工商企业在竞争过程中,蔬菜加工商企业从自身利益最大化角度决定市场价格,而蔬菜合作社企业只能被动接受价格。根据利润最大化原则,求解蔬菜加工商企业的最大利润。计算蔬菜加工商企业利润关于价格

的一阶导数，使其为零：

$$\frac{\partial r_{2\text{不合作}}}{\partial p_{2\text{不合作}}} = -2b_2 p_{2\text{不合作}} + a_2 + b_2 p_{1\text{不合作}} + b_2 c_2 = 0, \quad \frac{\partial r_{2\text{不合作}}}{\partial p_{1\text{不合作}}} = b_2 p_2 - a_2 = 0, \quad 求$$

解得：

$$p_{1\text{不合作}} = \frac{a_2 - b_2 c_2}{b_2}, \quad p_{2\text{不合作}} = \frac{a_2}{b_2}$$

将 $p_{1\text{不合作}}$、$p_{2\text{不合作}}$ 代入式（4-14）、式（4-15），得

$$r_{1\text{不合作}} = -b_1 p_{1\text{不合作}}^2 + (a_1 + b_1 c_1) p_{1\text{不合作}} - a_1 c_1$$

$$r_{2\text{不合作}} = -b_2 p_{2\text{不合作}}^2 + (a_2 + b_2 p_{1\text{不合作}} + b_2 c_2) p_{2\text{不合作}} - a_2 (p_{1\text{不合作}} + c_2)$$

三、蔬菜合作社企业与蔬菜加工商企业间合作情况分析

当蔬菜合作社企业与蔬菜加工商企业之间建立蔬菜供应链合作关系后，合作双方打破原有追求局部利益最大化的短期思想束缚，建立长期稳定的合作关系，通过实现蔬菜供应链系统的最大化，进而保证双方的利益。

由蔬菜合作社企业利润公式（4-14）与蔬菜加工商企业利润公式（4-15），可得蔬菜供应链系统总利润 $r_{\text{合作}}$，即 $r_{\text{合作}} = -b_1 p_{1\text{合作}}^2 + (a_1 + b_1 c_1) p_{1\text{合作}} - a_1 c_1 - b_2 p_{2\text{合作}}^2 + (a_2 + b_2 p_{1\text{合作}} + b_2 c_2) p_{2\text{合作}} - a_2 (p_{1\text{合作}} + c_2)$，为了实现系统利润最大化，求解系统利润关于 $p_{1\text{合作}}$ 和 $p_{2\text{合作}}$ 的一阶导数，使其为 0，得：

$$\frac{\partial r_{\text{合作}}}{\partial p_{1\text{合作}}} = -2b_1 p_1 + a_1 + b_1 c_1 + b_2 p_2 - a_2 = 0$$

$$\frac{\partial r_{\text{合作}}}{\partial p_{2\text{合作}}} = -2b_2 p_2 + a_2 + b_2 (p_1 + c_2) = 0$$

进一步求得：

$$p_{1\text{合作}} = \frac{2a_1 + 2b_1 c_1 - a_2 + b_2 c_2}{4b_1 - b_2}, \quad p_{2\text{合作}} = \frac{2b_1 a_2 - a_2 b_2 + a_1 b_2 + b_1 c_1 b_2 + 2b_1 b_2 c_2}{b_2 (4b_1 - b_2)}$$

将 $p_{1\text{合作}}$、$p_{2\text{合作}}$ 代入式（4-14）、式（4-15），得

$$r_{1\text{合作}} = -b_1 p_{1\text{合作}}^2 + (a_1 + b_1 c_1) p_{1\text{合作}} - a_1 c_1$$

$$r_{2\text{合作}} = -b_2 p_{2\text{合作}}^2 + (a_2 + b_2 p_{1\text{合作}} + b_2 c_2) p_{2\text{合作}} - a_2 (p_{1\text{合作}} + c_2)$$

四、蔬菜合作社企业与蔬菜加工商企业合作前后利润比较分析

1. 对蔬菜合作社企业合作前后的利润进行比较

$$r_1' = r_{1合作} - r_{1不合作}$$
$$= -b_1 p_{1合作}^2 + (a_1 + b_1 c_1) p_{1合作} - a_1 c_1 - [-b_1 p_{1不合作}^2 + (a_1 + b_1 c_1) p_{1不合作} - a_1 c_1]$$
$$= \frac{2(2b_1 - b_2)(2b_1 b_2 c_2 - 2b_1 a_2 + b_2 a_1 + b_1 b_2 c_1)^2}{b_2^2 (4b_1 - b_2)^2}$$

由此可见，当 $2b_1 - b_2 > 0$ 时，$r_1' > 0$，即表明当 $2b_1 > b_2$ 时，对蔬菜合作社企业来说合作更有益。

2. 对蔬菜加工商企业合作前后的利润进行比较

$$r_2' = r_{2合作} - r_{2不合作}$$
$$= -b_2 p_{2合作}^2 + (a_2 + b_2 p_{1合作} + b_2 c_2) p_{2合作} - a_2 (p_{1合作} + c_2) -$$
$$[-b_2 p_{2不合作}^2 + (a_2 + b_2 p_{1不合作} + b_2 c_2) p_{2不合作} - a_2 (p_{1不合作} + c_2)]$$
$$= \frac{(2b_1 b_2 c_2 - 2b_1 a_2 + b_2 a_1 + b_1 b_2 c_1)^2}{(4b_1 - b_2)^2 b_2}$$

由此可见，蔬菜加工商企业合作后将比合作前获取更多的利润，对蔬菜加工商企业来说合作更有益。

为了实现系统合作的最佳效益，蔬菜合作社企业与蔬菜加工商企业合作后的利润总额应高于合作前的利润总额，即 $r_1' + r_2' > 0$，求解得：

$$r_1' + r_2' = r_{1合作} + r_{2合作} - r_{1不合作} - r_{2不合作} = \frac{(4b_1 - b_2)(2b_1 b_2 c_2 - 2b_1 a_2 + b_2 a_1 + b_1 b_2 c_1)^2}{b_2^2 (4b_1 - b_2)^2}$$

所以 $4b_1 - b_2 > 0$，即 $4b_1 > b_2$ 时，系统合作后所获总利润高于合作前总利润，合作更有益。

由需求函数 $q = a - bp$ 可得，$p = \frac{a}{b} - \frac{q}{b}$。

根据曼昆在《经济学原理》中关于斜率与弹性关系的理论，可近似认为，

对于两条线性需求曲线来说，斜率绝对值越高，越缺乏弹性；斜率绝对值越低，越富有弹性。对于合作社企业生产的农产品来说，需求价格弹性较低，则斜率的绝对值 $\frac{1}{b_1}$ 较高；而蔬菜加工商企业生产的加工产品需求价格弹性较高，则斜率的绝对值 $\frac{1}{b_2}$ 较低。因此，$\frac{1}{b_1} > \frac{1}{b_2}$。

进一步分析 b_1 和 b_2 的关系可知：

（1）当 $b_2 \geq 4b_1$，即 $\frac{1}{b_1} \geq \frac{4}{b_2}$ 时，$r'_1 + r'_2 \leq 0$。说明蔬菜合作社企业的需求曲线斜率绝对值大于或等于 4 倍蔬菜加工商企业需求曲线斜率绝对值时，系统合作后获得的总利润小于或等于合作前的利润总和，系统合作没有意义，可以不予考虑。

（2）当 $2b_1 \leq b_2 < 4b_1$，即 $\frac{2}{b_2} \leq \frac{1}{b_1} < \frac{4}{b_2}$ 时，$r'_1 + r'_2 > 0$，$r'_1 \leq 0$。说明蔬菜合作社企业的需求曲线斜率绝对值小于 4 倍蔬菜加工企业需求曲线斜率绝对值，且大于或等于 2 倍蔬菜加工商企业需求曲线斜率绝对值时，系统合作后获得的总利润高于合作前的利润总和，而蔬菜合作社企业合作后的利润却小于或等于合作前的利润。进一步说明合作后蔬菜加工商企业增加的利润高于蔬菜合作社企业减少的利润，从而使系统总利润增加。显然可知，系统合作对蔬菜加工商企业更有利，但蔬菜合作社企业的利益却遭受了损失，蔬菜加工商企业为了维持系统合作的稳定，需要对蔬菜合作社企业的损失 M 进行补偿，$\left[\frac{2(b_2-2b_1)(2b_1b_2c_2-2b_1a_2+b_2a_1+b_1b_2c_1)^2}{b_2^2(4b_1-b_2)^2} \leq M \leq \frac{(2b_1b_2c_2-2b_1a_2+b_2a_1+b_1b_2c_1)^2}{(4b_1-b_2)^2 b_2}\right]$。如果补偿费 $M < \frac{2(b_2-2b_1)(2b_1b_2c_2-2b_1a_2+b_2a_1+b_1b_2c_1)^2}{b_2^2(4b_1-b_2)^2}$，则补偿将无法完全弥补蔬菜合作社企业的损失，补偿无效；如果补偿费 $M > \frac{(2b_1b_2c_2-2b_1a_2+b_2a_1+b_1b_2c_1)^2}{(4b_1-b_2)^2 b_2}$，则造成蔬菜加工商企业损失，补偿无法实现。因此补偿费必须介于 $\frac{2(b_2-2b_1)(2b_1b_2c_2-2b_1a_2+b_2a_1+b_1b_2c_1)^2}{b_2^2(4b_1-b_2)^2}$ 与 $\frac{(2b_1b_2c_2-2b_1a_2+b_2a_1+b_1b_2c_1)^2}{(4b_1-b_2)^2 b_2}$ 之间。在补偿过程中，如果补偿费较小，蔬菜加

工商企业所获利润较高,而蔬菜合作社企业所获利润较少,合作积极性较低,存在放弃合作的风险;如果补偿费较高,蔬菜加工商企业所获利润减少,而蔬菜合作社企业所获利润增加,合作积极性提高,系统合作更稳固。因此,蔬菜加工商企业选择合适的补偿费对蔬菜合作社企业进行补偿,对于实现系统稳固发展,增加合作双方利益具有积极的作用。

(3) 当 $b_2 < 2b_1$,即 $\frac{1}{b_1} < \frac{2}{b_2}$ 时,$r_1' + r_2' > 0$,$r_1' > 0$。说明蔬菜合作社企业的需求曲线斜率绝对值小于2倍蔬菜加工企业需求曲线斜率绝对值时,系统合作后获得的总利润高于合作前的利润总和,蔬菜合作社企业合作后的利润也高于合作前的利润,系统合作更有益。

五、总结与建议

由于蔬菜需求曲线缺乏弹性,因此蔬菜合作社企业需求曲线斜率的绝对值较大,而经过蔬菜加工商企业加工的蔬菜产品成为工业消费品,需求曲线弹性较大,因而蔬菜加工商企业需求曲线斜率的绝对值较小。由以上推导公式可知,要提高系统合作的总体利润,可通过提升蔬菜合作社企业需求价格弹性或降低蔬菜加工商企业需求价格弹性来实现。具体策略建议如下:

第一,在提升蔬菜合作社企业需求价格弹性方面,蔬菜加工商企业可同时与两家以上蔬菜合作社企业合作,通过增强合作社企业生产蔬菜的替代性,使其需求价格弹性增加。蔬菜加工商企业与两家以上蔬菜合作社企业合作,有利于在蔬菜供应链系统内形成竞争机制,激励蔬菜合作社企业严格按蔬菜加工商企业标准提供蔬菜产品,维持蔬菜供应链企业间合作的稳定。

第二,在降低蔬菜加工商企业需求价格弹性方面,蔬菜加工商企业可通过提高加工蔬菜产品的品种和品质,加大产品宣传力度等措施提高城市消费者对其蔬菜品牌的忠诚度,促使其需求价格弹性降低。蔬菜加工商企业通过提高加工蔬菜产品的品质和加强品牌影响力的宣传,使城市消费者对加工蔬菜产品的依赖度提高,从而使蔬菜供应链企业获取更高的利润。

除了以上两方面措施外,为了维持蔬菜供应链企业间合作的稳定,蔬菜加工商企业还应给予蔬菜合作社企业适度的补偿。蔬菜合作社企业在蔬菜产品交易中处于弱势地位,自身利益经常得不到保障,只有从蔬菜供应链企业间合作的长期利益出发,通过政府调节和市场调节双重作用,在保障蔬菜加工商企业基本利益的前提下,给予蔬菜合作社企业适度的补偿,使其损失的利益得到补偿,才能保障蔬菜供应链一体化系统的健康运行。

总之,通过对蔬菜供应链企业需求价格弹性的调整,当蔬菜合作社企业需求曲线斜率绝对值小于4倍蔬菜加工商企业需求曲线斜率绝对值,且大于或等于2倍蔬菜加工商企业需求曲线斜率绝对值时,蔬菜加工商企业应对蔬菜合作社企业给予适度补偿,才能保持系统合作的稳定;当蔬菜合作社企业需求曲线斜率绝对值小于2倍蔬菜加工商企业需求曲线斜率绝对值时,系统合作对合作企业都有益,合作更稳固。

第四节 蔬菜供应链一体化营销模式研究

在以蔬菜加工商企业为核心的蔬菜供应链一体化运作过程中,蔬菜加工商企业为了占领市场,扩大销售,不仅要控制好产前活动,提高蔬菜产品质量,降低生产成本、加工成本,而且要注重蔬菜流通环节和销售环节的经营活动,拓宽流通渠道,提升城市消费者认知度。因此,在完善蔬菜产品的生产、加工质量标准体系,对其进行规模化经营的同时,对蔬菜产品市场营销方式进行创新和开拓是极其重要的。

一、城市蔬菜产品市场机会分析

1. 城市蔬菜产品的消费对象

随着人们生活水平的提高和健康意识的增强,城市健康蔬菜产品的消费对象主要包括以下几个方面:

(1) 购买力较强的城市消费群体。此类消费者群体对生活品质要求较高,愿意并且有能力承担较高的价格来购买健康、高品质蔬菜。

（2）具有良好教育的城市消费群体。此类消费群体受过良好的教育，蔬菜安全意识较强，具备一定鉴别绿色蔬菜产品的能力，愿意购买高品质的蔬菜产品。

（3）具有时尚观念的城市年轻消费群体。年轻消费群体消费观念更新快，对新鲜事物比较敏感，而对价格变化不敏感，越来越成为消费绿色蔬菜产品的主体。

2. 城市蔬菜产品购买行为的特点

城市蔬菜产品消费行为特点主要表现在以下几个方面：

（1）城市消费者更注重蔬菜产品健康。城市消费者健康意识逐步增强，对蔬菜产品的需求经历着由量变到质变的过程，更多城市消费者开始关心吃的能够更安全、更有营养。

（2）城市消费者追求蔬菜品牌消费的观念日益增强。在传统消费观念下，城市消费者更注重蔬菜产品的实用性和经济性，而随着城市消费者消费层次的提高，消费者更关注蔬菜产品的安全性、鲜活性和营养性，品牌价值成为消费者选择蔬菜产品的关键衡量指标。

（3）城市消费者开始追求方便、舒适的生活方式。随着信息技术、物流技术的快速发展，城市消费者消费方式发生了极大的改变，消费者在家便可以购买到所需的任何商品，生活变得越来越方便。

随着我国蔬菜产业结构的调整和市场需求环境的变革驱动，绿色蔬菜产品越来越迎合当前消费需求发展的趋势和潮流，因此对城市绿色蔬菜产品的发展将具有巨大的生命力和发展前景。

3. 城市蔬菜产品购买影响因素分析

城市蔬菜产品的购买受多种因素的影响，主要有以下几个方面：

（1）城市蔬菜产品的质量安全方面。城市消费者购买蔬菜产品时，关心最多的是蔬菜质量安全问题。在传统的蔬菜种植方式下，菜农为了控制生产成本，追求高利润，农药、化肥滥用现象严重，造成蔬菜种植环境破坏，蔬菜产品有害物质超标现象严重，城市消费者对绿色蔬菜产品有着强烈的需求。但通过调查发现，城市消费者对绿色蔬菜产品的质量安全问题存在疑虑，认为其质量不能保证。在普通商店，绿色蔬菜产品与普通蔬菜产品摆在一起，消费者很难分辨。即使在蔬菜专营店，绿色蔬菜产品也经常因为缺乏可靠的标准认定，包装简单，品牌标识不规范，影响城市消费者对绿色蔬菜产品的购买。

（2）城市蔬菜产品的流通渠道方面。近年来，虽然各类蔬菜产品企业积极合作，建立了产供销一体化的合作关系，使绿色蔬菜产品实现了由田间到超市的直接供应，促进了绿色蔬菜产品的流通与销售。但是就总体而言，绿色蔬菜产品销售渠道的建设仍显不足，网点分布不均，供货不及时，品种单一，城市消费者还很难方便、快捷地买到可靠、低价的绿色蔬菜产品。

（3）城市蔬菜产品宣传推广方面。由于对绿色蔬菜产品缺乏足够的信息和强有力的宣传，很多城市消费者对绿色蔬菜产品的了解和认识比较模糊，消费意识和理念很难转变，对于难以辨识、价格差异又较大的绿色蔬菜产品，大多城市消费者愿意选择价格较低的普通蔬菜产品。另外，绿色蔬菜产品生产企业在品牌建设、宣传、维护方面缺乏足够的重视和投入，城市消费者品牌意识淡薄，很难引导消费。

（4）城市蔬菜产品的价格方面。随着经济发展和城市消费者收入水平的显著提高，城市消费者对绿色蔬菜产品有了一定的需求，愿意以较高的价格购买绿色蔬菜产品，但大多数消费者还普遍认为绿色蔬菜产品价格偏高。相关调查表明，大多数城市消费者愿意购买绿色蔬菜产品的价格不超过普通蔬菜产品的 1.25 倍，若超过普通蔬菜产品价格的 1.25 倍以上，愿意购买绿色蔬菜产品的城市消费者不及调查人数的 20%。造成绿色蔬菜产品供需价格矛盾的主要原因有两个：一是当前绿色蔬菜产品的生产和流通难以成规模，造成市场价格偏高；二是城市消费者收入水平虽有所改善，但与国外发达国家相比，无论在消费观念还是消费能力方面还存在较大差距。

二、城市蔬菜产品市场定位

1. 市场细分

市场细分是城市蔬菜产品的生产者或经营者按照某个标准，将整个市场划分成若干个不同子市场的过程，其中每个子市场便是一个细分市场。城市消费者市场细分的标准很多，可以从人口、地理、心理、行为等方面对消费群体进行划分，最终确定目标群体。

（1）人口特征。区分城市消费者群体最常用的细分因素是人口统计因素，在城市蔬菜产品的主要消费群体分析中，年龄、收入、教育水平因素是影响城市蔬菜产品消费群体划分的主要因素。按照年龄标准，可将城市消费者群体划分为青年群体、中年群体和老年群体；按照收入水平标准，可将城市消费者群体划分为高收入群体、中等收入群体和低收入群体；按照教育水平标准，可将城市消费者群体划分为小学及以下水平群体、初中和高中水平群体、大学及以上水平群体。

（2）地理因素。按照城市消费者所处的地理位置、自然气候、区域文化、习俗传统等因素进行的细分。按地理位置标准，可将城市消费者群体划分为南方地区消费群体和北方地区消费群体；按城乡差异标准，可将消费者群体划分为城市群体和乡村群体；按饮食习惯标准，可将消费者群体划分为喜欢生吃的消费群体和喜欢煮炒的消费群体。

（3）心理因素。按照生活态度标准，可将城市消费者群体划分为高品质生活群体和经济生活群体；按照所处社会阶层标准，可将城市消费者群体划分为高阶层群体、中阶层群体和低阶层群体；按偏好标准，可将城市消费者群体划分为注重安全群体、注重营养群体、注重经济的群体。

（4）行为因素。行为细分变量中对城市蔬菜产品消费影响最大的就是品牌。城市蔬菜产品经营者越来越重视品牌的经营，通过品牌标识来体现蔬菜产品质量的差异，积极寻求市场发展的机会。按品牌标准，可将城市消费者群体划分为注重品牌群体和注重实用的群体；按产品使用率标准，可将城市消费者群体划分为经常购买群体、偶尔购买群体和不购买群体。

2. 城市蔬菜产品目标市场选择

依据以上市场细分标准的分类和目标市场选择标准，可对城市蔬菜产品需求群体进行如表4-2所示的划分。

根据表4-2对城市蔬菜产品消费群体的划分，结合当前城市消费者需求现状，并与普通蔬菜产品进行比较分析，从多个角度选择目标市场作为城市蔬菜产品经营者的开发对象。

第四章 城市蔬菜供应链一体化运作研究

表4-2 城市蔬菜产品市场细分

一级标准	二级标准	群体1	群体2	群体3
人口	年龄	青年	中年	老年
	收入	高收入	中等收入	低收入
	教育水平	小学及以下	初中和高中	大学及以上
地理	地理位置	南方地区	北方地区	
	城乡差异	城市	乡村	
	饮食习惯	生吃	煮炒	
心理	生活态度	高品质生活	经济生活	
	社会阶层	高阶层	中阶层	低阶层
	偏好	注重安全	注重营养	注重经济
行为	品牌	注重品牌	注重实用	
	产品使用率	经常购买	偶尔购买	不购买

最终确定城市蔬菜产品的目标消费者群体是，以中青年消费群体为主，收入在中高水平以上，受过良好的教育，居住在城市，追求高品质的生活，注重蔬菜产品的安全和营养，品牌意识强，喜欢对蔬菜产品进行生吃或简单加工的中高阶层的消费者群体。

3. 城市蔬菜产品市场定位

在确定了目标市场后，蔬菜经营企业要针对每个特定细分市场特点，在城市消费者心目中塑造一个良好的蔬菜产品形象，即市场定位。市场定位的形象要统一、明确、顺应时代发展的趋势，一旦市场定位确立了，蔬菜经营企业所有产品策略都要围绕市场定位来执行，从而满足目标市场的需求。

在城市蔬菜产品供应链系统的支撑下，城市蔬菜产品的市场定位：品质生活、价格满意和方便快捷。

（1）品质生活。城市蔬菜产品最显著的特点就是其无公害性、食用安全、营养丰富。随着城市消费者收入水平的提高和蔬菜安全意识的增强，健康无污染的城市蔬菜产品将越来越受到人们的青睐。城市消费者不再满足于吃饱，更多追求吃得更有营养、更有质量。所以，城市蔬菜产品追求品质生活，将更加符合消费趋势。

（2）价格满意。价格是影响城市消费者购买的最敏感因素。城市蔬菜产品生产过程中对环境、技术和品种的要求要比普通蔬菜严格得多，必然造成蔬菜生产成本偏高，价格缺少市场竞争力，这也是制约城市蔬菜产品发展的一个关键问题。通过构建、完善蔬菜供应链一体化系统，实现城市蔬菜产品的产业组织化生产，并密切蔬菜生产、流通、销售的供需关系，最大限度降低城市蔬菜产品经营成本，从而可以更好地满足目标消费群体对城市蔬菜产品价格的需求。

（3）方便快捷。目前，城市蔬菜产品的销售渠道主要分布在连锁超市、大型商场、城市蔬菜产品专卖店等场所。这些场所经营环境舒适，储存、陈列设施齐全，一方面能充分保障城市蔬菜产品的销售和存储的品质，另一方面能极大方便城市消费者购买。但由于蔬菜销售渠道网络布局有限，还无法满足城市消费者对城市蔬菜产品频繁购买的需求，因此加大城市蔬菜产品销售渠道建设，满足目标消费者追求方便的购买需求，将有利于促进城市蔬菜产品的市场开拓。

三、城市蔬菜产品营销策略

城市蔬菜产品在进行市场定位之后，在以蔬菜加工商企业为核心的蔬菜供应链系统中，蔬菜加工商企业需要以目标顾客为核心，按照市场定位要求，制定城市蔬菜产品的营销组合策略，包括产品策略、价格策略、销售渠道策略和促销策略四个方面。

1. 蔬菜产品策略

蔬菜产品策略主要包括蔬菜产品组合策略、蔬菜产品包装策略、蔬菜产品品牌策略、蔬菜产品生命周期策略和蔬菜新产品开发策略等，下面将主要针对蔬菜产品组合策略和蔬菜产品品牌策略进行设计分析。

图4-6　无公害蔬菜标志

（1）蔬菜产品组合策略。城市健康蔬菜产品不同于普通蔬菜产品，按生产环境、品种质量、安全标准不同可分为三类，即无公害蔬菜产品、绿色蔬菜产品和有机蔬菜产品。

2002年《无公害农产品管理办法》正式出台，明确规定了无公害农产品的概念（包括了对无公害蔬菜概念的界定),是指生产地条件、每个生产环节和产品品质都达到国家相关标准要求,凭借认证证书可使用无公害农产品标识的初级农产品或简单加工过的农产品。根据《无公害农产品管理办法》规定,我国对无公害蔬菜产地生产条件、生产管理等提出了明确的要求。其中,无公害蔬菜的产地生产条件认定为:蔬菜产地区域范围要明确,具备一定的蔬菜生产规模,环境要达到《无公害农产品管理办法》中对环境标准的规定。无公害蔬菜的生产管理条件认定为:蔬菜生产过程有专业技术人员和管理人员全程参与,要达到《无公害农产品管理办法》中规定的技术标准,蔬菜质量控制措施完备等。

绿色蔬菜是指根据循环经济原理,遵循特定的蔬菜生产方式,经权威机构审核通过,可以使用"绿色食品"标识的高品质、健康、安全蔬菜。按《绿色食品标志管理办法》要求的标准,绿色蔬菜分为 A 级和 AA 级两种。A 级为初级标准,即允许在生长过程中限时、限量、限品种使用安全性较高的化肥和农药。AA 级为高级绿色蔬菜,要求在生产过程中不使用任何伤害环境和人类的化肥、农药等物质。

图 4-7　绿色蔬菜标志

绿色蔬菜是介于普通无公害蔬菜与有机蔬菜之间的一种发展形式,是两者之间的一种过渡性产品。

图 4-8　有机蔬菜标志

有机蔬菜是纯天然、无污染、安全营养的食品,也可称为"生态食品"。它是根据有机农业要求和有机蔬菜种植标准进行生产的,并通过有机食品认证机构认证的蔬菜。有机蔬菜与普通蔬菜相比,具有以下几点不同:首先,有机蔬菜在生产加工过程中禁止使用农药、化肥、激素等人工合成物质,并且不允许使用基因工程技术;其他蔬菜则允许有限使用这些物质,并且没有禁止使用基因工程技术。其次,有机蔬菜在土地生产转型方面有严格规定。考虑到某些物质在环境中会残留相当一段时间,土地从生产其他蔬菜到生产有机蔬菜需要 2~3 年的转换期,而生产绿色蔬菜和无公害蔬菜则没有土地转换期的要求。最后,有机蔬菜在数量上须进行严格控制,要求定土地、定产量,其他蔬菜没有如此严格的要求。

由上可知，三种健康蔬菜产品之间既有联系又有区别。它们都要求蔬菜产品在生产、流通和销售环节必须是安全的，不对人体和自然环境造成伤害，都要经过专门认证机构的许可。另外，三者对种植条件、种植技术和蔬菜品种的要求是逐级递增的。无公害蔬菜产品对农药、化肥的使用要求最低，在生产水平较低的农村地区可以首先推广使用，其价格比普通蔬菜产品稍高，城市消费者更愿意接受，是现阶段国内健康蔬菜产品领域内产销量最大的品种。绿色蔬菜产品对生产环境要求较高，只有部分蔬菜产品生产企业能达到其标准要求，由于价格偏高，销量受到限制，是介于无公害蔬菜产品和有机蔬菜产品之间的一种健康蔬菜产品。有机蔬菜产品种植要求极为苛刻，国内仅有极少的生产基地，成本投入巨大，售价较高，市场接受程度最低。

城市消费者购买能力的大小和蔬菜安全意识的强弱决定了三类健康蔬菜产品的需求比例，当前无公害蔬菜产品需求市场最大，绿色蔬菜产品需求一般，有机蔬菜产品需求最少。随着消费者收入水平的提高和环保健康意识的增强，市场对普通蔬菜产品和无公害蔬菜产品的需求会逐步减少，对绿色蔬菜产品和有机蔬菜产品的需求会逐步增加。因此，蔬菜合作社企业在城市蔬菜产品生产过程中，需要根据城市蔬菜产品市场需求变化和生产组织化的完善程度合理安排和设计三类健康蔬菜产品的分配比例，以实现农村蔬菜产业健康有序地发展。

我国农村在对蔬菜产业选择过程中，依据地方特色和蔬菜产业规模发展的需要，对城市健康蔬菜的品种进行集中优化选择，抓住特色，实现规模生产，提高市场竞争力。例如，山东省寿光在多年的蔬菜生产过程中，经过市场调剂自然形成了蔬菜品种产区的特色划分，城南以孙家集村为中心的黄瓜、苦瓜主产区，城北以古城街道为中心的西红柿主产区，城西以文家村为中心的韭菜主产区，城东以稻田村为中心的甜瓜、丝瓜、茄子主产区。这些代表性品种，辅以其他品种，既保障了品种的优化升级，又保障了生产的规模化经营。

合作社企业蔬菜产品组合策略的实施需要经过两个阶段。第一阶段，在合作社企业经营初期，企业经营规模有限，通常依据其蔬菜产业品种优势采取少品种大规模的组织化生产模式，其目的是突出城市健康蔬菜品种优势，降低生产成本，使城市消费者尽快认识、接受健康蔬菜。蔬菜合作社通过实施规模化采购、规模化种植、规模化管理、规模化流通和销售的一体化组织协作，降低城市蔬菜经营成本，缩小健康蔬菜与普通蔬菜价值之间的差距，迎合城市消费者对健康蔬菜价格的需求。健康蔬菜在保证品质，并最大限度降低成本的基础上，逐步赢得城市消费者对健康蔬菜的认同，进而扩大城市消费者对健康蔬菜的需求品种和数量。第二阶段，蔬菜合作社企业规模扩大，逐步丰富城市蔬菜品种和数量，其目的是满足城市消费者日益多样化的需求。蔬菜合作社组织规模化的生产虽然有效降低了生产成本，却造成蔬菜合作社企业产品经营品种过于单一，无法满足城市消费者多样化的市场需求。这就需要以蔬菜合作社生产组织模式实施的鲜活实例向广大菜农验证组织化生产能够给菜农带来利益，吸引更多菜农加入合作社组织，扩大合作社的组织规模，并通过合作社企业统一组织，根据市场需求，逐步增加城市蔬菜的种植品种和数量，更大限度满足城市消费者对高品质生活的追求，增加城市消费者对合作社企业的依赖度，使城市健康蔬菜最终发展成为广大消费者的生活必需品。

在蔬菜合作社企业的积极带动下，首先，我国广大农村应根据地方特色，集中优势资源发展核心蔬菜产业，实现合作社组织的规模化生产，并合理分配三类城市健康蔬菜比例，对于无公害蔬菜实施规模化生产，控制经营成本，采取较低的价格；对于有机蔬菜严格保证生产和流通标准，提高产品品质，相应采取较高的价格；而对于绿色蔬菜，则采取介于两者之间的价格策略。根据三类城市蔬菜的特点，分别设计三类不同的档次，以满足消费者差异化的需求。其次，在保证农村特色主导蔬菜产业规模发展的基础上，扩大蔬菜产业经营品种和规格，如引入与主导蔬菜产业相似的辅助产业或者添加与主导蔬菜产业互补的相关产业，逐步完善蔬菜产品组合系列，增强市场应变能力。

（2）蔬菜品牌策略。品牌是指由名称、名词、符号、象征等组成，以识别服务于某类消费群体的产品及服务。其目的在于突出企业自身的产品和服务，并与竞争对手的产品和服务相区分。一般包括品牌标志和品牌名称。

美国著名广告研究专家 Larry Light 认为：未来营销竞争将是为获得品牌主导地位而进行的竞争。对于城市蔬菜经营而言，品牌建设尤为重要。要实现蔬菜产业化发展必须整合当地优势资源，通过规模化经营，不断加强蔬菜品牌建设，实现生产和销售的紧密结合。只有真正树立起市场广泛认可的城市蔬菜品牌，才能加快推动蔬菜产业化的建设步伐，提升经营企业的核心竞争力，彻底帮助菜农摆脱贫困。

1) 城市蔬菜品牌建设的重要性主要表现在以下几个方面：

其一，创立城市蔬菜品牌，有利于迅速占领市场。我国城市蔬菜品牌建设起步较晚，发展迟缓，至今并没有特别突出的知名品牌。在这种形势下，如果企业率先创立城市蔬菜品牌，赢得目标消费者的信任，该蔬菜品牌将迅速占领市场，在同行业竞争中取得优势地位。

其二，有助于新蔬菜产品快速打开市场。城市消费者一旦对某种蔬菜品牌形成忠诚后，会长期坚持对该蔬菜品牌的消费，即使竞争产品价格更低，消费者也不会轻易放弃，并更容易接受该品牌推向市场的新蔬菜产品，从而为企业节省大量的介绍及推广费用。

其三，有利于辨识健康蔬菜、安全蔬菜。城市健康蔬菜与普通蔬菜外观相似，难以通过肉眼进行辨识，这也是制约城市健康蔬菜市场推广的关键问题。通过品牌建设，使城市消费者对该蔬菜品牌的品质、服务和保障体系有了充分认可后，城市消费者在购买城市蔬菜时就能通过蔬菜品牌来判定其品质的优劣，进而做出准确的选择判断。

2) 城市蔬菜品牌营销具有长期性的特点，要针对蔬菜品牌经营的长期目标，进行品牌设计、品牌宣传和品牌维护等活动。

其一，蔬菜品牌设计。蔬菜品牌设计越具有特点，它与竞争对手之间的区分也就越显著。在蔬菜品牌设计过程中，要充分考虑蔬菜经营企业的发展前景，尽量避免蔬菜品牌名与某一产品联系过于紧密，一般来说，一个不带任何意义的蔬菜品牌名，更利于今后公司业务的拓展。然而，城市蔬菜品质受自然环境条件影响极大，具有一定的地域特殊性，因此在城市蔬菜品牌命名中添加地域名称将有利于提高城市消费者的认同感。再者，蔬菜品牌设计要能清晰地传达蔬菜产品特性，容易识别、让人印象深刻。

 案例

多利农庄品牌

上海多利农业发展有限公司是（多利农庄 Tony's Farm 是上海市著名商标）专业从事有机蔬菜种植和销售的有机农庄。多利农庄成立于 2005 年 6 月，目前

在全国已拥有九大农业基地,有机蔬菜种植总面积3万多亩,十多年来已成功服务数百家优质企业和10万多个家庭。2016年多利农庄战略转型升级,中国平安投资控股,全面开启平安好生活。多利农庄从有机蔬菜的先导者正式转型为健康、安全饮食生活方式的提供者。

多利农庄以分布在黑龙江省、北京市、上海市、浙江省、四川省、云南省、福建省、海南省、宁夏回族自治区的不同纬度、温度带的生产基地为依托,为消费者提供多品种蔬菜及具有地方特色的农副产品,确保上海市和北京市两地会员一年四季均能享用到新鲜、健康、品种丰富的有机蔬菜。

图4-9 多利农庄商标

1. 取得的荣誉

多年来公司坚持"平安好生活多利来食现"的发展战略和秉承"对信任的呵护,对健康的坚守,对喜好的尊重"的企业文化理念,不断发展创新,取得了一系列荣誉:

2015年,获得"上海市著名商标"。

2012年3月,多利农庄喜获浦东新区"有机蔬菜基地标准化生产、产业化经营的红旗示范企业"称号,以现代农业技术打造以物联网为基础的绿色、有机、安全、畅通、智能、优质服务的都市有机农业典范。10月,多利农庄的环保再生纸箱因其设计新颖、材质环保及可多次循环利用的特点,获得全国休闲农业创意精品大赛"包装创意"金奖。

2011年11月,获HACCP食品安全管理体系认证。

2009年7月,获南京国环有机产品认证中心(OFDC)有机产品认证、国际有机农业运动联盟(IFOAM)有机认证;9月,获ISO 9001质量管理体系认证;12月,获ISO 14001环境管理体系认证。

2. 多利农庄LOGO设计及应用说明

LOGO名称:多利农庄(图形+文字)。

应用范围:蔬菜等农产品。

广告语:爱美丽,就要爱自己。

缘起:每个人心中,都会有"抱朴守拙,健康生活"的梦想,我们要将大地的自然生长作品,转化为真诚、营养与鼓舞的盛宴。

设计要求：简洁且富有创意，能很好地体现生态和自然的元素。图形要简明易懂，能很好地体现生态农产品的特征。汉字可使用书法字体也可改造或自创字体。需附带简单应用及名片设计方案。

品牌理念：健康、安全、养生。

品牌价值观：精选优质好食材，打造平安好生活。

品牌愿景：成为全球食生活方式优质的提供者，一站式解决人们餐桌全品类需求。

其二，蔬菜品牌宣传和推广。有了良好的品牌设计后，需要对蔬菜品牌进行宣传和推广。目前，城市蔬菜经营者主要通过网络、销售点、电视或广播媒体等宣传途径进行蔬菜品牌传播。销售点传播是指在销售点现场通过消费者的购买体验，产生对城市健康蔬菜的信任，并通过口碑宣传，扩大品牌影响。因此，销售点现场的装饰和布局设计也就尤其重要，要让城市消费者能切身感受到城市蔬菜的安全、环保和回归自然的高品质。销售点传播实现了城市消费者与城市健康蔬菜的直接接触，缩短了对城市健康蔬菜的认识过程，更容易形成蔬菜品牌忠诚，但受到地域范围限制，销售点宣传的覆盖面还比较有限。目前，销售点传播是城市蔬菜品牌传播的主要途径。电视和广播传播属于传统的传播方式，宣传投入较高，针对的目标群体不明确，但仍然是城市蔬菜品牌传播必不可少的途径。网络传播辐射范围广，宣传投入较低，并随着物流配送体系的完善，网络销售越来越成为城市蔬菜拓宽市场的有力手段。

然而，在供应链一体化系统下，城市健康蔬菜要求统一生产、统一营销管理，因此蔬菜品牌传播必须协调好供应链企业之间的关系，以同一个声音对外进行宣传。

多利农庄品牌的广告宣传"致力于做健康安全食生活的提供者"。

多利的全渠道销售模式：会员直销（数百家优质企业和10万多个家庭会员）；平安渠道（平安互联网业务、移动端APP，用户超过2亿人）；供应链渠道（精品超市、专卖店、企业员工食堂直供）；线上线下O2O（线上商城APP、多利实体店）。

实现六大升级:

(1) 品牌升级。地域品牌(上海名牌、著名有机蔬菜生产企业)→国际品牌(健康安全食生活品牌)。

(2) 规模升级。全国九大基地,3万多亩有机种植面积→自有基地+合作基地(平安集团战略投资共同开启平安好生活)。

(3) 渠道升级。单渠道(会员制直销宅配模式)→全渠道(企事业单位/家庭/个人/商超供应链)。

(4) 平台升级。PC端商城→手机客户端微商城+APP+天猫+京东。

(5) 产品升级。有机蔬菜(一年四季直供)→全品类健康优质食材(涵盖时令蔬果、肉禽蛋奶、水产海鲜、米面粮油、南北干货等,一站式满足人们餐桌全品类需求)。

(6) 服务升级。地区(上海、北京、杭州、无锡、四川、山东、海南七大省市)→全国。

其三,蔬菜品牌保护。创立城市蔬菜名牌需要投入大量的资金和人力,并且建设周期较长,致使到目前为止国内具有一定影响力的蔬菜品牌还不多,即使那些具有一定影响力的蔬菜品牌企业也经常遇到假冒伪劣产品的困扰,因此多数企业进行蔬菜品牌建设的积极性不高。所以供应链一体化系统下进行城市健康蔬菜品牌建设必须加强对蔬菜品牌的保护。

首先,经营者要依法对蔬菜品牌进行注册。要依据法律程序对蔬菜品牌进行商标注册,凭借法律手段保护自身蔬菜品牌不被侵害和盗用。其次,经营者要依法惩治假冒行为。由于城市健康蔬菜价格较高,市场建设还不完善,城市消费者又缺乏辨识能力,这就造成城市健康蔬菜假货现象严重,城市蔬菜经营者一方面需要加大对自身蔬菜品牌的宣传,提高城市消费者的辨识能力,另一方面要积极与工商和质检部门合作,严厉打击损害公司品牌形象的行为。

其四,蔬菜品牌忠诚度。城市消费者对某蔬菜品牌一旦产生信任和忠诚,便会持续购买该品牌的产品,哪怕竞争产品价格再低、服务再好,城市消费者也不会轻易放弃。而城市消费者对于某一蔬菜品牌的忠诚,取决于城市消费者对蔬菜品牌的满意程度,只有城市消费者对蔬菜品牌高度满意时,才会产生品牌忠诚。因此,要赢得城市消费者的忠诚,就需要城市蔬菜经营者将蔬菜品牌维护工作落实到每个经营环节，持续保持城市蔬菜的安全、环保和高品质，真正维护好城市消费者的切身利益。城市消费者的利益得到保障了，消费者才会更忠诚于城市蔬菜品牌。

2. 蔬菜价格策略

价格高低是影响城市蔬菜市场开拓的关键因素，蔬菜价格偏高，虽然单位蔬菜的利润增加了，但销量受到限制，总利润未必增加；蔬菜价格过低，虽然单位蔬菜的利润减少了，但销量会增加，总利润反而可能会增加，因此，制定合理的蔬菜价格对加快城市蔬菜的市场开拓具有重要意义。

影响城市蔬菜价格制定的因素有很多，主要包括蔬菜企业盈利目标、蔬菜生产成本、市场需求量、城市消费者收入水平、蔬菜竞争状况等。蔬菜企业盈利目标不同将影响蔬菜价格的制定，如果蔬菜企业为了追求眼前的短期利润，将愿意采取高价撇脂策略；如果蔬菜企业为了追求未来市场的长期利润或为了迅速占领市场，将愿意采取低价渗透策略。蔬菜生产成本直接决定蔬菜的价格，相对于普通蔬菜来说，城市健康蔬菜对环境、生产过程和品质要求较高，蔬菜生产成本偏高，最终决定蔬菜价格偏高，因此控制城市蔬菜生产成本是降低蔬菜价格的关键。市场需求量决定城市蔬菜的价格，市场需求量越高，蔬菜企业规模化生产的成本将越低，蔬菜价格将降低；市场需求量有限，蔬菜生产难以形成规模化，势必造成价格升高。蔬菜竞争状况影响城市蔬菜价格，市场竞争越激烈，蔬菜价格越低；市场垄断性越强，蔬菜价格越高。

充分考虑影响城市蔬菜定价的各种因素，主要采取以下定价策略：

（1）低价策略。低价策略是开拓城市蔬菜市场的有力武器，从当前城市蔬菜发展的现状来看，制约城市蔬菜发展的主要矛盾是价格，这与城市消费者收入水平相对较低和安全健康意识淡薄是分不开的。城市消费者收入水平和消费观念短时间内难以改善，只有通过城市蔬菜供应链系统的一体化组织运作，实现城市蔬菜生产、流通和销售的规模化，逐步降低价格，才能使消费者接受城市健康蔬菜的需求成为可能。在城市健康蔬菜推向市场初期，蔬菜经营企业可以通过短期促销会的方式，选择具有示范效应且市场需求面比较广的城市健康蔬菜进行降价销售，鼓励消费者进行蔬菜尝试，消费者只有经过切实的体验后，才会认可城市健康蔬菜的价值，逐步接受城市健康蔬菜。城市健康蔬菜生产成本高、品质好，其价格明显高于普通蔬菜价格,但降价策略在城市健康蔬菜发展过程中是极其重要的。在开拓市场阶段,城市健康蔬菜降低价格是为了吸引消费者尝试产品,增强对城市健康蔬菜的认识;在市场成长期阶段,城市健康蔬菜经营者通过规模化经营,实现了经营成本的大幅度降低,为城市健康蔬菜低价策略提供了可能,蔬菜企业降低价格可以拓宽城市健康蔬菜市场渗透的范围;在市场成熟期,城市健康蔬菜低价策略可巩固消费者品牌忠诚,扩大消费者的消费数量。由此可见,低价策略是推动城市健康蔬菜快速发展的必然趋势。

(2)配套蔬菜定价策略。城市健康蔬菜目标消费者购买蔬菜往往出于不同的动机,有的是为了营养,有的是为了送礼,还有的是为了安全,因此城市健康蔬菜经营企业可按照消费者的不同需求设计城市蔬菜组合系列,将具有相同功能的不同蔬菜进行搭配,统一定价。例如,在送礼组合系列中,城市健康蔬菜品种多样、品质高,以有机蔬菜为主,包装精美,价格较高;好厨师组合系列,按照家常菜系搭配不同蔬菜,甚至按照家常菜的标准对城市蔬菜进行加工处理、包装,节省了消费者清理蔬菜的过程,消费者只需要进行最后一个操作环节就可以了,使每个消费者都可以成为一个好厨师,价格适中,略高于单独销售蔬菜的价格;保健组合系列,针对城市消费者对健康的不同要求,从营养学的角度对城市健康蔬菜进行搭配,保证从饮食方面对消费者的身体健康进行调解,价格适中,略高于单独销售蔬菜的价格。

(3)差别定价策略。差别定价策略是城市蔬菜经营者针对消费者支付意愿的不同而制定不同蔬菜价格的策略。可根据城市健康蔬菜的档次不同,制定不同的蔬菜价格,无公害蔬菜价格略高于普通蔬菜,绿色蔬菜价格较高,有机蔬菜价格最高;按照季节不同制定不同的价格,当季的城市蔬菜价格较低,反季节的城市蔬菜价格较高;根据预先购买的时间不同制定不同的价格,预先支付货币之后交付的城市蔬菜可享受一定的价格折扣,而现货购买的城市蔬菜将按原价支付。

3. 蔬菜营销渠道策略

蔬菜供应链一体化体系下城市蔬菜营销渠道是指城市蔬菜从农村生产组织到达城市消费者所经历的整个过程。包括城市蔬菜从生产组织到加工商再到批发商,最后经零售商到达城市消费者的整个流通过程。

（1）城市蔬菜营销渠道类型。

其一，常规性蔬菜营销渠道。主要包括蔬菜直接营销渠道和蔬菜间接营销渠道两类，蔬菜直接营销渠道是指菜农在田间地头或蔬菜集贸市场直接卖给消费者的过程。蔬菜间接渠道是指菜农将蔬菜卖给蔬菜经销商，经多级蔬菜经销商流通后最终卖给城市消费者的过程。

其二，蔬菜产业供应链一体化组织的营销渠道。主要包括三类：第一类，以批发市场为核心的蔬菜营销渠道。批发市场成为城市蔬菜买卖的汇集地，围绕蔬菜交易，在买卖的各个环节衍生出各类具有多种服务功能的蔬菜中介组织，包括蔬菜经纪人、蔬菜运输商、蔬菜存储商等，这些蔬菜中介组织为菜农和蔬菜批发商提供信息，帮助双方进行价格谈判、买卖结算、组织存储和运输，大大提高了蔬菜交易的效率。第二类，订单式蔬菜营销渠道。蔬菜生产组织与蔬菜加工商企业或蔬菜经销商企业签订订单协议，蔬菜生产组织按订单要求的数量和质量进行蔬菜生产，蔬菜加工商企业或蔬菜经销商企业在规定时间内按协议价格收购蔬菜，蔬菜运输方式比较灵活，由买卖双方协议决定。第三类，以蔬菜合作社为核心的营销渠道。菜农自愿加入蔬菜合作社组织，蔬菜合作社统一收购蔬菜，统一进行蔬菜的销售。

（2）城市蔬菜营销渠道策略。根据对城市蔬菜销售情况的调研分析，现阶段我国城市蔬菜超市直销模式和城市蔬菜专卖店模式采用较多，这两种蔬菜销售模式在推动城市蔬菜品牌宣传方面发挥了重要作用，但在营销获利方面并不乐观。事实证明，面向餐饮业与食品服务业配送销售的城市蔬菜取得了较好的销售业绩。所以，为了实现城市蔬菜销售的持续、快速发展，应重点加强与餐饮业、食品服务业的合作关系，通过向餐饮业和食品服务业配送城市蔬菜，积极拓宽城市蔬菜销售渠道；而超市直销与便利店销售方式则不宜选择太多，应考虑店址辐射的范围。

其一，城市蔬菜区域型配送。当前，餐饮企业或食品服务企业对城市蔬菜的采购更多习惯于到市场自己购买，频繁地购买，不仅浪费了大量的时间和精力，而且缺斤短两现象时有发生。将餐饮企业和食品服务企业对城市蔬菜的需求信息集中起来，对一定区域内的客户实行集中配送，既可以方便客户的购买，保障城市蔬菜品质，又可以减少销售环节，通过规模效益，降低城市蔬菜经营企业的运作成本。权威专家认为，该配送模式将成为我国城市蔬菜流通的主要渠道。

其二，充分利用超市和便利店销售。农贸市场交易功能简单，但购买环境差，买卖秩序混乱，其日益显现的弊端无法满足城市消费者追求高品质生活的要求。而具有规模化、标准化特点的超市和具有方便化、灵活化特点的便利店将逐渐成为城市消费者更愿意接受的零售模式。城市消费者在超市购买蔬菜可以享受到舒适的购物环境，可以一揽子解决所有购买需求，而且不易受假冒伪劣、缺斤短两问题的困扰，因此超市销售已越来越成为城市零售渠道的主流方式。而贴近城市消费者居住区的便利店零售模式以其方便、灵活的特点也更加受到城市消费者的欢迎。然而，在现实交易过程中，由于超市和便利店薄利多销的销售特点，在当前城市健康蔬菜还不被市场广泛认可的阶段，向超市和便利店直供城市健康蔬菜还很难获取较高的利润。但超市和便利店作为零售市场的主流销售方式，其在城市健康蔬菜的品牌宣传、推广中将发挥着越来越重要的作用。因此，城市健康蔬菜企业根据消费市场需求分布特点，有重点地选择某些超市和便利店作为城市健康蔬菜推向市场的一种渠道是必不可少的。

其三，蔬菜会员制。当前，我国有些大中城市已经开始采用会员制的城市蔬菜配送销售模式。城市蔬菜经营企业通过建立会员制，将城市消费者的零散需求集中起来，批量组织采购，再按照各用户的需求送货到家。蔬菜会员制销售模式，缩短了中间环节，节省了流通成本和时间，为城市消费者提供了方便，所以市场前景看好。城市蔬菜经营者采用会员制销售模式，按期收取费用，城市消费者可以自己选择付费方式，年费＝月费×12×0.9；季费＝月费×3×0.95；月费没有折扣，企业定期将固定品种、固定数量的城市健康蔬菜配送到家。节庆日，公司组织会员客户到所经营的蔬菜种植基地进行参观和采摘体验，加深城市消费者对城市健康蔬菜的了解和认可，坚定订购城市健康蔬菜的信心。随着城市消费者购买数量和品种的增多，城市蔬菜经营企业将进一步完善城市蔬菜配送体系，逐步实现按需配送，不断提高城市消费者的满意度。

其四，网络与电话订购蔬菜。网络订购蔬菜具有价格低廉、快捷方便的特点，已更多地被广大年轻消费者所接受。另外，对八小时工作族来说，如果通过网络或电话能够选购所需要的城市健康蔬菜，可以节省市场采购所耗费的大量时间。当前，我国各省市采用网络订购蔬菜模式还并不普遍，主要因为城市统一的物流配送网络体系没有形成，已有的配送企业各自为政，配送功能单一，难以形成规模效益，致使城市蔬菜配送成本偏高，大多数消费者无法承担；再者，消费者对于网络采购的城市健康蔬菜品质存在疑虑,也造成网络订购模式难以实现。但随着信息技术的不断完善和人们消费观念的转变,网络和电话订购蔬菜模式的优势作用将日益显现,其必将成为城市蔬菜配送销售发展的未来趋势。

4. 蔬菜促销策略

促销简称促进销售,是经营企业运用多种促销方式,如推销、广告、公关等,向用户传递产品价值,使用户产生购买行为,从而达到扩大公司销量、增加利润的目的。城市健康蔬菜价格较高,消费者认知度差,还处于市场投入期阶段。因此,城市蔬菜经营者需要广泛结合人员推销、广告、公共关系和营业推广四类促销方式,促进城市健康蔬菜全面推向市场。

(1) 人员推销。城市蔬菜经营者针对的目标对象主要分为两类:一类是企业用户,如餐饮店、食堂和超市等;另一类是对城市健康蔬菜有需求的消费者用户。城市消费者用户数量多,居住分散,对城市健康蔬菜需求少,不宜采取人员推销方式,广告、公共关系和营业推广方式应用较多。企业用户购买城市蔬菜的目的不是用于直接消费,而是对城市蔬菜进行加工或流转后满足最终消费者的需求,其对城市蔬菜的需求间接受到最终消费者需求的影响,因此广告、公共关系和营业推广方式同样对企业用户具有推动作用。经过广告、公共关系和营业推广方式的共同作用,市场对城市蔬菜的需求达到了一定规模,由此带动企业用户产生了间接需求,此时城市蔬菜经营者实施人员推销方式效果才会更显著。

城市蔬菜经营企业根据自身蔬菜特色,对城市蔬菜相关用户企业进行需求调查分析,确定目标企业用户,组织推销员进行分区销售。主要采取以下几点做法:

其一,蔬菜免费代售方式。蔬菜推销员初次与用户企业接触时,由于双方缺乏了解和信任,往往会拒绝接受城市蔬菜,蔬菜销售员可考虑采取免费代售的方式,根据销售情况定期结算。蔬菜免费代售节省了用户企业的周转资金,蔬菜卖不掉造成的损失与用户企业无关,消除了其担心亏损的顾虑,这在城市健康蔬菜推向市场初期更容易被用户企业所接受。蔬菜免费代售对城市蔬菜经营者也是有利的,通过蔬菜免费代售方式充分调动了用户企业合作的积极性,缩短了城市健康蔬菜进入市场的时间,用户企业试用蔬菜后更容易接受,从而缩短了城市蔬菜广告宣传的费用。

其二，帮助用户企业解决困难。蔬菜推销员在进行城市蔬菜销售过程中，应将城市蔬菜与用户企业的市场定位紧密结合，积极帮助其解决产品创新中遇到的问题和困难，与用户企业一同发展，实现共赢。用户企业经营的目的是获取更高的利润，如果蔬菜推销员能以真诚的态度帮助企业发展，并且取得可观的效益，相信用户企业会愿意接受城市健康蔬菜。

其三，与用户企业保持密切联系。蔬菜推销员要注重与用户企业沟通与联系，定期走访，节庆日加强感情交流，既促进了合作，又联络了感情。

（2）广告。广告，即广而告之之意，是指为了能够尽快地销售产品，运用各类媒体形式，使更多消费者能够了解或认识企业和他们产品的过程。广告方式有多种，如电视广告、广播广告、杂志广告、报纸广告、移动广告、路牌广告和网络广告等。

每一种广告方式特点不同。例如，电视广告声音、视觉效果好，易引起消费者兴趣，但价格较高，信息不易储存，目标对象不明确；广播广告只有声音，没有图像和文字，传播范围广，价格较低，信息不易储存，目标对象不明确；杂志广告图文并茂，价格较低，目标对象明确，信息易储存，但宣传周期长；报纸广告类似于杂志广告，但其宣传周期短，宣传效果没有杂志广告好；路牌广告视觉效果好，但宣传辐射范围有限；网络广告是当前发展最快的广告方式，其价格较低，信息宣传量大，宣传形式多样化，目标对象明确。

城市健康蔬菜投向市场前广泛的广告宣传是非常必要的。然而城市蔬菜经营企业基础薄弱，品牌影响力差，难以投入过多的资金进行大范围的广告宣传。因此，根据城市健康蔬菜特点有重点、按比例地分配各类广告投入比例，增强广告宣传效果至关重要。城市健康蔬菜投向市场初期，想要短时间内被大部分消费群体所接受是不现实的，应将城市健康蔬菜定位在收入水平较高、健康安全意识较强的中高端消费群体，围绕目标群体进行广告促销。当前，大范围、高频率地进行电视广告和广播广告宣传是不现实的，一方面投入太大，企业难以负担；另一方面大部分城市消费者对健康蔬菜从购买能力和购买意识上还难以接受。当前，城市蔬菜经营企业主要的服务对象还只是少数中高端消费群体，应针对目标群体特点，选择投入少，目标对象针对明确的广告方式进行宣传。首先，选择目标对象阅读量较高的专业性的杂志进行广告；其次，通过报纸途径以新闻性事件的形式对城市健康蔬菜进行报道，引起更多消费者的关注；再次，在商业区或城市显著地段设置大型宣传路牌,广而告之;最后,针对年轻群体通过网络广告,扩大辐射范围。

(3) 公共关系。公共关系是指企业通过积极参与各类社会公益活动,并运用各种宣传手段,树立良好的公众形象,赢得消费者的信任,最终达到销售产品的目的。

加强对城市健康蔬菜的宣传,增强消费者的健康、安全意识,转变城市消费者消费观念,对促进城市蔬菜开拓市场具有重要的作用。城市蔬菜经营企业应具备公共关系的意识,从企业长远发展的需求出发,培养消费者的健康饮食观念,勇于承担应有的社会责任。例如,积极开展蔬菜健康安全讲座,为小学生平价提供健康蔬菜,城市健康蔬菜辨识宣传活动等。

(4) 营业推广。营业推广是指企业为了在短期内激励消费者购买产品,以取得较好的销售业绩所采取的一种促销方法。包括打折、买一赠一、产品展示、抽奖等。

城市健康蔬菜在进行广告和公共关系宣传的基础上,针对目标群体可以在节假日采取多种短期促销的方式,激励消费者参与购买。例如,节假日组织目标消费者到企业基地进行观光采摘活动,现场讲解城市健康蔬菜常识,由消费者亲自对健康蔬菜进行采摘体验。还有,节假日与大型商城联合组织购物有奖活动,凡在商城购买商品,价格达到一定数额者将获得一张奖券,每张奖券对应一个号码,商城将于节假日最后一天集中公开抽奖,中奖者奖励不同规格的城市健康蔬菜礼盒。通过类似的上述活动,调动消费者参与的积极性,消费者只有亲自对城市健康蔬菜进行体验比较,才会对城市健康蔬菜有一个真实的认可和评价。

第五节 基于核心企业的蔬菜供应一体化运作模式研究

蔬菜供应链核心企业是指,在蔬菜供应链体系中具有调配资源优势的大型蔬菜企业,运用所掌握的信息资源,将蔬菜生产、流通、销售环节整合在一起,并为蔬菜供应链各相关企业提供协调咨询和信息服务的主导企业。该企业应具备以下几方面功能：

第一，蔬菜生产、物流的优化配置功能。针对蔬菜供应链上各节点企业所具有的价值功能和资源优势，核心企业将蔬菜供应链资源进行统一整合调配，使蔬菜供应链各节点企业都能共同分享市场信息，从而帮助蔬菜供应链节点企业简化操作流程，降低企业间的合作成本，最终提升蔬菜供应链整体运作的效率。

第二，蔬菜供应链方案设计功能。核心企业依靠自身资源优势，为蔬菜供应链一体化设计最高效的运作方案。蔬菜供应链中涉及多个企业的联合协作，其中拥有规模资源优势，在供应链中处于核心主导地位的便为核心企业，核心企业可以是蔬菜合作社组织，也可以是蔬菜加工商企业，或者是大型批发、零售企业等。核心企业不仅要实现自身资源的优化，还要整合蔬菜参与企业资源，实现整个蔬菜供应链的优化。

第三，协调指导功能。核心企业只有遵循系统原则，为蔬菜供应链参与企业提供各类指导服务，帮助协调蔬菜供应链企业相互间的关系，以保障蔬菜供应链参与企业的利益，实现蔬菜供应链整体利益提升，蔬菜供应链运作才会更具市场竞争力。

基于核心企业蔬菜供应链一体化模式的运作机制主要包括利益分配机制、营运约束机制和保障机制三种。

其一，利益分配机制。利益分配机制在整个蔬菜供应链运作机制中处于核心地位。在蔬菜供应链一体化运作过程中，核心蔬菜企业与参与企业之间共同分享资源与利益，共同承担由此所产生的风险，真正结成了一体化的虚拟合作关系。蔬菜供应链企业间合作关系的稳定关键取决于供应链合作企业利益的保障，如果企业利益得不到保障，供应链的合作关系必然趋于瓦解，当前利益分配方式主要有以下三种：①运用价格工具，通过合同约定的保护价格进行蔬菜交易，充分保障供应链参与企业的利益；②按股分红方式分配利润，调动参与各方的积极性；③蔬菜供应链核心企业将所获得的超额利润依据各参与企业贡献程度的不同再次进行利润分配，充分保障参与企业的利益。

其二，保障机制。保障机制是实现蔬菜供应链一体化运作的关键。离开了健全的保障机制，蔬菜供应链将无法实现顺利、持久的一体化运作。在蔬菜供应链保障机制中，既要实现蔬菜供应链核心企业稳定运营，实现蔬菜供应链的组织保障，减少参与企业的违约风险，又要完善信息平台和物流运输体系，保障蔬菜供应链信息与蔬菜产品畅通高效。

其三，营运约束机制。营运约束机制是实现蔬菜供应链一体化运营的前提。蔬菜供应链核心企业与参与企业之间缺乏必要的约束，以自我为中心片面追求个人利益，必然导致整个供应链体系的崩溃。蔬菜供应链约束机制的实施首先要明确供应链企业间的产权关系，只有产权关系界定清楚了，蔬菜供应链企业才可以凭借自身拥有的资源，充分发挥自身在蔬菜供应链中的功能，并以此获取相应的利益，供应链企业间通过相互约束，功能互补，最终可实现蔬菜供应链的一体化高效运营。

本书将重点对以蔬菜合作社、蔬菜加工商企业、蔬菜物流企业为核心的蔬菜供应链一体化运作模式问题进行研究。

一、以蔬菜合作社为核心的供应链一体化运作模式

由图 4-10 可知，以蔬菜合作社为核心的供应链一体化运作模式由蔬菜合作社企业向广大菜农提供物资、服务或资金帮助，广大菜农以土地或设备入股的方式加入合作社从事蔬菜种植，形成密切的蔬菜生产组织关系。在该模式下，蔬菜合作社企业对整个蔬菜生产过程进行统一安排，统一采购蔬菜原材料或种植设备，统一进行技术指导，统一收购和销售蔬菜，实现真正意义上的蔬菜供应链一体化运作。

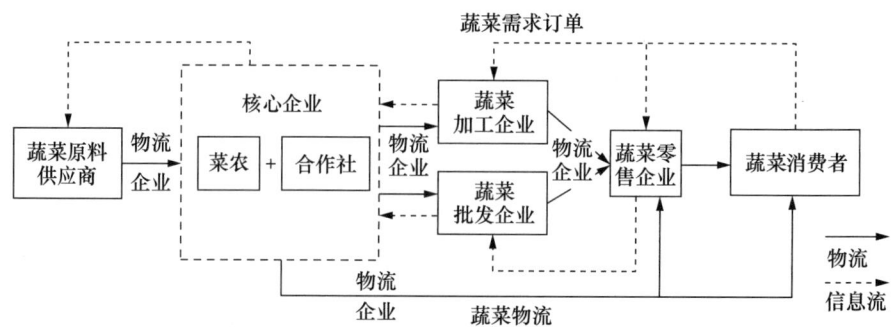

图 4-10 以蔬菜合作社为核心的供应链一体化运作模型

以合作社为核心的蔬菜供应链一体化是蔬菜合作社企业在两个可能的方向上扩展现有蔬菜经营业务的一种发展战略。向后扩展蔬菜合作社与蔬菜原材料供应商建立长期的合作关系，保障蔬菜生产设备、种子、化肥、农药等物资的稳定供应；向前扩展蔬菜合作社与营销公司或物流公司进行联合，参与蔬菜加工与销售过程。通过蔬菜合作社对蔬菜生产、流通和销售环节的一体化进行整合，有效提高了蔬菜经营的效率。

以合作社为核心的蔬菜供应链一体化模式不同于简单的蔬菜买卖行为，判别标准：首先，蔬菜合作社企业与参与企业之间是否建立了稳定的合作关系，这是形成蔬菜供应链一体化的关键；其次，蔬菜合作社与菜农之间合作方式是否稳固，这是判断蔬菜供应链一体化模式的重要条件；最后，是否有规范的制度维持蔬菜供应链一体化模式运作，这是判断蔬菜供应链一体化模式的必要标准。

在以合作社为核心的蔬菜供应链一体化过程中，将蔬菜供应链参与企业进行整合，可将运作流程分为制订计划、组织采购、安排生产、实施配送和实现退货5个部分。

1. 制订计划

在蔬菜供应链一体化设计过程中，蔬菜专业合作社是联系城市消费者需求和农村蔬菜供给的纽带，当前蔬菜专业合作社发展还很不完善，还缺乏足够实力带动整个蔬菜产业的发展。蔬菜专业合作社企业要发挥其在蔬菜供应链一体化中的核心驱动作用，必须拥有强大的信息技术水平，通过建立完善的城市蔬菜供应链一体化信息系统，根据城市蔬菜市场需求变化信息，及时调整蔬菜供应链运营计划，如图4-11所示。

以合作社为核心的蔬菜供应链计划中主要包括蔬菜采购计划、蔬菜生产计划、蔬菜物流计划、蔬菜供应链协调计划和蔬菜供应链的收入预测。它是以蔬菜合作社为核心，对蔬菜供应链一体化实施控制，并协调蔬菜供应链上各节点企业实施运作的过程。

蔬菜专业合作社通过蔬菜供应链一体化计划，实现了蔬菜专业合作社管理的有序推进。蔬菜专业合作社企业依据蔬菜供应链一体化总目标的要求，制订蔬菜合作社自己的各项功能计划。在计划的指导下，蔬菜专业合作社与蔬菜供应链参与企业紧密合作，保障了蔬菜产业的快速发展。

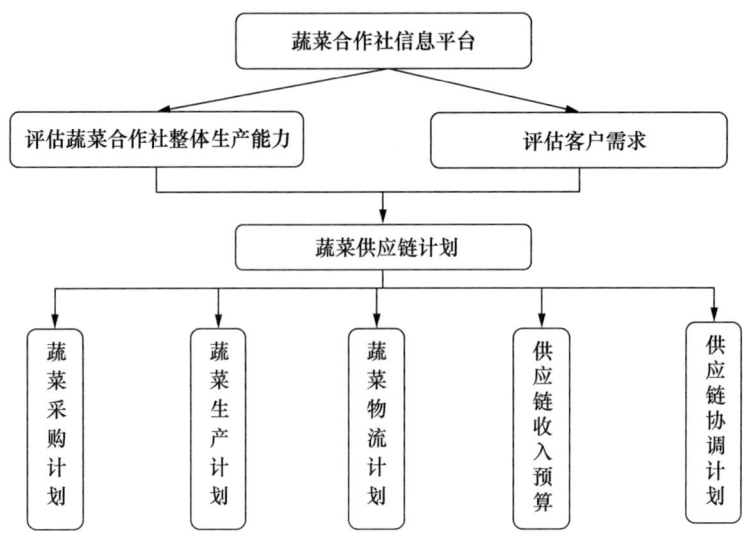

图 4-11　以合作社为核心的蔬菜供应链计划

2. 蔬菜原材料采购

蔬菜生产是蔬菜专业合作社的核心工作内容，而蔬菜采购质量的高低，直接关乎蔬菜生产质量的优劣。在传统家庭式蔬菜生产方式下，广大菜农由于缺乏品牌经营意识，再加上采购规模小、自身资金有限等原因，造成菜农对蔬菜原材料的采购质量无法得到保障。蔬菜合作社通过汇总所有参与菜农的采购需求，并按照蔬菜生产计划的要求，对蔬菜原材料进行集中规模采购，既降低了蔬菜原材料采购的价格，又提高了采购的质量。

蔬菜合作社采购主要流程如图 4-12 所示：首先，蔬菜合作社对加入合作社菜农的原材料采购需求进行汇总后形成蔬菜采购订单，并将采购订单向原材料供应商提交。其次，原材料供应商接到采购订单后，制订蔬菜原材料生产计划，按订单组织生产，期间蔬菜合作社依据采购订单制订采购计划，并根据菜农对蔬菜原材料需求的变化情况，及时与原材料供应商进行沟通与调整。再次，原材料供应商依据采购订单将准备好的蔬菜原材料向蔬菜合作社供货，蔬菜合作社接收蔬菜原材料并进行质量检验。最后，经过检验合格的蔬菜原材料，由合作社菜农领取，组织进行生产，并通知蔬菜合作社，由蔬菜合作社统一向供应商付款；经过检验不合格的蔬菜原材料，由合作社直接退回原材料供应商，原材料供应商根据退回数量，向蔬菜合作社进行调整补货。

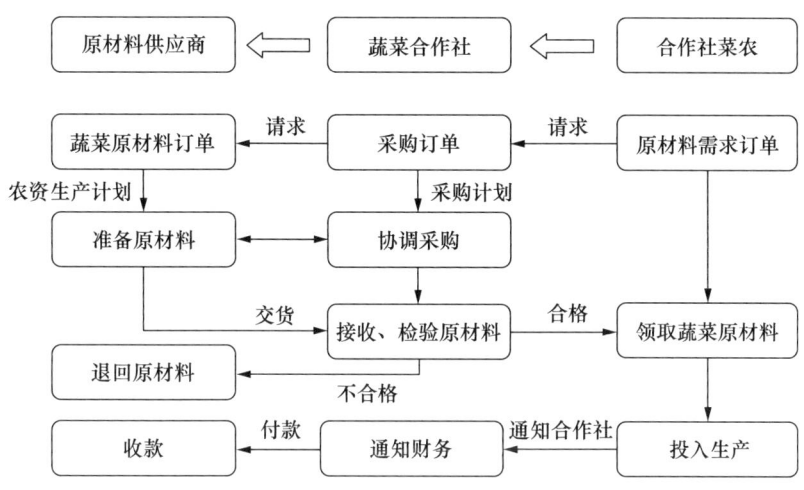

图 4-12 蔬菜采购流程

3. 蔬菜生产

蔬菜生产质量的高低是实现蔬菜供应链健康发展的前提。蔬菜专业合作社的主要职能在于保障蔬菜生产的质量，它是通过改善蔬菜种植环境，减少有害化肥、农药的投入，运用蔬菜安全生产技术，以实现蔬菜生产的标准化、规模化和安全化。蔬菜专业合作社生产质量的高低直接关系到蔬菜专业合作社与供应链参与企业之间合作关系的协调，因此充分保障蔬菜生产质量是实现蔬菜合作社内部良好运营的主要目标。蔬菜合作社生产的内部运营过程如图 4-13 所示。

蔬菜专业合作社通过蔬菜供应链销售企业提供的市场需求信息确定蔬菜生产订单，并安排蔬菜生产计划。在进行蔬菜生产之前，蔬菜合作社集中向菜农提供生产所需的各种设施、设备和原材料，为蔬菜生产做好准备。准备工作主要包括蔬菜生产所需原材料的集中采购，蔬菜生产所需设备工具的购买或租赁，蔬菜生产技术、管理技术的传授与使用，蔬菜生产所需土地条件的检测与分析。菜农在合作社企业的帮扶下严格按蔬菜生产标准进行生产，主要加强对蔬菜生产成本的

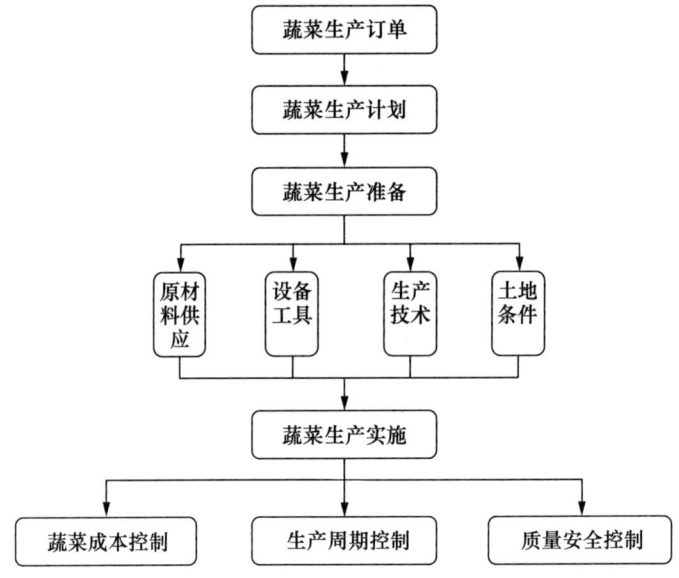

图4-13 蔬菜生产流程

控制、蔬菜生产周期控制和蔬菜质量安全控制等方面的工作。通过蔬菜生产的标准化管控可极大提高蔬菜品质，降低蔬菜生产成本，满足城市消费者高品质、多样化的消费需求。下面以桓台县东孙村四色韭黄生产的标准化管理为例进行分析说明。

 案例

桓台县东孙村无公害韭黄的标准化管理

桓台县东孙村无公害四色韭黄生产管理标准规定了无公害四色韭黄的定义、产地环境、生产管理措施及贮存。

一、定义

四色韭黄是将韭菜经过特殊工艺加工之后所培育出的特色蔬菜。在种植过程中，特别是在冬季，充分利用各种保温设施、光照设施，通过对温度和光照的调节，从而生产出根部呈白色，叶尖呈紫红色，中间呈绿色和黄色的独特韭黄品种。

二、产地环境

四色韭黄种植土地不宜选择地势坑洼地区,地势应相对平缓,土质肥沃,土层深厚,便于浇灌,土壤质量标准需达到 GB/T18407.1 的要求。

三、生产管理措施

本条款未规定的栽培措施按常规措施进行。

1. 种子

(1) 种子质量。要符合 DB 3703/T 003—2008 的规定。

(2) 品种选择。品种选择要综合考虑抗病性、耐寒热性、外观性等因素,以陕西汉中冬韭、寿光"大全钩"以及淄博荆家地方品种为宜。

(3) 不宜采用转基因品种。

2. 育苗

(1) 种植季节。从春季到秋季之间可进行种植,夏季由于气温过高,不利于幼苗生长,不宜选择种植。

(2) 种植规模。每 100 平方米需要种植种苗 0.67 千克。

(3) 种子处理。春季可将种子直接进行播种;也可采用 40℃温水将种子浸泡两个小时后,再将种子上的杂质和黏液清除后进行催芽处理。

(4) 催芽。将浸泡过的种子用潮湿的纱布包好,放置于 18℃左右的环境中,每天浇水两次,当 3/5 的种子发芽后便可进行播种了。

(5) 土地整理。栽种土地的选择很严格:首先要选择宜于灌溉和排涝的土地,保障为种苗提供适宜的水分;其次要对土地进行深耕细作,并保障土地拥有足够的肥力。

(6) 播种。将要播种土地的"沟"踩踏一遍,沿"沟"浇水两遍;然后,将催芽后的种子混合 4 倍的炉灰均匀地撒在"沟"内;接下来,覆盖一层细沙土,约 1.8 厘米;最后,覆盖稻草覆盖物。

(7) 水肥管理。出苗前,每 2 天浇一次水;当苗长至 16 厘米时,每 7 天浇水 1 次,并且配合施用尿素,每 100 平方米使用 1 公斤;然后,减少浇水次数,防止种苗增长太快,而重点加强对苗子根部的培育。

(8) 除草。种苗长成后,要进行手工除草,或喷洒除草剂进行清除。

3. 定植

(1) 前茬。针对各类百合科蔬菜。

(2) 土地用肥要求。土地用肥要达到国家对无公害蔬菜的标准要求，施肥过程中保障有机肥与无机肥按照1∶1的比例配合使用。用肥数量受多方面因素影响，要综合依据土地测量数据、蔬菜需要各类肥料的数量以及不同肥料效力等指标进行选择。

(3) 定植季节。不同季节拔苗，定植的时间有所不同。春季播苗后应在当年的夏季进行定植；夏季播苗后应在当年的1个月后进行定植；秋季播苗后应在第二年的春季进行定植。

(4) 定植规格。作畦一般要选择东西方向，每一畦宽约1.5米，长约45米。

(5) 选苗标准。定植时选苗要达到一定的标准：苗高约18厘米，拥有5片叶子，生长日期达到70天左右，基部比较强壮。

(6) 定植方法。将韭苗挖出，去掉须根前面部分，仅保留2厘米须根。再将叶子前端去掉一部分，以尽量保持叶子水分。栽苗时，行距保持约20厘米、穴距约20厘米，每穴栽种9株左右。

4. 田间管理

(1) 根部培育。定植后应马上进行浇水，使韭苗恢复，开始长叶生根，接下来对苗地进行耕作两次。使苗地保持湿润，直至秋季不需要追加肥料。夏季下雨之后需要浇灌井水，及时降温，防止根部溃烂。秋季之后，为了防止根蛆疾病，应采用敌百虫等进行灌根。另外，还要进行两次施肥，分别按每平方米3公斤的标准施用腐熟人粪泥等肥料。

(2) 冬季覆盖保温。冬季韭叶开始枯死，为了更好地保温，采用玉米秸秆等建立风障，并进行固定。接下来，清理掉枯死的韭叶，均匀施撒一遍土杂肥，再浇灌一次水。最后，在韭苗上先覆盖一层薄膜，再盖一层苇毛苫。

(3) 保温管理。韭苗进行保温覆盖后，要根据天气情况进行采光照晒，一般在天气晴好时卷起苇毛苫，进行阳光照晒，下午三点左右放下苇毛苫，保持苗室温度。韭黄喜欢干燥，为了降低苗室内湿度，可采用干燥沙土对韭黄进行培土。当韭黄长到约19厘米时不再进行培土，而是在早晚两个时段将苇毛苫卷起，使韭黄接受低温作用，最终韭黄自上而下呈现紫色、绿色、黄色和白色四种颜色。

(4) 收割操作。四色韭黄在每年的1月割第一茬，然后二十五天左右割第二茬，每割一茬韭黄都要进行施肥和浇水，总共可以割到第三茬韭黄。

(5) 收割后管理。韭黄割完之后,要注意对韭黄进行养根管理,防止引发韭蛆疾病,长出韭苔后要及时清理掉,保持韭黄充足的养分。

5. 病虫害防治

(1) 病虫种类。主要害虫是韭蛆、潜叶蝇、蓟马;病害主要有灰霉病、疫病、锈病、霜霉病等。

(2) 防治原则。遵照"事先预防,多样化治理"的防治原则,坚持以无害化防治为主,化学防治为补充的顺序对韭黄病虫害进行治理。

(3) 物理防治。将糖、醋、酒、水和敌百虫晶体按3:3:1:10:0.6的比例配制成杀虫液,每220平方米安置1盆,杀死蝇虫类害虫。

(4) 药剂防治。药剂使用要达到国家对农药标准的规定。

1) 病害防治。①灰霉病。主要使用多菌霉威粉尘剂,每600平方米用药1公斤,一星期喷洒1次。②疫病。主要使用百菌清粉尘剂,每600平方米用药1公斤,一星期喷洒1次。③锈病。主要使用三唑酮可湿性粉剂1600倍液,十天喷洒一次,连续喷洒两次。

2) 害虫防治。①韭蛆防治。韭蛆防治主要采用地面施药和灌根两种方式。地面施药主要使用敌百虫粉剂,每600平方米用药约2.4公斤。灌根防治是将药剂施放在韭黄根部进行治理。主要使用毒死蜱乳油等杀虫剂进行稀释100倍后直接灌施到韭黄根部,然后浇水。②潜叶蝇防治。主要使用灭蝇胺6000倍溶液进行喷洒防治。③蓟马防治。主要使用辛硫磷1000倍溶液进行喷洒防治。

在韭蛆、潜叶蝇、蓟马等害虫成虫发生期,在田间放黏虫板诱杀,每600平方米放黏虫板约35块。

四、贮存

短时间内储存应保持环境通风、阴凉和洁净,防止阳光、雨水、低温或有毒有害物质的侵害。韭黄堆放要齐整,避免因为过分挤压造成损害。

贮存库(窖)内韭黄温度应保持在4℃左右,空气相对湿度保持在75%~90%。

4. 配送

蔬菜专业合作社的配送是合作社企业根据客户的需求，以损耗最低，成本最小的方式将蔬菜运送到需求的地方，它是整个蔬菜专业合作社供应链体系的支撑。配送环节包括了流通加工、包装、运输等。蔬菜合作社企业根据客户需求与第三方物流企业合作制定配送方案，并与第三方物流企业建立长期合作关系，对城市蔬菜实施快速配送。条件较好的蔬菜专业合作社企业可以在内部建立蔬菜保鲜仓库，以减少蔬菜损耗，提升蔬菜价值。

5. 退货

退货环节包括两个部分：一部分是蔬菜农资原材料的退货过程，另一部分是不合格蔬菜产品的退货过程。蔬菜专业合作社通过制定严格的检测标准体系，对蔬菜农资材料进行检测，将不合格和腐坏农资材料退回给蔬菜原材料供应商，有利于环境保护和资源再利用。另外，在生鲜蔬菜供应链中采用蔬菜逆向追溯体系，蔬菜供应链的各个环节组织，包括终端消费者可通过供应链信息将不合格蔬菜产品层层追责，追溯到问题的根源，可充分保障蔬菜产品品质，此外被追溯退回的不合格蔬菜产品可当作化肥原材料以有偿或无偿形式运送给蔬菜农资供应商，既保护了环境，又提高了不良蔬菜产品的价值。

 案例

陕西省渭南市白水旭峰蔬菜专业合作社

陕西省渭南市白水县旭峰蔬菜专业合作社地处白水县雷牙乡刘家卓村，于2009年正式成立，拥有注册资本100万元，约200户村民成为合作社会员，其中有10户社员以资金形式入股，拥有土地500亩，主要从事蔬菜和瓜果的生产和经营活动。合作社遵照平等自愿的原则由村民自愿入股形成股份制企业，实施企业现代化管理，更好地服务农村社员，促使农民增收，逐步形成了合作社、公司、基地和农户一体化的合作模式。合作社包括五名理事、五名监事和约200名农村会员组成，包括销售部、技术开发部、物流部、财会部等职能部门。合作社

定期组织蔬菜方面的技术专家进行现场指导,及时解决农户蔬菜种植中遇到的各种问题。在蔬菜原材料采购方面,合作社统一汇集参与会员的蔬菜种植需求,由合作社统一组织采购,既保障了蔬菜原材料采购的品质,又充分降低了蔬菜生产的成本。

在销售方面,蔬菜合作社注册了"旭峥贸易"商标,组建了专业化的销售团队,积极开拓全国的销售市场。2013 年已在北京、上海等一线城市的蔬菜批发市场设立销售窗口,采取多样化的销售合作方式,实现年利润约 70 万元。在社员利益保障方面,社员以土地入股的方式加入合作社,并从事蔬菜的生产和经营活动,会员按公司销售收入情况进行比例分成,充分保障了会员的利益。

"旭峰模式"主要具有以下几方面特点:首先,通过集中蔬菜农资采购和经营的方式,实现了规模效益,缩减了交易费用;其次,通过收入分配的方式充分保障了合作社参与会员的利益;最后,参与会员生产的热情空前高涨,有效解决了以往集体生产模式下农民"吃大锅饭"的现象,既促进了合作社的发展,又提高了会员的收入。但该模式也存在以下两方面缺陷:一方面,合作社对菜农的蔬菜安全教育不够,菜农对蔬菜的品质意识欠缺,对生态环境保护缺乏认识;另一方面,蔬菜产业链不健全,还主要是以未加工的蔬菜流通和销售为主,蔬菜深加工等高附加值产品投入明显不足。

二、以蔬菜加工企业为核心的供应链一体化运作模式

我国蔬菜种植地域性差别显著,且受季节性影响极大,已形成了跨地区流通的格局。由于蔬菜具有保质期短的特性,造成蔬菜长途运输过程中腐烂变质现象比较严重。另外,由于蔬菜流通企业服务功能单一,蔬菜运输能力有限,且其与蔬菜供应链合作企业之间衔接关系不密切,造成蔬菜流通成本偏高。为了更好解决蔬菜供需之间的矛盾,减少蔬菜流通过程中的损耗,需要充分发挥蔬菜供应链条中蔬菜加工企业的功能,通过对新鲜蔬菜进行精深加工以延长蔬菜保存周期,对推动蔬菜供应链一体化发展将具有重要的作用。

1. 以蔬菜加工企业为核心的供应链一体化分析

以蔬菜加工企业为核心的供应链一体化体系主要包括蔬菜原料供应商、菜农与各类蔬菜生产组织的合作、蔬菜加工企业、蔬菜物流企业和蔬菜零售企业等，在供应链上以蔬菜加工商为核心，向后扩展与蔬菜生产组织签订合约，向前扩展与蔬菜零售企业如各类超市或餐饮企业建立长期销售关系，对新鲜蔬菜进行不同程度的加工，提高蔬菜的保质期，实现商流、物流、信息流、资金流的传递，实现蔬菜的价值增值和供应链主体的利润最大化，如图4-14所示。

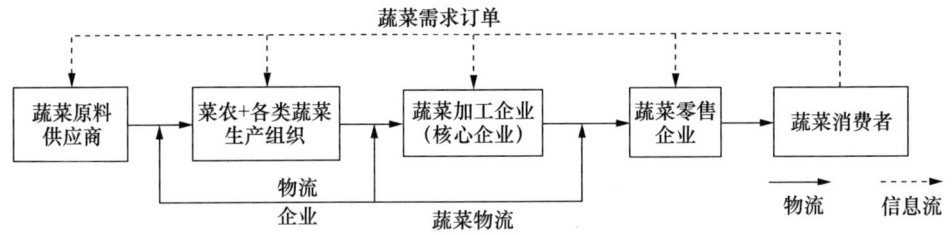

图4-14　以蔬菜加工企业为核心的供应链一体化运作模型

为了更好分析以蔬菜加工企业为核心的供应链一体化运作过程，本书将从蔬菜加工企业组织关系链、信息链和价值链方面分别进行分析：

（1）蔬菜加工企业组织关系链分析。在传统蔬菜种植模式下，蔬菜种植规模小且品质差异很大，蔬菜加工企业无法直接向菜农收购蔬菜，主要通过大型批发市场进行蔬菜的集中采购。随着蔬菜生产专业化程度的不断提升，多数菜农加入各类蔬菜生产组织从事蔬菜生产，如蔬菜种植协会、蔬菜种植合作社等，蔬菜加工企业开始与各类蔬菜生产组织签订契约关系，长期固定地采购各种蔬菜，并将初级加工和深加工的蔬菜通过批发、零售渠道进入超市、餐饮企业销售或直接出口。蔬菜加工企业在采取订单采购方式整合蔬菜供应链过程中，考虑到生鲜蔬菜保质期短、运输成本高等特点，加工企业通常将蔬菜运输外包给专业的第三方物流企业来执行，最大限度提高蔬菜运输的效率。

（2）蔬菜加工企业信息链分析。蔬菜加工企业通过批发市场采购蔬菜的方式，与蔬菜供应商之间关系松散，交易双方为了各自的利益相互隐瞒信息，蔬菜加工企业向蔬菜供应商隐瞒企业库存和蔬菜销售情况，蔬菜供应商也向蔬菜加工企业隐瞒蔬菜品质优劣情况，造成双方交易成本增加。以蔬菜加工企业为核心建立蔬菜供应链之后，蔬菜加工企业为了在规定时间收购到高品质的蔬菜，与菜农或蔬菜专业合作组织签订长期采购订单，明确规定蔬菜采购数量和标准，为了加强合作，加工企业会与菜农和各类蔬菜生产组织共享企业的订单情况、库存情况和销售情况，也会向菜农和蔬菜生产组织及时了解蔬菜种植情况，帮助其解决蔬菜生产中遇到的各种问题。另外，蔬菜加工企业与上游蔬菜销售商进行信息共享的目的是为了了解蔬菜市场需求信息的情况，而这种共享是建立在双方共赢合作基础上的。总之，蔬菜加工企业依据市场销售前端所获取的蔬菜需求信息，与菜农和蔬菜生产组织签订采购合同，保持稳定的蔬菜供应，最终满足市场消费者多样化的蔬菜需求。

（3）蔬菜加工企业价值链分析。蔬菜加工企业在通过批发市场采购蔬菜的方式下，蔬菜加工价值链较短，菜农种植规模小且比较分散，加工企业采购的蔬菜品质参差不齐，无法形成统一的标准；菜农分散种植的蔬菜采摘后大多不经过加工处理就直接进入流通市场，蔬菜品质差，缺乏包装，难以实现高价格销售；蔬菜运输条件差，缺少低温保鲜设备，致使蔬菜在长途运输过程中破损现象非常严重，从而大大降低了菜农的利润。多数蔬菜加工企业生产规模较小，设备技术落后，以蔬菜简单加工为主，蔬菜深加工的方式和比例都较低，蔬菜加工产品缺乏竞争力，规模效益差，企业盈利能力较低。以蔬菜加工企业为核心建立一体化蔬菜供应链系统后，蔬菜加工企业根据市场需求，与菜农或蔬菜生产组织签订长期采购合同，菜农和蔬菜生产组织按照合同标准对蔬菜进行生产、管理和采摘，并按规定时间向蔬菜加工企业供货，既保障了菜农的利益，又保障了蔬菜加工企业所需蔬菜的品质和及时供应。蔬菜加工企业按消费者多样化的需求，对蔬菜进行初级或深加工，最后通过第三方物流公司将加工蔬菜直接配送给终端客户，缩小了流通环节和蔬菜滞留的时间，提高了蔬菜的附加价值。

2. 以蔬菜加工企业为核心的供应链一体化模式构建

以蔬菜加工企业为核心构建蔬菜供应链体系，主要基于以下优势条件：

（1）市场信息通畅。蔬菜加工企业处于蔬菜价值链的中间环节，向后扩展与蔬菜生产组织建立关系，获取蔬菜生产规模与品种的相关信息；向前扩展与蔬菜销售组织建立关系，获取市场销售和需求信息，从而实现了蔬菜供求信息在蔬菜供应链体系中的快速畅通传递。另外，蔬菜加工企业具有强有力的信息处理能力，可以根据市场需求变化对蔬菜加工规模做出迅速调整，带动整个蔬菜供应链快速运行。

（2）具有核心主导作用。蔬菜加工企业在蔬菜供应链中可以发挥物流中心的功能，大型蔬菜加工企业通过自建配送中心对蔬菜进行统一调配，提高蔬菜配送效率。另外，蔬菜加工企业利用自身具有主导性的规模优势，提高自己与上游蔬菜销售商的竞价能力，增加了整个蔬菜供应链的总利润，同时也实现了对蔬菜供应链参与企业利益的合理分配。

（3）对蔬菜供应链相关企业具有利益引导作用。蔬菜加工企业凭借其自身雄厚的资源优势，向蔬菜供应链后端延伸，吸引蔬菜生产组织加入供应链体系；向蔬菜供应链前端延伸，吸引蔬菜销售商加入供应链体系，从而建立蔬菜供应链各主体互利共赢的战略合作联盟关系。

为解决蔬菜供应链节点企业间合作不够密切的问题，以蔬菜加工企业为核心构建蔬菜供应链一体化体系主要采取"契约合作"和"一体化"两种组织模式。"契约合作模式"是指蔬菜加工企业通过与供应链后端蔬菜生产组织和前端蔬菜销售企业等签订长期的契约合同，通过契约合同约定的内容来控制蔬菜供应链各参与企业的经营行为，这种约束包括强制约束和价格调控两种形式。强制约束指合同中规定要求合作双方必须遵守的各项规定，如蔬菜加工企业必须按规定定期、定量收购菜农生产的蔬菜产品等。价格调控指运用价格手段来约束合作双方的行为，如可以通过制定转售价格等方式来间接控制蔬菜的价格。在这种模式下，蔬菜加工企业与合作方的利益都可以得到稳定的保障。"一体化模式"是指蔬菜加工企业作为蔬菜供应链的核心企业利用自身资源优势，将蔬菜供应链前端企业和后端企业都纳入到蔬菜供应链体系中，使其成为一个庞大的虚拟企业，每个企业只相当于蔬菜加工企业的一个业务单元，由蔬菜加工企业对蔬菜供应链进行统一调配和管理。

（1）契约合作模式。契约合作模式包括蔬菜加工企业与后端蔬菜生产组织签订合约关系和与前端蔬菜销售组织签订合约关系两种情况。与后端蔬菜生产组织签订合约模式指蔬菜加工企业在对整个蔬菜供应链进行调控过程中，为了满足蔬菜加工的需要与广大菜农或各类蔬菜生产组织签订长期合作契约，明确规定蔬菜生产的数量、品质、价格、交付时间等内容，蔬菜加工企业为菜农提供技术支持和物资保障，菜农按合同标准向蔬菜加工企业提供所需的蔬菜产品，按照合同约定的价格达成交易。该契约合作模式，巩固了蔬菜加工企业与菜农的合作关系，降低了彼此之间的合作成本，在一定程度上保障了菜农的收入，提高了蔬菜供应链一体化的程度。与前端蔬菜销售企业签订合约模式指，蔬菜加工企业与蔬菜批发企业、零售企业签订合同，双方建立合作联盟关系，蔬菜加工企业独立建立蔬菜销售网络，实现蔬菜供应链向蔬菜销售市场延伸。

1）模式一："蔬菜加工企业+基地（合作社、协会）+菜农"模式。蔬菜加工企业与蔬菜供应链后端进行合作时，由于菜农人数较多且生产各自独立，无法形成统一的蔬菜生产标准，致使蔬菜加工企业与广大菜农合作成本较高，合作风险较大，双方难以达成一致的合作意愿。为了更好地提高蔬菜供应链合作效率，实践中主要采取了"蔬菜加工公司+基地（合作社、协会）+农户"的模式，紧密地联系各类蔬菜生产组织和菜农关系，保障蔬菜生产与加工的稳定合作，如图4-15所示。

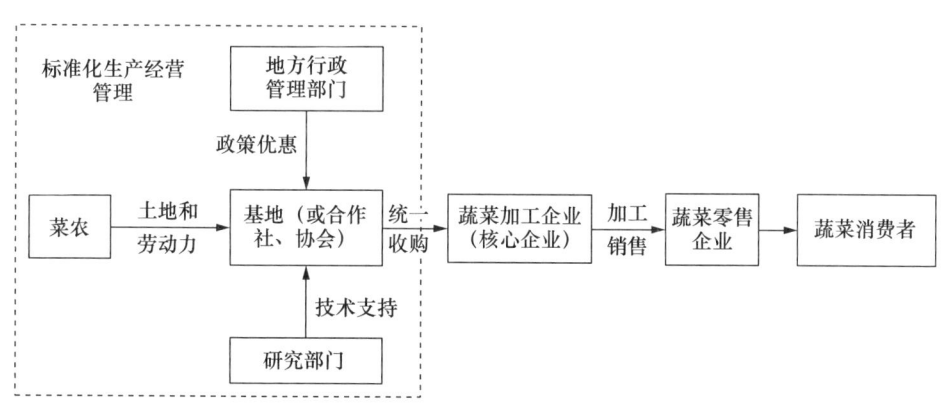

图4-15 "蔬菜加工企业+基地（合作社、协会）+菜农"模式

由图4-15可见，在地方政府部门政策引导和相关研究部门技术支持下，广大菜农积极加入到蔬菜生产基地、合作社或协会等蔬菜生产组织中，菜农向各类蔬菜生产组织提供土地或劳动力资源，各类蔬菜生产组织为菜农提供稳定的蔬菜生产环境，从而实现了蔬菜生产的规模化、标准化和现代化。其中包括统一采购

蔬菜原材料和设施设备，统一进行科技培训和指导，统一规范蔬菜生产流程，统一进行蔬菜收购和销售等。为了保障蔬菜品质和稳定的市场销售，各类蔬菜生产组织积极与大型蔬菜加工企业签订长期契约合同，由大型蔬菜加工企业统一向各类蔬菜生产组织采购蔬菜产品，既保障了蔬菜生产组织稳定的市场销路，又保障了蔬菜加工企业稳定的蔬菜原材料供应，实现了蔬菜第一产业与第二产业的高效融合。

2）模式二："蔬菜加工企业＋蔬菜销售企业"模式。在"蔬菜加工企业＋蔬菜销售企业"模式下，蔬菜加工企业与蔬菜销售企业之间可通过三种方式建立合作关系：契约合作式、联合管理式和控股管理式。契约合作式是指蔬菜加工企业与蔬菜供应链后端蔬菜销售企业通过签订供销协议，从而保障蔬菜加工产品市场销售的一种方式。联合管理式是指蔬菜加工企业与蔬菜销售企业本着合作共赢的原则，蔬菜加工企业参与到蔬菜销售企业的销售管理中，为蔬菜销售提供品牌和技术支持的一种合作方式。控股管理式是指蔬菜加工企业可以通过购买蔬菜销售企业股票的方式，成为蔬菜销售企业的主要股东，从而对其销售渠道进行影响和控制的一种合作方式。蔬菜加工企业可依据自身优势和其在蔬菜供应链中的地位选择更适合自己的合作方式，与蔬菜销售企业建立合作联盟关系，既为蔬菜销售企业提供了稳定的蔬菜产品供应，同时又使蔬菜加工企业可以根据蔬菜市场消费者需求变化信息，及时调整蔬菜生产品种和规模。通过蔬菜加工企业与蔬菜销售企业建立稳定的合作关系，可以加快蔬菜供应链销售信息的快速传递，从而依据市场需求优化蔬菜产品供给，提高企业销售利润。

（2）一体化模式。一体化模式是指以蔬菜加工企业为核心向前延伸、向后延伸，形成一体化的蔬菜供应链体系。即将蔬菜原材料或设备采购、蔬菜种植、蔬菜精深加工、蔬菜物流和蔬菜销售等流程都归并到蔬菜加工企业内部来管理，从而形成集生产、加工、销售为一体的蔬菜供应链虚拟企业。菜农以土地形式入股蔬菜加工企业，享受土地股份分红，并以农业工人的形式为蔬菜加工企业进行蔬菜生产，获取劳动工资。蔬菜虚拟加工企业拥有蔬菜生产基地、蔬菜包装加工部、蔬菜仓储运输部、蔬菜销售部、行政管理部等职能部门，分别开展蔬菜种植、蔬菜生产加工、蔬菜仓储与配送、蔬菜宣传与销售等活动。以蔬菜加工企业为核心的蔬菜供应链一体化模式可以利用蔬菜加工企业在信息、规模、技术和资金等方面的优势，有效调节蔬菜供需矛盾，降低蔬菜经营成本，从而赚取超额利润。但是蔬菜加工企业将蔬菜生产组织、蔬菜销售企业等企业都整合在一起统一进行管理，无疑加大了蔬菜加工企业的管理成本和运营风险；另外，蔬菜加工企业利用自身资源优势延伸到蔬菜生产、蔬菜销售等环节，虽然拓宽了企业经营范围，但却削弱了自身的核心竞争能力，从而造成规模的不经济。

三、以蔬菜物流企业为核心的供应链一体化运作模式

蔬菜供应链体系中的核心企业要将蔬菜产品的生产和销售链接在一起，其自身必须具备蔬菜供需信息发布的功能，具备蔬菜产品集散的功能，并使蔬菜供应链上的企业实现价值增值。从理论上讲，蔬菜供应链每一个环节的功能企业都可以成为核心主导企业，都具有各自的优势特点，而以大型蔬菜物流企业为核心的蔬菜供应链一体化体系构建将具有以下几点优势：

其一，蔬菜物流企业是蔬菜产品供应链的物流集散中心。大型蔬菜物流企业具有集聚和辐射的功能，可以集聚全国各地不同品类的蔬菜产品，交易后再将蔬菜产品运送到全国各地。从生产角度来看，各地蔬菜种植品种单一、分布比较分散，且季节性强；而消费环节，以家庭消费为主，蔬菜品种需求多样化，购买数量小而分散，具有常年消费的特点。如果缺少大型物流企业这一纽带环节，就会造成蔬菜交易次数频繁、交易成本极高、交易效率过低的情况，从而进一步加剧蔬菜供需之间的矛盾。

其二，蔬菜物流企业是蔬菜供应链的信息交换中心。由于蔬菜物流企业向后连接生产企业，向前连接销售企业，处于信息交汇的中心，再加上其多样化的信息联通手段，可以充分发挥信息中心的作用，将蔬菜供需信息进行搜集、加工整理和发布。在信息传递过程中，蔬菜供应链前端销售企业搜集、整理各种蔬菜需求信息，经过各种途径传递到蔬菜物流企业，蔬菜物流企业将蔬菜需求信息分解处理后形成蔬菜采购订单，发送给蔬菜供应链后端蔬菜生产组织。各类蔬菜生产组织按照蔬菜需求订单制定生产计划组织蔬菜生产，并根据蔬菜生产情况将蔬菜供给相关信息发送给蔬菜物流企业，蔬菜物流企业将信息汇总整理后反馈给蔬菜销售企业。在蔬菜供应链信息传递过程中，蔬菜信息质量的高低直接影响到蔬菜流通的效率，因此要想实现蔬菜物流的快速畅通，就必须保障蔬菜信息传递的质量。

其三，蔬菜物流企业是蔬菜供应链的调节中心。由于蔬菜物流企业是蔬菜供应链的物流集散中心和信息发布中心，大量的蔬菜供给信息、蔬菜需求信息在蔬菜物流企业汇集并发布。当地政府和相关部门为了更好发挥蔬菜物流企业的物流功能，通过政策引导、技术支持和资金资助等手段，为蔬菜物流企业提供物质和服务保障，从而促进蔬菜供应链一体化的健康发展。

其四，蔬菜物流企业正在成为蔬菜供应链的结算中心。我国多数大型蔬菜物流企业已逐步放弃现金交易方式，采用电子统一结算方式。电子结算方式简便快捷，安全性好，解决了现金结算方式多年来无法克服的问题。在整个电子结算过程中，蔬菜在生产、流通和销售等各个环节之间所发生的交易信息都存入电脑，通过电脑对蔬菜流通过程中每个环节进行监督和控制，杜绝了违规蔬菜交易行为的发生。大大提高了资金结算效率，充分保障了资金交易的安全。

综上所述，由于蔬菜物流企业在蔬菜供应链一体化中逐步成为蔬菜交易的物流集散中心、信息中心、协调中心和结算中心，因此以蔬菜物流企业为核心构建蔬菜供应链一体化体系将具有重要意义。

1. 以蔬菜物流企业为核心的供应链一体化分析

以蔬菜物流企业为核心实现蔬菜供应链一体化发展，必须处理好蔬菜物流企业与蔬菜生产组织、蔬菜销售组织之间的关系，从而保障蔬菜产品从菜农到城市消费者手中的快速流通，具体分析如图4-16所示。

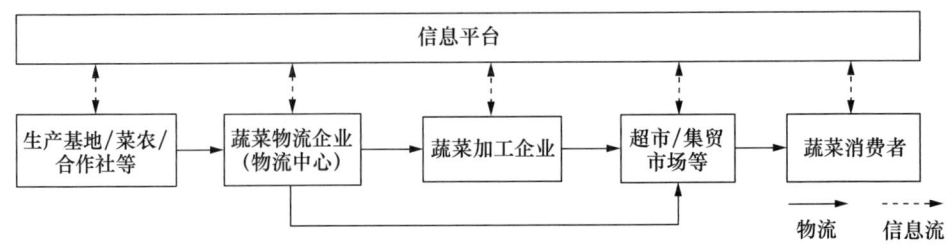

图4-16 以蔬菜物流企业为核心的供应链一体化模型

由图4-16可见，要以蔬菜物流企业为核心实现蔬菜供应链一体化运作，必须具备以下几点条件：

(1) 菜农参与到各类生产组织中，形成蔬菜规模生产。我国多年来蔬菜种植一直以小农式家庭生产为主，蔬菜生产规模小、成本高、组织分散，造成我国蔬菜产业在生产前端缺乏竞争力，无法在蔬菜品质和数量上保障广大城市市场对蔬菜的需求。为了实现蔬菜产业的规模化和标准化经营，必须将广大零散的菜农组织起来，加入到蔬菜专业合作社和蔬菜协会等中介组织中，形成利益共享、风险共担的合作联盟关系，不仅避免了蔬菜物流企业与单个菜农进行重复交易的风险，还提升了菜农抗击市场风险的能力。另外，由菜农参与形成规模化的生产组织模式后，可按照统一的标准和流程进行蔬菜生产，不仅提高了蔬菜种植效率，降低了蔬菜生产成本，而且可以充分保障蔬菜生产的品质。各类蔬菜生产组织的利益保障了，菜农的利益才可以得到实现。

(2) 具有灵活多变的信息处理系统。随着互联网技术的快速普及与应用，信息网络在蔬菜供应链中发挥着越来越重要的作用。要实现以消费者需求为中心的高效率蔬菜流动，离不开完善的信息处理系统。首先，通过信息处理系统为蔬菜供应链后端的每个蔬菜生产基地建立信息档案库，记录蔬菜生产基地蔬菜种植的品种、规格、时间、产量等信息，以便及时对蔬菜供应的状况进行监控；其次，运用信息处理系统，及时搜寻消费者需求变化的数据，并对数据进行处理分析，预测消费者需求变化的规律和趋势，做出快速、及时的响应。

(3) 完善的物流配送体系。蔬菜易腐烂的特性对蔬菜流通提出了更高的要求，要求在蔬菜供应链运作过程中，一方面要优化运作流程，减少流通环节，另一方面要开发蔬菜物流功能，提高蔬菜物流效率。作为连接蔬菜生产与销售的枢纽，蔬菜物流企业向前延伸，与蔬菜生产组织紧密融合，对蔬菜进行采摘、拣选、包装等物流操作，方便蔬菜运输；在蔬菜物流企业内部，对蔬菜进行简单加工、存储等操作，提升蔬菜价值；向后延伸，与蔬菜销售企业合作，按市场需求实现对蔬菜的及时配送。总之，蔬菜物流企业物流功能的开发可极大降低蔬菜流通成本，提高蔬菜供应链的竞争力，同时也为蔬菜电子商务的发展提供坚实的保障。

(4) 蔬菜物流企业所经营的蔬菜要保障高品质和安全性。蔬菜供应链运作过程中仅实现快速高效是远远不够的，还需要充分保障蔬菜产品的高品质和安全性。如果供应链蔬菜的质量得不到保障，即使供应链运作效率再高，仍然要被市场所淘汰，最终导致蔬菜供应链的断裂，蔬菜供应链每个环节企业的利益将无法得到保障。因此，建立全程可追溯的质量安全保障体系，确保蔬菜在供应链各个环节都保持良好的品质，对实现蔬菜供应链的稳定运行将至关重要。

（5）必须有政府的扶持。实行蔬菜供应链一体化建设，仅仅依靠单个蔬菜物流企业自身的力量是远远不够的，需要通过各级政府在资金、政策、税收等方面给予蔬菜物流企业以强有力的支持。另外，各地政府还可以通过积极引导的方式，吸引更多有实力的物流企业参与到蔬菜物流产业的发展中来，并联合多家蔬菜物流企业形成联盟，建设大型蔬菜物流园区，推动蔬菜物流产业形成规模效益。

2. 以蔬菜物流企业为核心的蔬菜供应链一体化建设

（1）蔬菜供应链物流配送功能建设。蔬菜供应链体系中物流配送模式主要有以下三种：

其一，蔬菜生产组织直接配送。这里指各类蔬菜生产组织包括蔬菜专业合作社、蔬菜专业协会或蔬菜生产基地企业等，直接承担物流配送功能，按照蔬菜销售企业的采购订单将蔬菜直接运送至目的地的配送模式。由于蔬菜生产组织配送能力有限，该模式已较少运用。

其二，蔬菜零售企业自营配送。蔬菜零售企业自营配送模式是指蔬菜零售企业自己建立蔬菜配送体系实现对大客户的配送业务，该配送体系直接与客户接触，可以建立与客户之间密切的关系，充分保证蔬菜配送的质量。但自建配送网络需要加大企业投入，如果达不到一定的配送规模或配送效率低下都将造成蔬菜零售企业成本加剧。

其三，第三方蔬菜配送模式。第三方蔬菜配送模式是指蔬菜生产组织或蔬菜销售组织都无法建立独立的蔬菜配送系统，而将蔬菜配送业务外包给专业的第三方物流公司来经营的一种蔬菜配送模式。该配送模式转移了配送成本或风险，但失去了对终端消费者的影响和控制。

由于蔬菜产品配送企业的规模一般较小并且布局分散，各蔬菜配送企业之间各自独立，缺少有效配合，配送信息无法实现共享，造成蔬菜配送企业配送网络建设不完善，在蔬菜配送过程中，以单个企业独立配送经营为主，企业间的配送资源无法统一调配使用，企业配送设备利用效率低，企业之间恶性价格竞争严重，致使蔬菜配送企业配送成本偏高，配送效率低下。另外，蔬菜信息处理水平还较低,信息在整个蔬菜供应链中传递速度较慢,致使蔬菜配送效率受到影响,制约了蔬菜配送行业的快速发展。

因此,在蔬菜供应链管理过程中,应当将蔬菜物流配送企业整合到蔬菜供应链体系中,形成物流配送联盟。以蔬菜物流企业作为核心,利用其自身雄厚的物流资源,为蔬菜供应链参与企业提供信息、运输、仓储服务,并最终将蔬菜产品配送至蔬菜零售企业,从而实现蔬菜供应链一体化运行。蔬菜供应链一体化整合后,蔬菜生产组织专注于蔬菜生产和品种改良,蔬菜物流企业专注于信息传递与物流功能开发,蔬菜销售企业专注于蔬菜的推广与销售,并通过相互之间的合作实现蔬菜供应链的融合发展。

(2)蔬菜供应链信息共享建设。传统家庭式蔬菜生产模式以菜农分散种植为主,蔬菜供给信息收集比较困难,传递中遇到诸多障碍;同时,城市蔬菜零售终端多以农贸市场销售为主,对零售消费者需求信息缺少统一的汇总。结果造成蔬菜供需信息严重不对称,蔬菜供需之间的矛盾长期得不到有效解决。在蔬菜供应链一体化体系中,蔬菜物流企业作为连接蔬菜生产和销售的桥梁和纽带,通过构建蔬菜供应链信息共享平台,实现蔬菜供应链节点企业之间的信息共享和协调发展,从而增强蔬菜供应链综合竞争的能力。蔬菜供应链一体化的整合关键取决于蔬菜供应链信息共享的水平。蔬菜信息共享水平越高,蔬菜供应链运作效率便越高。

为满足蔬菜供应链管理的需要,以蔬菜物流企业为核心的蔬菜供应链一体化信息系统需要具备以下几方面功能:

其一,蔬菜信息的整理分析功能。主要包括蔬菜信息的导入、传递、汇总、导出、分析等功能。

其二,蔬菜交易功能。蔬菜交易是蔬菜供应链管理的一项重要内容,通过蔬菜供应链信息系统的电子交易平台可有效促成蔬菜供需双方的交易。在交易过程中,买卖双方发布供需信息,经过双方协商达成意愿后统一进行结算,既简化了交易手续,又提高了交易效率。

其三,仓储管理功能。首先,充分发挥仓储管理的调节功能,根据蔬菜供给与需求市场之间的差距及时调整蔬菜仓储规模和品种;其次,充分挖掘市场需求信息,促进蔬菜产品销售,帮助蔬菜生产组织解决大量库存积压;最后,利用先进的信息技术手段,对库存蔬菜产品进行实时监控,充分保障蔬菜产品的品质。

其四,全面配送功能。利用蔬菜物流企业广泛的配送网络和强有力的运输资源,其对蔬菜供应链的供需信息进行优化处理,根据市场蔬菜需求信息的状况,合理调度车辆,选择配送线路,以实现配送蔬菜在最短时间到达配送地点。

其五,未来需求推测功能。蔬菜物流企业运用所积累的大量蔬菜交易历史数据,建立量化预测模型,对未来市场蔬菜需求变化的规律进行分析和推测,从而为蔬菜生产组织、蔬菜物流企业和蔬菜销售企业等的未来管理决策提供参考。

其六,物流决策分析。蔬菜物流企业通过蔬菜信息平台对蔬菜供应链一体化过程中的蔬菜生产、蔬菜流通和销售等环节进行信息加工和处理,包括蔬菜各项业务功能的分析、蔬菜历年销售量的统计、蔬菜流通绩效的评价等,从而为蔬菜物流企业进行各项业务决策提供参考。

(3)蔬菜供应链一体化决策机制建设。以蔬菜物流企业为核心对蔬菜供应链一体化进行整合过程中主要应做好以下几方面工作:

其一,转变观念,保障蔬菜供应链一体化整体利益。以蔬菜物流企业为核心的蔬菜供应链一体化建设是一个复杂工程,需要蔬菜供应链各环节企业通过蔬菜物流企业的联系整合在一起,形成虚拟一体化的企业集成模式。我国现有蔬菜供应链上的节点企业间联系并不紧密,要实现蔬菜供应链一体化建设,除了需要解决蔬菜供应链企业间技术层面的问题外,关键是培育蔬菜供应链节点企业一体化发展的意识,调动蔬菜供应链节点企业参与供应链一体化规划和实施的积极性。使供应链节点企业由过去关注自身利益逐步向关注供应链一体化整体利益转变,以保障蔬菜供应链体系的供需均衡。

其二,加强蔬菜供应链一体化的软件与硬件建设。蔬菜供应链一体化建设需要加强软件与硬件的投入,并且实现融合性发展。硬件投入是指实现蔬菜供应链一体化运行各项功能所必需的仓储、交易、运输、信息处理等设备投入。软件投入是指在蔬菜供应链一体化体系中,在硬件投入的基础上所提供的信息处理、方案设计、配套服务等问题解决方案。只有通过软件与硬件的融合建设才能推动蔬菜供应链一体化的快速发展。

(4)蔬菜供应链一体化绩效评价机制建设。蔬菜供应链一体化发展经历多个不同的阶段,每个阶段影响蔬菜供应链一体化发展效率的因素是不同的,为了更好地诊断蔬菜供应链一体化发展中存在的问题,需要建立一套完整的蔬菜供应链一体化评价指标体系,运用量化的科学评价方法对蔬菜供应链进行评价,找出其一体化运行过程中存在的不足方面,从而有针对性地提出解决方案,使蔬菜供应链一体化沿着正确的方向发展。

(5)蔬菜供应链一体化合作机制建设。要实现蔬菜供应链一体化的持续稳定发展,必须通过蔬菜供应链参与企业之间的紧密合作实现共赢发展。蔬菜供应链合作机制需要整合蔬菜供应链企业内外部资源,与相关企业建立长期战略伙伴关系,从蔬菜原材料或设备采购,到蔬菜种植、采摘,再到蔬菜流通和销售,形成一体化的供应链合作体系,降低了企业间合作成本,实现蔬菜规模化、标准化和精准化的经营。另外,蔬菜供应链合作机制的建设使企业间信息共享成为可能,通过销售市场直接获取消费者蔬菜需求信息,并形成订单信息及时反馈给蔬菜生产企业和加工企业,并与蔬菜物流企业共享,使蔬菜供应链随着蔬菜市场的变化能够柔性地做出调整,进一步加强了蔬菜供应链企业间的合作关系。

3. 案例分析

中国寿光农产品物流园是由香港旺益集团投资在原寿光蔬菜批发市场的基础上建成的,物流园总投资约20亿元人民币,每年交易各类瓜果、蔬菜和农副产品约120亿斤,辐射全国乃至多个国外市场,为社会解决近万人的就业岗位,是我国功能最全、交易规模最大的农产品物流园。

园区位于寿光市北部,处于我国南北蔬菜调运的枢纽地区,交通便利。以"提升寿光蔬菜品质,丰富城市菜篮子工程"为园区定位,将"物流带动农产品"作为战略方针,打破原有农产品批发运输方式,通过科学规划,建设集蔬菜交易、存储、信息发布和运输为一体化的先进物流园区模式。

寿光农产品物流园充分利用现有优势资源,对农产品批发市场进行改造升级,打破过去地域式竞争格局,建设跨行业、跨地区的农产品物流中心,从而实现农产品向标准化、品质化、国际化迈进。2015年蔬菜日交易量2000多万公斤,交易额近4000万元,辐射全国20多个省份。

园区规划设计现场交易区、网络交易区、农业原料或设备交易区、农产品拣选处理区、农产品配送区及生活服务区六大功能区。将蔬菜等农产品流通过程中所发生的交易、仓储、运输、信息服务等功能整合在一起,力求为蔬菜供应链企业提供一站式的服务方案,其特点如下:

(1)空间开阔,大进快出。园区理货区建筑面积共132000平方米。在综合理货区同时设置了大量的商业配套设施、服务设施以及综合办公楼、综合服务楼。齐全的配套设施为园区提供更多的理货服务保障,使园区整体服务效率显著提升。园区中的交易区拥有交易大厅六座,是蔬菜等农产品交易的集中场所,建筑面积达14万平方米,大厅纯高度达10米,全部为钢架结构,可以满足大型蔬菜运输车辆的进出交易。

(2)配套齐全,多元服务。物流公司建筑面积达8800平方米,是联系理货区和运输队之间的纽带,促进市场运作。电子交易厅建筑面积达6300平方米,内部配备先进的电子交易软件和交易信息反馈软件,可以实现蔬菜交易的信息采集、交易结算、安全管理等功能。汽车旅馆建筑面积达24000平方米,为外地长途司机提供休息场所。汽车维修区、配件区建筑面积达16000平方米,为蔬菜运输车辆提供急需的车辆维护、零配件更换、车辆清洗等方面服务,充分保障车辆行驶的安全。蔬菜及农副产品检验检测中心建筑面积3000余平方米,检测项目涵盖国内大部分农产品,检验能力达到国内领先水平。超大型停车场近100000平方米,规划布局合理,进出方便,既充分满足现代物流的需要,又缓解了市区内停车难问题。业主仓库使用面积达2.73万平方米,安装全方位的安保监控设备,提供24小时全天服务。降温区设有冷库和制冰厂,冷库建筑面积达46000平方米,制冰厂日产冰瓶可达70万瓶,为广大商户提供商品降温保鲜服务,有效地保证了商户的经营需要。多元化、全方位的服务设施在为广大商户提供无限便利、帮助其提升盈利的同时,也有利于物流园交易品种从蔬菜、水果等植物类农产品向冷冻食品等高端农产品延伸。

(3)优质源头,品牌竞争。农资区建筑面积达12800平方米;种子市场为大厅式设计,建筑面积达5300平方米,种子来源以专家育种为主导,确保品种技术领先。同时,美国、加拿大、荷兰、以色列等多个农业大国的知名种子公司代理商已进驻园区,不仅从源头上保证了质量,还减少了农资产品流通费用。另外,农资区的设立大大补充了市场配套交易,完善农产品物流园的园区功能。形成产供销的一条龙式产业链,完成一站式经营体系的建立。使农产品在产业链中的每一个环节都上升到品牌竞争的高端层次,通过"只比价值,不比价格"的定位,加强品牌推广力度,严格要求产品品质,使农民、商户、企业、消费者的利益都得到保障和提升。

(4)交通便捷,布局合理。园区设计采用分区分离的方式进行交通组织,各类人流、车流、货流经过不同的入口分别管理。园区中央建设一条环形货运通道,与环形通道相连有多条分支道路延伸到各功能区域,道路规划合理,充分考虑了每一交易种类车流线路、交易高峰、交易流量的因素,充分保障了各商户的经营需要。采用可以自行疏导的环形设计理念,既有效避免了大量物流车辆拥堵的情况,又遵循了科学合理、新颖独特的设计宗旨,是园区最有特色的设计之一。有效保证了园区内部交通有序、畅通。园区交通采用专业环保观光车为主,确保高效便捷。

(5)一卡结算,立体安防。园区基于以客户需求为导向的服务理念,以智能卡为电子媒体,集电子工程技术、计算机软件工程技术、微电脑技术等高科技信息技术于一体,园区与中国农业银行结成战略伙伴,强强联手为园区商户量身打造一卡通式贴心服务。使用 IC 卡进行蔬菜交易,在完成交割的同时同步进行资金结算,方便快捷,并且安全可靠。一卡通的使用规范了物流行业的金融秩序,提高了商户资金转账和资金管理的效率,为交易双方提供了安全、方便、快捷的服务,促进了物流企业规范健康的发展,并可对客户的交易、经营和财务状况进行监督。同时实现了结算、金融、信贷、收税、收费一体化管理,充分体现多用性、兼容性的特点,使商户充分享受现代科技带来的便利和安全。另外,园区配有 24 小时全天候监控安保系统、消防系统、周界报警系统、电子巡更系统、自动报警安防系统等,以便全面监控物流园日常运行,及时掌握并迅速处理相关事宜,确保物流园安全高效运作。

(6)先进现代,优化资源。园区采用 ERP 管理平台,优化园区物流资源,改善园区业务流程,使园区的整体运作更具现代化,服务功能更完善,提高了园区核心竞争力。为了保障园区蔬菜信息的快速畅通,园区还设置了多个功能部门,提供更及时、准确的农产品需求信息,实现了市场内经营的信息化。电子商务的运作实现了网上远程交易,计算机综合管理功能实现了办公自动化,满足了大型现代化农产品物流园的要求。另外,建立符合园区实际情况的信息系统及全国农产品市场信息采集发布系统,为国家和社会提供及时、准确的农产品市场信息,引导了农业生产结构调整、增加了农民收入。

(7)电子交易,方便快捷。寿光蔬菜电子交易市场作为全国第一家鲜活农产品和蔬菜网上交易市场,一直立足于打造第三方电子商务交易平台。菜农可根据网上交易订单,先将蔬菜卖出后,再开始安排种植,大大降低了市场风险。未种先卖、未收先卖，已经造就了寿光蔬菜电子交易市场的巨大吸引力。通过其遍布全国的信息网点，能从生产、储存、加工、销售、出口诸多环节，为广大菜农和蔬菜经纪人采集到准确、及时、全面的市场信息，增强了菜农或经纪人进行蔬菜经营的信心。电子交易还加快了农产品的流通速度，降低了流通成本，避免了烦琐的现货交易程序。菜农在网上交易只需 0.5 秒，交易手续费仅是传统蔬菜批发市场的百分之一，并且可以实现就近提货，既节省时间，又节约交易与运输成本，越来越多的菜农成为蔬菜电子交易市场的操盘者和受益者。

寿光农产品物流园的发展目标就是要在国内农产品批发市场面临建设无序、恶性竞争的局面下，充分发挥自身的集聚效应和品牌影响力，整合农产品交易资源，构建遍布全国的农产品交易市场网络，真正做到立足中国、冲出亚洲、走向世界。

第五章
我国城市蔬菜供应链一体化运作效率评价

第四章分别从生产环节蔬菜生产组织模式建设,流通环节蔬菜供应链节点企业合作关系建立,销售环节蔬菜销售策略制定等方面进行了分析,并针对三类不同核心企业研究了蔬菜供应链一体化运作的模式。本章将对城市蔬菜供应链一体化运作过程分析的基础上,进一步对城市蔬菜供应链一体化运作效率进行评价研究。

首先,阐述蔬菜供应链一体化运作效率的基本概念与内涵;其次,构建城市蔬菜供应链一体化运作效率评价指标体系,并对各关键指标进行说明;再次,运用层次分析法对效率评价体系各指标进行赋权,并运用模糊综合评价法对我国城市蔬菜供应链一体化运作效率进行评价;最后,对效率评价结果进行分析。

第一节 城市蔬菜供应链一体化运作效率的概念

蔬菜供应链一体化运作效率,是指蔬菜供应链的主导企业与相关链接企业之间在建立相互合作信任的基础上,通过一体化的协作将供应链整合为一个有机整体,最终实现供应链的整体利益最大化。

蔬菜供应链形成一体化虚拟组织后,它必然拥有一定的蔬菜产品、人才、资金、信息等资源,并希望通过对这些稀缺资源的优化配置,以达到蔬菜供应链一体化组织高效率运作的目标。蔬菜供应链主导企业凭借其拥有的核心优势资源，通过向前和向后整合相关企业资源，实现整个蔬菜供应链一体化运作。为了实现整个蔬菜供应链的高效率运作，除了需要满足供应链主导企业利益外，还要协调好供应链相关企业之间的合作关系，充分保障参与企业的利益。在对整个蔬菜供应链企业间利益协调过程中，对供应链稀缺资源和利益的合理分配是关键。而要解决这个问题，则必须要清楚哪些相关企业能够在获得这些资源后，通过有效融入蔬菜供应链一体化体系中，最大化发挥蔬菜供应链运作效率。因此我们可以认为，蔬菜供应链一体化运作效率的高低，是通过对蔬菜供应链一体化虚拟企业间合作的具体组织过程得以实现的。即我们可以通过蔬菜供应链一体化虚拟企业间组织过程的一些具体结果来评价蔬菜供应链一体化运作效率的高低，如蔬菜物流效率、蔬菜性价比、蔬菜供需信息流通效率等具体指标。

第二节 城市蔬菜供应链一体化运作效率评价指标体系

一、指标选取原则

对城市蔬菜供应链一体化运作效率进行综合评价的首要任务是系统、科学、准确、全面地构建出评价指标体系。评价指标体系构建的合适与否是一项涉及内容较多且十分复杂的问题，因此，为确保所选评价指标的科学性、规范性以及可参照性等标准，在选取评价指标时必须遵循一定的筛选原则。

1. 系统性原则

对我国城市蔬菜供应链一体化运作效率评价指标的筛选，需在统筹兼顾长期与短期发展平衡以及全局和局部相统一的基础上，全面、系统地反映出城市蔬菜供应链一体化运作效率状况。因此，关于该问题评价指标的筛选是一项十分复杂的工作，而且其同时包含众多相互关联的影响因素。为实现全面、客观、真实地反映出我国城市蔬菜供应链一体化运作效率水平，在对评价指标进行选择时必须将各个影响因素系统、全面地考虑在内。

2. 科学性原则

该原则的核心是指所选用方法是否具有科学性，是否能够在全面、客观地反映出城市蔬菜供应链一体化运作效率评价的同时，提取出对其核心本质的认识。

3. 关联性原则

所谓关联性是指所选的评价指标与评价内容、最终目标的关联性以及各评价指标间存在的关联性。针对城市蔬菜供应链一体化运作效率评价指标体系是一个有机的整体，并由一系列相互间具有内在逻辑关系的评价指标构成，并不是由数个指标随机组合而成。评价指标与最终的评价目标间的关联性越强，评价结果的可靠性与真实性才越强。评价指标间的关联性可在一定程度上弥补单个指标所反映内容的局限性，但同时需避免各个指标所代表内容和意义的重复性。

4. 实用性原则

所选择的评价指标应大小适中且便于计算，同时要考虑到评价指标所涉及数据资料在收集时的难易程度，并且要确保所收集数据的准确性与真实性。

5. 可比性原则

该原则的前提和基础是指所选择的评价指标可以反映出评价对象的唯一性属性。评价指标的确定在考虑能够准确地体现出城市蔬菜供应链一体化运作效率唯一性之外，还要同时兼顾其共同性。

二、评价指标体系构建与指标说明

为科学合理地对我国城市蔬菜供应链一体化运作效率进行评价，本书基于我国城市蔬菜供应链一体化运作的实际，参考大量国内外相关文献，从生产组织化程度、合作水平以及核心企业组织能力三个层面构建一级指标，并分别对三个一级指标进行分解，构建多项二级指标，进而形成城市蔬菜供应链一体化运作效率评价指标体系，见表5-1。

表5-1 城市蔬菜供应链一体化运作效率评价指标体系

目标层	准则层	指标层
城市蔬菜供应链一体化运作效率水平	生产组织化程度	生产设施设备
		技术培训
		管理标准
		销售组织能力
		采购、收购组织能力
	合作水平	环境不确定性
		合作意愿
		物流水平
		信息化水平
	核心企业组织能力	组织强度
		资源掌控力度
		企业发展能力
		链接的敏捷性
		链接的稳固性

如表5-1所示，分别对评价指标体系中各项指标进行说明。

1. 生产组织化程度指标

生产组织化程度是指蔬菜生产单位进行蔬菜生产的集中化程度。该指标是反映城市蔬菜供应链一体化运作效率高低的一项关键指标。一般认为，生产组织化程度越高，城市蔬菜供应链一体化运作的效率就越高。为了更好地反映城市蔬菜生产组织化的程度，本书进一步将该指标分解成五个可衡量的二级指标，包括生产设施设备，技术培训，管理标准，组织销售能力，采购、收购组织能力。生产设施设备可以用来衡量借助生产工具进行蔬菜机械化生产的能力，反映了蔬菜生产的机械化效率。技术培训指菜农接受蔬菜技术培训的情况，反映了蔬菜种植的科技水平。管理标准指蔬菜生产过程中所遵守的生产种植规范和操作流程，反映了蔬菜生产过程中管理效率的高低。组织销售能力指蔬菜生产组织拥有稳定销售渠道的能力，反映了蔬菜生产组织销售效率的高低。采购、收购组织能力指蔬菜生产组织统一采购蔬菜相关原料，包括种子、化肥、农药等，并集中收购蔬菜产品的能力。其反映了蔬菜生产组织在采购、收购环节效率的高低。

2. 合作水平指标

合作水平是指在蔬菜供应链体系中，相邻蔬菜供需企业间合作的程度。该指标是反映城市蔬菜供应链一体化运作效率高低的另一项关键指标。一般认为，蔬菜供应链企业间合作关系越密切，城市蔬菜供应链一体化运作的效率就越高。为了更好地反映蔬菜供应链企业间的合作水平，本书进一步将该指标分解成四个二级指标，包括环境不确定性、合作意愿、物流水平、信息化水平。环境不确定性指蔬菜供应链企业间在合作过程中，受政策改变、气候异常、科技创新等外部不可控因素影响的程度，一般认为，环境不确定性越大，蔬菜供应链企业间合作的水平越低。合作意愿指蔬菜供应链相关成员之间在实现合作的过程中双方想要维持长期合作关系的意向程度，反映了双方企业互相依赖的程度。物流水平指蔬菜供应链企业间配运送蔬菜产品的能力，一般物流水平越高，蔬菜供应链企业间合作的成本越低，双方合作关系越密切。信息化水平指蔬菜供应链企业间使用相关电子媒介进行数据交流的程度，一般信息化水平越高，双方越容易形成稳定的合作关系。

3. 核心企业组织能力指标

核心企业组织能力是指在蔬菜供应链体系中，拥有核心竞争资源的企业对其他企业进行组织和控制的能力，该指标是反映城市蔬菜供应链一体化运作效率高低的第三个关键指标。一般认为，蔬菜供应链核心企业组织能力越强，城市蔬菜供应链一体化运作的效率就越高。为了更好地反映蔬菜供应链核心企业的组织能力，本书进一步将该指标分解成五个二级指标，包括组织强度、资源掌控力度、企业发展能力、链接的敏捷性、链接的稳固性。组织强度指蔬菜供应链核心企业对其他企业的影响程度，一般认为核心企业组织强度越高，其对供应链其他企业的影响程度就越高。资源掌控力度指蔬菜供应链核心企业掌握供应链关键资源的能力，其反映了蔬菜供应链核心企业市场竞争的能力，一般认为资源掌控力越高，其在蔬菜供应链中的竞争优势越突出。企业发展能力指核心企业作为独立节点的增值能力,是其上下游供应链节点企业选择核心企业作为合作伙伴的参考。一般核心企业发展能力越强,其对蔬菜供应链其他企业的吸引能力越强。链接的敏捷性指蔬菜供应链核心企业有效、快速地响应外部刺激,及时获取信息,适应环境,以低耗快速的方式完成链接的能力。一般认为,链接的敏捷性越高,蔬菜供应链核心企业组织其他合作企业的能力就越强。链接的稳固性指核心企业与其他关联合作企业之间建立长期稳定合作关系的程度,一般认为,链接的稳固性越好,核心企业与其他企业间越易建立长期稳定的合作关系。

第三节 评价方法的选择

一、层次分析法

层次分析法(Analytic Hierarchy Process,AHP),由美国运筹学家 T. L. Saaty 于 20 世纪 70 年代正式提出。作为一种层次化、系统化的定性与定量分析相结合的决策方法,AHP 尤其适用于无法完全定量化分析的决策问题,该方法的计算过程反映了人类决策的基本特征:判断、分解、综合,同时该方法也易于掌握和应用,是对一些较模糊和复杂的问题做出决策时的有效方法。AHP 完整诠释了系统综合与系统分析的核心思想,基于对复杂决策问题的影响因素、问题本质以及内在关联性的分析,通过定量化信息实现决策的科学化,进而提升多属性决策问题的决策效率与精度。AHP 兼具专家打分法在定性分析方面的优势和数学模型在定量分析方面的优点,可以计算出各层次评价指标在蔬菜供应链一体化运作效率评价体系中的比重,非常适合于同时具有定量指标和定性指标的评价领域,较好地弥补了单一定量或者单一定性分析的不足。

二、模糊综合评价法

模糊综合评价法(Fuzzy Comprehensive Evaluation,FCE)是由美国加州大学

伯克利分校自动控制专家 L. AZdah 于20世纪60年代提出的。FCE 是以模糊数学为基本工具，通过充分考虑各种与评价对象相关的影响因素，对评价对象所做出的综合评价。其基本原理是首先计算出各项指标或者相应指标所构成的指标集合的权重，其次将影响评价对象的各类因素按照从优至劣的顺序划分出各个等级，最后对形成的模糊判断矩阵实行模糊运算，以计算得出具体的量化评价结果。在模糊运算过程中，通过 AHP 对各指标的权重进行确定，首先基于一定的标度基准对各指标进行两两判断并构建出判断矩阵，其次在各指标相对重要度计算结构的基础上确定权重向量。FCE 具有模糊性、层次性以及定量性的特征。所谓模糊性是指 FCE 法的最终评价结果是集合的形式，相对于传统的点值域，向量集合在描述评价对象的模糊性方面具有明显优势，因此，FCE 的最终结果具有较高的信息质量。所谓层次性是指 FCE 的核心在于多指标的综合评价处理，因此为确保评价模型的有效可行，基于指标间普遍的关联性，应对指标体系的层次性进行多层分级分析，以此来构成评价指标的分级体系。所谓定量性是指由于 FCE 是对评价对象各个不同方面进行衡量的评价模型，因此各评价指标之间的本质特性、评价尺度以及价值体系是不尽相同的。对于可量化的评价指标其评价值可以通过计算或者模拟得出；对于可调查性的评价指标可以在评价标准等级的确定基础上，对所有评价值的调查结果进行汇总分析，最后以平均值作为指标的评价值；对于经验性的指标由于其可量化测量方面的缺乏，因此最有效的办法是通过相关专家或者管理者依据其多年的经验来对指标进行评价打分，结合模糊数学理论，在上述基础上运用最大隶属度原则确定评价值。

基于对蔬菜供应链一体化评价指标体系的分析可知，单一的定量分析或定性分析均无法满足建设蔬菜供应链一体化运作效率的评价要求，因此必须将定量与定性评价方法相结合，科学合理地对蔬菜供应链一体化运作效率进行评价研究。通过对蔬菜供应链建设评价的复杂性、多面性和系统性的认知，可以判断出传统的数学统计分析方法并不适合于此评价对象，因此必须将数学分析结合到模糊数学的分析中。首先，考虑到蔬菜供应链一体化运作效率评价中各评价指标的权重性，即评价指标体系中的各项指标和各层次的权重互不相同。因此，在分析各影响因素具有不同权重的基础上，须对蔬菜供应链一体化运作效率做出综合评价。模糊数学所具有的隶属度概念、模糊变换等方法恰好适用于蔬菜供应链一体化运作效率评价中所含有的综合性、权重性以及模糊性等特点。其次，在蔬菜供应链建设评价研究中，本书应遵循客观、科学、合理以及综合评价的原则，FCE 在评价过程中有效地考虑了评价对象的定量化分析、实践的可操作性以及权重计算的全面性与差异性等特点。像生产组织化程度建设这类指标，在对其评价过程中难以用绝对的好与坏进行区分，而 FCE 在对多指标进行综合评价时却具有良好的可操作性，通过对模糊因素的界定，FCE 可以有效地处理评价过程中的模糊性与不确定性问题。定性指标的评价分析可以借助于模糊统计、隶属函数的方法进行定量化分析，实现了定性与定量分析的结合。FCE 可以克服多层次、多因素的评价问题，评价结果以向量组的形式表示，可以包含较多的信息，解决了传统数学分析结果非此即彼的缺陷。

基于上述分析，将模糊综合评价与层次分析法相结合的 AHP – FCE 应用于蔬菜供应链一体化运作效率评价中是切实可行的。根据蔬菜供应链一体化运作的特点，与 AHP – FCE 主要特征相结合，我们可以对蔬菜供应链一体化运作效率进行有效评价，并得到最终的评价结果。

三、AHP – FCE 评价方法确定

1. 基于层次分析法的评价指标权重确定

影响蔬菜供应链一体化运作效率的因素较多，且各个影响因素间具有一定的关联性，评价指标同时具有模糊性，并且各个评价指标的相对重要程度没有统一的计量标准，造成指标权重确定上的难度。为确保指标权重科学性和有效性，本书采用基于德尔菲技术的层次分析法对各个评价指标的相对重要度两两评分，并通过集结专家组的意见最终确定出指标的权重，为得到准确有效的结果，需同时对指标权重进行反复的反馈与修改，有效克服主观因素对指标权重确定的影响。

基于指标体系中各指标间的层次递进关系并根据层次分析法确定指标权重的原则，计算目标对象中各层级评价指标的权重。各层级指标权重的计算过程一般分为以下 3 个基本步骤：

（1）构建递进层次结构模型。在蔬菜供应链一体化运作效率评价的指标体系中，通过对以往研究成果的梳理，一般分为 3 层：A 为目标层、B 为准则层以及 C 为指标层，各评价指标层之间存在隶属关系，如图 5 – 1 所示。

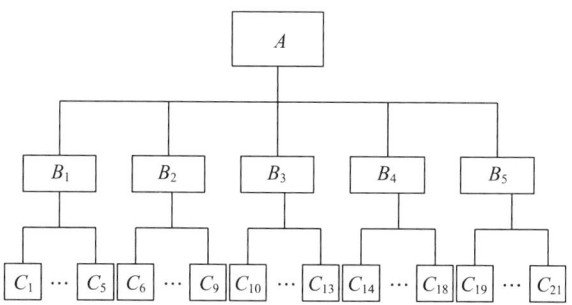

图 5-1 三阶层次结构

（2）构建两两判断矩阵。首先对各层级中的评价指标两两比较其相对于上一层级中的每一个指标的判断矩阵，而对于同一层级的指标，按照 1~9 标度法（具体含义如表 5-2 所示）对其进行两两比较，可得各蔬菜供应链一体化运作效率评价指标的相对属性测度值，如表 5-3 所示。

表 5-2　1~9 评语标度及其含义

标度	含义
1	x_i 与 x_j 具有同等重要性
3	x_i 比 x_j 稍微重要
5	x_i 比 x_j 明显重要
7	x_i 比 x_j 强烈重要
9	x_i 比 x_j 极端重要
2, 4, 6, 8	介于以上两相邻标度的中间值

表 5-3　指标相对属性测度值

	A_1	A_2	...	A_n
A_1	a_{11}	a_{12}	...	a_{1n}
A_2	a_{21}	a_{22}	...	a_{2n}
...	...	...	...	...
A_n	a_{n1}	a_{n2}	...	a_{nn}

根据指标的相对属性测度值可得到比较矩阵 A，$A = \{a_{ij}\}$，矩阵 A 应满足的条件：$a_{ij} > 0$，$a_{ij} = \dfrac{1}{a_{ji}}$，$a_{ii} = 1$。

（3）权重的计算。

1) 计算判断矩阵 A 中每一行的积 M_i。

$$M_i = \prod_{j=1}^{n} a_{ij}, i = 1, 2, \cdots, n \tag{5-1}$$

2) 计算 M_i 的 n 次方根 $\overline{W_i}$。

$$\overline{W_i} = \sqrt[n]{M_i}, i = 1, 2, \cdots, n \tag{5-2}$$

式（5-2）中 n 为矩阵阶数。

3) 对向量组 $(\overline{W_1}, \overline{W_2}, \cdots, \overline{W_n})^T$ 进行归一化处理：

$$W_i = \overline{W_i} \Big/ \sum_{i=1}^{n} \overline{W_i} \tag{5-3}$$

则 $W = (W_1, W_2, \cdots, W_n)^T$ 为特征向量，即所求蔬菜供应链建设指标的权重。

4) 计算判断矩阵 A 的最大特征值 $\lambda_{\max}$：

$$\lambda_{\max} = \frac{1}{n} \sum_{i=1}^{n} \frac{(AW)_i}{W_i} \tag{5-4}$$

式（5-4）中，$A \cdot W = \begin{vmatrix} a_{11} & a_{12} & \cdots & a_{1n} \\ a_{21} & a_{22} & \cdots & a_{2n} \\ \cdots & \cdots & \cdots & \cdots \\ a_{n1} & a_{n2} & \cdots & a_{nn} \end{vmatrix} \cdot \begin{vmatrix} W_1 \\ W_2 \\ \cdots \\ W_n \end{vmatrix}$，$(A \cdot W)_i = a_{i1} W_1 + a_{i2} W_2 + \cdots + a_{in} W_n$。

5) 一致性检验。层次分析法通过对主观判断的形式化表达与定量化处理，以有效剔除人的主观性，并对事物进行客观描述评价。AHP 评价结果的客观与否取决于评价对象的客观成分是否充分合理。鉴于决策者的主观意识和评价对象自身的复杂性，因此对判断矩阵进行一致性检验成为关键环节。

第一，提取判断矩阵一致性指标 CI。

$$CI = \frac{1}{n-1}(\lambda_{\max} - n) \tag{5-5}$$

式（5-5）中，λ_{max} 为最大特征值，n 为矩阵阶数。

第二，通过加入平均随机一致性检验指标 RI（Random Index，具体内容如表 5-4 所示）来计算不同阶数的模糊判断矩阵是否满足一致性检验，为判别相应矩阵是否满足一致性条件，本书借助一致性比率 CR 进行相应判别。

表 5-4 一致性指标 RI 值

阶数	1	2	3	4	5	6	7	8
RI	0	0	0.58	0.9	1.12	1.24	1.32	1.41

一致性比率：

$$CR = \frac{CI}{RI} \tag{5-6}$$

当判断矩阵的阶数 $n \geq 3$ 时，若 $CR < 0.1$，则判断矩阵通过一致性检测；否则若 $CR \geq 0.1$ 则需要调整判断矩阵以达到 $CR < 0.1$。若 $CR = 0$，则为完全一致。

2. 模糊综合评价过程

鉴于蔬菜供应链一体化运作效率评价体系中包含的评价指标较多且影响因素涉及多个方面，同时评价指标体系中的部分指标还存在一定的定性描述或者模糊性，所以难以用传统数学统计中的方法来合理、准确地计算这部分指标间的权重分配。因此，多级 FCE 较适用于蔬菜供应链一体化运作效率评价研究。

（1）多级 FCE 的基本原理。首先，对评价对象的各个影响因素进行属性划分；其次，对属性划分之后的各类因素计算其综合评估值；最后，针对各类影响因素的初级评价结果计算其整体的评价值。

具体评价过程如下：

第一，确定评价指标域 U 与评语集 V。U 指蔬菜供应链一体化运作效率评价中各个评价指标构成的集合，根据其属性不同划分为不同的子集 $U = \{u_1, u_2, \cdots, u_n\}$。$V$ 指蔬菜供应链一体化运作效率评价中各个评语集所构成的集合，该评语集是对蔬菜供应链一体化运作效率评价对象变化区间的等级划分 $V = \{v_1, v_2, \cdots, v_m\}$。

第二，对评价指标域 U 中的每个子集 U_k（$k = 1, 2, \cdots, n$）进行初级综合评价,按照 $U_k = (u_{k1}, u_{k2}, \cdots, u_{kn})$ 中各指标对评价对象影响的大小,对其进行相应的赋权 A_k, $A_k = (a_{k1}, a_{k2}, \cdots, a_{kn})$;根据设定好的评语域 $V = \{v_1, v_2, \cdots, v_m\}$,计算出 $U_k(k = 1, 2, \cdots, n)$ 中各个评价指标 U_{ki} 对于各子评语域 $V_j(j = 1, 2, \cdots, m)$ 的隶属度 $r_{kij}(i = 1, 2, \cdots, n; j = 1, 2, \cdots, m)$,由此得到单个影响因素的评价矩阵 R_k。$U_k(k = 1, 2, \cdots, n)$ 中一级评价指标的综合评价结果为 $B_k = A_k R_k = (b_{k1}, b_{k2}, \cdots, b_{km})$。

第三,对评价指标域 U 进行高级综合评价。U 中的 n 个影响因素可以看作是 U 所包含的 n 个单因素。根据 $U_k(k = 1, 2, \cdots, n)$ 对评价对象的影响大小对其进行相应的赋权 A, $A = (a_{k1}, a_{k2}, \cdots, a_{kn})$;根据 $U_k(k = 1, 2, \cdots, n)$ 的评价结果 B_k 得到综合评价矩阵:

$$R = \begin{bmatrix} B_1 \\ B_2 \\ \cdots \\ B_n \end{bmatrix} = \begin{bmatrix} b_{11} & b_{12} & \cdots & b_{1m} \\ b_{21} & b_{22} & \cdots & b_{2m} \\ \vdots & \vdots & \vdots & \vdots \\ b_{n1} & b_{n2} & \cdots & b_{nm} \end{bmatrix} \tag{5-7}$$

根据式(5-7)得到 U 的综合评价结果:

$$B = AR = A \begin{bmatrix} B_1 \\ B_2 \\ \cdots \\ B_n \end{bmatrix} = (b_1, b_2, \cdots, b_m) \tag{5-8}$$

无论是初级综合评价,还是高级综合评价,均是通过模糊评价矩阵与指标权重的合成运算计算得到的,如高级综合评价过程中是通过模糊评价矩阵 R 与指标权重集 A 经过合成运算而得到的综合评价结果 B。模糊合成算子常用到的主要有以下三类:

其一,$M(\wedge, \vee)$ 是主因素决定型算子,只考虑最核心因素的影响,却不会考虑到其他次要因素的影响。

其二,$M(\bullet, \vee)$ 是主因素突出型算子,对于次要影响因素会适当考虑在内。

其三,$M(\bullet, \oplus)$ 是加权平均型算子,不但将所有影响因素都考虑在内,而且含有单因素评价结果。

上述 3 个模糊合成算子的各自特点，如表 5-5 所示。

表 5-5　模糊合成算子特点

特点	模糊合成算子		
	$M(\cdot, \oplus)$	$M(\cdot, \vee)$	$M(\wedge, \vee)$
类型	加权平均型	主因素突出型	主因素决定型
体现权数作用	明显	明显	不明显
综合程度	强	弱	弱
体现 B 的信息	充分	不充分	不充分

通过上述对模糊合成算子的比较分析，本书采用加权平均型模糊合成算法对模糊综合评价进行相应计算。

（2）模糊综合评价计算步骤。

其一，明确评价主体，依据评价主体得到评价对象集；根据评价指标体系设定影响因素集；通过评价等级与标准的确定得出各个评语集。

其二，运用 AHP 计算各个指标的权重。

其三，首先对既定单因素进行初级综合评价，并构建相应的模糊关系矩阵。初级评价从各个评价指标对评价对象的影响作用来确定其在生产组织化程度、合作水平以及核心企业组织能力三个方面对于各个评价等级相应的隶属关系。

其四，通过评价模型的模糊合成运算，进而计算得到综合评价结果。

其五，经上述综合评价过程，求得结果并进行相应分析。

第四节　基于 AHP - FCE 方法的评价步骤

一、确定指标域

根据城市蔬菜供应链一体化运作效率评价指标体系，现将其分为 A、B、C

三层。

A 层（一级目标层）：U_A = {城市蔬菜供应链一体化建设综合评价}。

B 层（二级准则层）：U_B = {U_1, U_2, U_3} = {生产组织化程度，合作水平，核心企业组织能力}。

C 层（三级指标层）：U_1 = {U_{11}, U_{12}, U_{13}, U_{14}, U_{15}} = {生产设施，技术培训，管理标准，组织销售能力，采购收购组织能力}；U_2 = {U_{21}, U_{22}, U_{23}, U_{24}} = {环境不确定性，合作意愿，物流水平，信息化水平}；U_3 = {U_{31}, U_{32}, U_{33}, U_{34}, U_{35}} = {组织强度，资源掌控力度，企业发展能力，链接的敏捷性，链接的稳固性}。

二、确定评语域

首先划分蔬菜供应链建设的评语等级，然后在上述基础上，确定相应的蔬菜供应链建设评语集，最后邀请相关领域专家进行评判。本书将蔬菜供应链建设的评价等级设定为五个评语子集，即 V = {v_1, v_2, …, v_m} = {v_1, v_2, v_3, v_4, v_5} = {很好，较好，一般，较差，很差}。基于对现有研究成果的总结分析以及 FCE 的赋分原则，对五个评价等级分别对应的等级分值进行划分，具体内容如表 5-6 所示。

表 5-6　评语等级与得分对照

评语等级	5	4	3	2	1
评语集	很好	较好	一般	较差	差
得分	1.0	0.8	0.6	0.4	0.2

三、确定指标权重

首先，通过比较分析各影响因素对蔬菜供应链建设效益的影响程度，构建各级评价指标的判断矩阵；其次，运用 AHP 计算各层级指标的权重。二级指标权

第五章　我国城市蔬菜供应链一体化运作效率评价

重：$A = \{a_1, a_2, a_3\}$；三级指标权重：$A_k = \{a_{k1}, a_{k2}, \cdots, a_{km}\}$，$k = 1, 2, 3$。

四、单因素模糊综合评价

构建各三级指标对于五个不同评价等级的模糊关系矩阵，并据此计算各指标对于不同评价等级的隶属度，按照隶属度最大原则划分出各指标的等级归属。通过对三级蔬菜供应链建设评价指标的权重集与模糊关系矩阵进行合成运算，可得到各蔬菜供应链建设评价指标的具体评价值，即

$$B_k = A_k R_k = (b_{k1}, b_{k2}, b_{k3}, b_{k4}, b_{k5}), \quad k = 1, 2, 3 \tag{5-9}$$

五、目标层模糊综合评价

各蔬菜供应链建设单因素模糊综合评价结果可构成目标层相对应的模糊关系矩阵，即

$$R = \begin{bmatrix} B_1 \\ B_2 \\ \vdots \\ B_3 \end{bmatrix} = \begin{bmatrix} b_{11} & b_{12} & \cdots & b_{15} \\ b_{21} & b_{22} & \cdots & b_{25} \\ \vdots & \vdots & \vdots & \vdots \\ b_{31} & b_{32} & \cdots & b_{35} \end{bmatrix} \tag{5-10}$$

对目标层指标的权重集与其模糊关系矩阵进行合成运算，可得到评价对象的最终结果。即

$$B = AR = (a_1, a_2, a_3) \begin{bmatrix} b_{11} & b_{12} & \cdots & b_{15} \\ b_{21} & b_{22} & \cdots & b_{25} \\ \vdots & \vdots & \vdots & \vdots \\ b_{31} & b_{32} & \cdots & b_{35} \end{bmatrix} = (b_1, b_2, b_3) \tag{5-11}$$

六、量化模糊综合评价结果

运用等级参数处理法对模糊综合评价的最终向量组进行量化计算。参照表5-6评语等级与得分对照表，根据划分出的各评价等级相应的得分 $C_\tau (\tau = 1,$

2,3,4,5),按照公式(5-12),对评价结果进行量化分析,得到最终结果 ψ,从而确定出蔬菜供应链一体化运作效率的评价等级。

$$\psi = BC\ \tau^T = (b_1, b_2, b_3) \begin{bmatrix} C_1 \\ C_2 \\ C_3 \end{bmatrix} \quad (5-12)$$

第五节 城市蔬菜供应链一体化运作效率评价
——以山东省为例

一、基于层次分析法的指标权重确定

1. 蔬菜供应链建设评价体系中准则层指标的权重计算

准则层评价指标包括:U_1(生产组织化程度),U_2(合作水平),U_3(核心企业组织能力)。运用AHP确定这3个指标的权重,具体计算步骤:

(1)评价指标判断矩阵构建。首先,本文采用德尔菲法,在山东省内邀请20位蔬菜供应链研究方面的专家,根据山东省城市蔬菜供应链一体化的发展现状以及1~9标度法,对准则层指标进行两两比较,经研究探讨,最终构建山东省蔬菜供应链一体化运作效率评价体系中准则层对应的判断矩阵,如表5-7所示。

表5-7 山东省蔬菜供应链一体化准则层评价指标判断矩阵

U	U_1	U_2	U_3	指标权重
U_1	1	1/5	1/7	0.0719
U_2	5	1	1/3	0.2790
U_3	7	3	1	0.6491

(2) 准则层指标权重确定。首先，根据公式（5-1）~（5-4），计算得到准则层 3 阶判断矩阵的最大特征值 $\lambda_{max} = \frac{1}{3}\left(\frac{0.9369}{0.3057} + \frac{3.6337}{1.1856} + \frac{8.4556}{2.7589}\right) =$ 3.0648；其次，根据公式（5-5）计算得到一致性指标 $CI = \frac{3.0648 - 3}{2} = 0.0324$；最后，根据表 5-4 平均随机一致性检验指标 RI 值和判断矩阵阶数 $n = 3$，通过公式（5-6）计算得出一致性比率 $CR = 0.0559$。根据 $CR = 0.0559 < 0.1$ 可知，该判断矩阵满足一致性要求，对蔬菜供应链一体化运作效率评价体系的准则层所构建的判断矩阵符合实际情况，所求指标权重客观有效。

2. 评价体系中指标层权重的计算

根据上述指标权重的计算过程，构建指标层的判断矩阵并计算其相应权重。

(1) 生产组织化程度所属指标权重确定。经计算，生产组织化程度所包括的 5 个子指标的相对判断矩阵和指标权重结果如表 5-8 所示。

表 5-8 生产组织化程度指标层的判断矩阵

U_1	U_{11}	U_{12}	U_{13}	U_{14}	U_{15}	指标权重
U_{11}	1	2	3	1/2	1/2	0.2018
U_{12}	1/2	1	2	1/3	1/3	0.1199
U_{13}	1/3	1/2	1	1/3	1/3	0.0838
U_{14}	2	3	1	1	2	0.3058
U_{15}	2	3	3	1/2	1	0.2887

根据计算结果可知，$\lambda_{max} = 5.0769$，$CI = 0.0192$，$CR = 0.0171 < 0.1$，通过矩阵的一致性要求，因此，所求指标层权重客观有效。

(2) 合作水平所属指标权重确定。经计算，合作水平所包括的 4 个子指标的相对判断矩阵和指标权重结果如表 5-9 所示。

根据计算结果可知，$\lambda_{max} = 4.1041$，$CI = 0.0347$，$CR = 0.0386 < 0.1$，通过矩阵的一致性要求，因此，所求指标层权重客观有效。

表5-9 合作水平指标层的判断矩阵

U_2	U_{21}	U_{22}	U_{23}	U_{24}	指标权重
U_{21}	1	1/5	1/3	1/3	0.0771
U_{22}	5	1	3	3	0.5174
U_{23}	3	1/3	1	2	0.2375
U_{24}	3	1/3	1/2	1	0.1680

(3) 核心企业组织能力所属指标权重确定。经计算,核心企业组织能力所包括的5个子指标的相对判断矩阵和指标权重结果如表5-10所示。

表5-10 核心企业组织能力指标层的判断矩阵

U_3	U_{31}	U_{32}	U_{33}	U_{34}	U_{35}	指标权重
U_{31}	1	5	2	1/3	1/3	0.1587
U_{32}	1/5	1	1/4	1/5	1/5	0.0448
U_{33}	1/2	4	1	1/3	1/3	0.1150
U_{34}	3	5	3	1	1/3	0.2671
U_{35}	3	5	3	3	1	0.4144

根据计算结果可知,$\lambda_{max} = 5.3588$,$CI = 0.0897$,$CR = 0.0801 < 0.1$,通过矩阵的一致性要求,因此,所求指标层权重客观有效。

根据蔬菜供应链一体化运作效率评价体系中准则层与所属指标层各权重计算结果,可得到评价体系的指标权重集,如表5-11所示。

表5-11 评价指标体系指标权重

目标层	准则层	权重	指标层	权重	最终权重
山东省蔬菜供应链一体化运作效率水平	生产组织化程度	0.0719	生产设施 U_{11}	0.2018	0.0145
			技术培训 U_{12}	0.1199	0.0086
			管理标准 U_{13}	0.0838	0.0060
			组织销售能力 U_{14}	0.3058	0.0220
			采购收购组织能力 U_{15}	0.2887	0.0208

续表

目标层	准则层	权重	指标层	权重	最终权重
山东省蔬菜供应链一体化运作效率水平	合作水平	0.2790	环境不确定性 U_{21}	0.0771	0.0215
			合作意愿 U_{22}	0.5174	0.1444
			物流水平 U_{23}	0.2375	0.0663
			信息化水平 U_{24}	0.1680	0.0469
	核心企业组织能力	0.6491	组织强度 U_{31}	0.1587	0.1030
			资源掌控力度 U_{32}	0.0448	0.0291
			企业发展能力 U_{33}	0.1150	0.0746
			链接敏捷性 U_{34}	0.2671	0.1734
			链接稳固性 U_{35}	0.4144	0.2690

二、基于模糊综合评价的山东省蔬菜供应链一体化运作效率评价

根据山东省蔬菜供应链一体化运作的基本现状，本书采用实地调查与专家打分法相结合的方法来计算各个评价指标对应评语域的隶属度。首先，课题组采取典型抽样的方式，在山东省选取在蔬菜供应链研究方面的20名权威专家；其次，请专家对山东省蔬菜供应链一体化运作效率水平进行逐一评价打分，同时采用百分制统计专家组的综合意见；最后，通过整合专家组的评审意见，得到山东省蔬菜供应链一体化运作效率评价体系中各个指标的隶属度矩阵，如表5-12所示。

表5-12 山东省蔬菜供应链建设评价指标隶属度矩阵

目标层	准则层	指标层	评价等级				
			很差	较差	一般	较好	很好
山东省蔬菜供应链一体化运作效率评价	生产组织化程度	生产设施 U_{11}	0	0.1	0.4	0.3	0.2
		技术培训 U_{12}	0.1	0.2	0.3	0.2	0.2
		管理标准 U_{13}	0.1	0.2	0.3	0.3	0.1
		组织销售能力 U_{14}	0	0.1	0.2	0.4	0.3
		采购收购组织能力 U_{15}	0	0.1	0.2	0.4	0.3

续表

目标层	准则层	指标层	评价等级				
			很差	较差	一般	较好	很好
山东省蔬菜供应链一体化运作效率评价	合作水平	环境不确定性 U_{21}	0	0.2	0.3	0.4	0.1
		合作意愿 U_{22}	0	0.2	0.4	0.3	0.1
		物流水平 U_{23}	0.1	0.1	0.2	0.4	0.2
		信息化水平 U_{24}	0	0.1	0.4	0.3	0.2
	核心企业组织能力	组织强度 U_{31}	0	0.2	0.4	0.3	0.1
		资源掌控力度 U_{32}	0	0.3	0.4	0.1	0.2
		企业发展能力 U_{33}	0.1	0.1	0.3	0.3	0.2
		链接敏捷性 U_{34}	0	0.1	0.4	0.2	0.3
		链接稳固性 U_{35}	0.1	0.1	0.2	0.4	0.2

以评价指标 U_{11}（生产设施）为例，邀请20位专家按照表5-2（评语等级与得分对照表）对此项指标对于5个不同评语集的隶属进行判定，对专家的评定结果进行统计发现，其中有4位专家将该指标划入"很好"等级，有6位专家将该指标划入"较好"等级，有8位专家将该指标划入"一般"等级，有2位专家将该指标划入"较差"等级，最后还有0位专家将该指标划入"很差"等级。将每个评语等级所对应的专家人数与专家总数的比值作为该评价指标对不同评价等级的隶属度："很好"的隶属度为0.2，"较好"的隶属度为0.3，"一般"的隶属度为0.4，"较差"的隶属度为0.1，"很差"的隶属度为0。将 U_{11} 对各评价等级的隶属度进行汇总，得到 U_{11} 的隶属度矩阵 $[0\ \ 0.1\ \ 0.4\ \ 0.3\ \ 0.2]$。按照此步骤，可依次确定出其他指标的隶属度矩阵。

根据本书所构建的蔬菜供应链一体化运作效率评价指标体系的递进层次关系，将基于AHP的模糊综合评价划分为两步：第一步，针对指标层的各个评价指标实行初级模糊综合评价；第二步，针对准则层的各个评价指标进行第二级的模糊综合评价。依次经过两步的计算得到最终目标层的评价结果：

首先，根据表5-12的统计结果，分别得到生产组织化程度、合作水平、核心企业组织能力3个维度的模糊判断矩阵 R_1、R_2、R_3。其次，根据介绍的多级FCE计算过程进行相关计算。

（1）通过统计各位专家对准则层指标生产组织化程度所包括的5个子指标的划分结果，得到该指标的模糊判断矩阵 R_1：

$$R_1 = \begin{bmatrix} 0 & 0.1 & 0.4 & 0.3 & 0.2 \\ 0.1 & 0.2 & 0.3 & 0.2 & 0.2 \\ 0.1 & 0.2 & 0.3 & 0.3 & 0.1 \\ 0 & 0.1 & 0.2 & 0.4 & 0.3 \\ 0 & 0.1 & 0.2 & 0.4 & 0.3 \end{bmatrix}$$

根据公式（5-12）以及通过AHP计算得到的各指标的权重，得到准则层指标生产组织化程度的模糊综合评价结果：

$$B_1 = A_1 R_1 = \begin{bmatrix} 0.2018 \\ 0.1199 \\ 0.0838 \\ 0.3058 \\ 0.2887 \end{bmatrix}^T \begin{bmatrix} 0 & 0.1 & 0.4 & 0.3 & 0.2 \\ 0.1 & 0.2 & 0.3 & 0.2 & 0.2 \\ 0.1 & 0.2 & 0.3 & 0.3 & 0.1 \\ 0 & 0.1 & 0.2 & 0.4 & 0.3 \\ 0 & 0.1 & 0.2 & 0.4 & 0.3 \end{bmatrix}$$

$= (0.02037 \quad 0.12037 \quad 0.26073 \quad 0.34746 \quad 0.25107)$

根据隶属度最大原则，可以判定生产组织化程度隶属于"较好"等级，主要原因在于，生产组织化程度所属的"组织销售能力"和"采购收购组织能力"两个二级指标所占权重比例较高，约达到60%，而对这两项指标专家评价又较高，较好以上评价达到70%；而"管理标准"指标专家评价倾向"一般"等级，但由于其所占权重比例最低，因此对评价结果影响不大；对于"生产设施"和"技术培训"两项指标，特别是"生产设施"指标，所占权重比例较高，达到30%，而专家评价却为"一般"等级，因此关于生产组织化程度指标总体呈现"较好"等级。说明山东省在蔬菜供应链一体化运作过程中，还需继续加强对"生产设施"和"技术培训"两方面的投入，以提高蔬菜生产的组织化程度。

（2）通过统计各位专家对准则层指标合作水平所包括的4个子指标的划分结果，得到该指标的模糊判断矩阵 R_2：

$$R_2 = \begin{bmatrix} 0 & 0.2 & 0.3 & 0.4 & 0.1 \\ 0 & 0.2 & 0.4 & 0.3 & 0.1 \\ 0.1 & 0.1 & 0.2 & 0.4 & 0.2 \\ 0 & 0.1 & 0.4 & 0.3 & 0.2 \end{bmatrix}$$

根据公式（5-8）以及通过AHP计算得到的各指标的权重，得到准则层指标合作水平的模糊综合评价结果：

$$B_2 = A_2 R_2 = \begin{bmatrix} 0.0771 \\ 0.5174 \\ 0.2375 \\ 0.168 \end{bmatrix}^T \begin{bmatrix} 0 & 0.2 & 0.3 & 0.4 & 0.1 \\ 0 & 0.2 & 0.4 & 0.3 & 0.1 \\ 0.1 & 0.1 & 0.2 & 0.4 & 0.2 \\ 0 & 0.1 & 0.4 & 0.3 & 0.2 \end{bmatrix}$$

$$= (0.02375 \quad 0.15945 \quad 0.34479 \quad 0.33146 \quad 0.14055)$$

根据隶属度最大原则，可以判定合作水平隶属于"一般"或"较好"等级的比例较高，主要原因在于，在合作水平所属的四个二级指标中，"合作意愿"指标所占权重比例最高，为51.74%，而该指标专家评价为"一般"等级；"物流水平"指标所占权重比例较高，为23.75%，而该指标专家评价为"较好"等级；"信息化水平"指标所占权重比例较低，为16.8%，而该指标专家评价为"一般"等级；"环境不确定性"指标所占权重比例最低，仅有7.71%，而该指标专家评价为"较好"等级。因此，关于合作水平指标总体呈现"一般"等级。说明山东省在蔬菜供应链一体化运作过程中，还需采取积极措施，努力提升蔬菜供应链合作企业的信息化水平以及企业相互间的合作意愿，才能有效提高蔬菜供应链企业间的合作水平。

（3）通过统计各位专家对准则层指标核心企业组织能力所包括的5个子指标的划分结果，得到该指标的模糊判断矩阵 R_3：

$$R_3 = \begin{bmatrix} 0 & 0.2 & 0.4 & 0.3 & 0.1 \\ 0 & 0.3 & 0.4 & 0.1 & 0.2 \\ 0.1 & 0.1 & 0.3 & 0.3 & 0.2 \\ 0 & 0.1 & 0.4 & 0.2 & 0.3 \\ 0.1 & 0.1 & 0.2 & 0.4 & 0.2 \end{bmatrix}$$

根据公式（5-8）以及通过AHP计算得到的各指标的权重，得到准则层指标核心企业组织能力的模糊综合评价结果：

$$B_3 = A_3 R_3 = \begin{bmatrix} 0.1587 \\ 0.0448 \\ 0.1150 \\ 0.2671 \\ 0.4144 \end{bmatrix}^T \begin{bmatrix} 0 & 0.2 & 0.4 & 0.3 & 0.1 \\ 0 & 0.3 & 0.4 & 0.1 & 0.2 \\ 0.1 & 0.1 & 0.3 & 0.3 & 0.2 \\ 0 & 0.1 & 0.4 & 0.2 & 0.3 \\ 0.1 & 0.1 & 0.2 & 0.4 & 0.2 \end{bmatrix}$$

= (0.05294　0.12483　0.30562　0.30577　0.21084)

根据隶属度最大原则，可以判定核心企业组织能力隶属于"较好"或"一般"等级，主要原因在于，在核心企业组织能力所属的五个二级指标中，"链接稳固性"指标所占权重比例最高，为41.44%，而该指标专家评价为"较好"等级；"链接敏捷性"指标所占权重比例其次，为26.71%，而该指标专家评价为"一般"等级；"组织强度"和"企业发展能力"指标所占权重比例较低，分别为15.87%、11.5%，而该两项指标专家评价皆为"一般"等级；"资源掌控力度"指标所占权重比例最低，仅有4.48%，而该指标专家评价为"一般"等级。因此，关于核心企业组织能力指标总体呈现"较好"或"一般"等级。说明山东省在蔬菜供应链一体化运作过程中，还需采取积极措施，努力提升蔬菜供应链核心企业链接的敏捷性、组织强度和企业发展能力，才能有效提高蔬菜供应链核心企业的组织能力。

通过对上述山东省蔬菜供应链一体化运作准则层生产组织化程度指标、合作水平指标、核心企业组织能力指标的模糊综合评价，可汇总得到目标层（山东省蔬菜供应链一体化运作效率）的模糊判断矩阵为：

$$R = \begin{bmatrix} 0.02037 & 0.12037 & 0.26073 & 0.34746 & 0.25107 \\ 0.02375 & 0.15945 & 0.34479 & 0.33146 & 0.14055 \\ 0.05294 & 0.12483 & 0.30562 & 0.30577 & 0.21084 \end{bmatrix}$$

根据目标层的模糊判断矩阵以及准则层各个指标的权重值，可计算得到目标层的模糊评价结果为：

$$B = AR = \begin{bmatrix} 0.0719 \\ 0.2790 \\ 0.6491 \end{bmatrix} \begin{bmatrix} 0.02037 & 0.12037 & 0.26073 & 0.34746 & 0.25107 \\ 0.02375 & 0.15945 & 0.34479 & 0.33146 & 0.14055 \\ 0.05294 & 0.12483 & 0.30562 & 0.30577 & 0.21084 \end{bmatrix}$$

= (0.042454　0.134168　0.313321　0.315935　0.194122)

根据隶属度最大原则，可以判定山东省蔬菜供应链一体化运作效率水平为"较好"或"一般"等级，表明山东省蔬菜供应链一体化建设取得了一定的成果，发展前景较为乐观。同时，根据公式（5-12）可以计算得到量化后的模糊评价结果为：

$$\psi = BC_\tau^T = (b_1 \quad b_2 \quad b_3 \quad b_4 \quad b_5) \begin{bmatrix} C_1 \\ C_2 \\ C_3 \\ C_4 \\ C_5 \end{bmatrix}$$

$$= (0.042454 \quad 0.134168 \quad 0.313321 \quad 0.315935 \quad 0.194122) \begin{bmatrix} 0.2 \\ 0.4 \\ 0.6 \\ 0.8 \\ 1 \end{bmatrix}$$

$$= 0.697$$

根据量化后的模糊评价结果可知，山东省蔬菜供应链一体化运作效率水平得分为0.697，介于"一般"与"较好"之间，表明山东省在蔬菜供应链一体化建设过程中取得了阶段性的进展，在促进生产组织化程度，提高合作水平，发展核心企业组织能力等方面进行了卓有成效的改革与尝试，这与山东省蔬菜供应链建设现状基本相符，表明本书基于评价模型对山东省蔬菜供应链一体化运作效率进行的评价客观、有效，可对我国其他省市的蔬菜供应链一体化运作效率进行评价研究。

第六章
我国城市蔬菜供应链一体化优化对策

第一节 基于生产环节的蔬菜供应链优化对策

一、蔬菜生产组织模式环境优化对策

蔬菜生产组织模式的优化至关重要,直接关系到蔬菜产业的健康发展。而在蔬菜生产组织模式建设过程中,良好的内部环境和外部环境,直接关系到蔬菜生产的效率。因此,对蔬菜生产的内部和外部环境进行优化,以此为基础优化蔬菜生产的组织模式,对保障蔬菜生产的持续健康发展将具有重要的意义。

1. 优化生产环节内参与方的合作关系

在生产环节中,生产组织模式主要以公司+农户为主,各个对象之间的合作关系比较松散,这种合作关系随着市场经济的不断发展,也逐渐暴露出一些问题。这些问题不仅会影响蔬菜生产加工企业的菜源,也不利于维护农户自身的经济利益,甚至会影响蔬菜产业的发展。因此,建立蔬菜生产组织与需求企业之间稳定的合作关系至关重要。

稳定的合作关系不仅对于保护企业与农户的经济效益有积极作用,同时还可

以提高生产效率和实现对于资源的有效配置。在具体合作过程中要明确各方的权利、义务以及责任关系,同时还要实现责任追溯、风险分担、价格确定以及监测等多项功能。目前,我国城市蔬菜生产的未来发展方向在于蔬菜供需企业之间建立稳定的合作关系,通过稳定的合作关系来缓解市场信息不对称、资源配置不均衡以及市场不确定性所带来的风险。

同时,利益协调机制的完善也是稳固合作关系的重要一环。菜农由于受自身地位以及知识等各方面的限制,始终处于蔬菜价值链中的弱势地位,获取的经济利益也是最少的。为保障菜农自身的经济利益,加工企业在确立双方合作关系时,需要对双方利润进行合理分配,确定最低的价格保护底线,防止菜农的基本利益受到伤害。

2. 优化生产组织模式的宣传方式

由于政府在生产组织模式宣传方面投入不足,再加上菜农自身文化程度较低,造成菜农对生产组织模式的重要性缺乏认识。当前,迫切需要政府大力加强对生产组织模式的宣传和引导,增强菜农对生产组织模式的认识。

首先,蔬菜生产组织模式的宣传方式要多样化。蔬菜生产组织模式宣传可进行集中宣传,也可利用节假日、周末在人员密集区域发放生产组织模式科普小册子进行宣传。另外,还可以在电视台、报纸、网站等媒体设置专门的专题进行宣传,充分运用宣传单、展板、宣传册等传统手段和多媒体网络等现代手段,运用多种灵活的方式,充分发挥两者的优势,宣传生产组织模式知识。生产组织模式的创新对于菜农来说至关重要,国内菜农往往由于对生产组织模式认知不足,致使盲目生产,与市场需求严重脱节,最终菜农与消费者的利益都无法得以保障。

其次,在加强宣传的同时,要注重将宣传的内容真正落实到实际中。菜农从不了解到认识生产组织模式的重要性往往需要一个过程,不同地区不同菜农对新的生产组织模式接受程度也不同。宣传菜农不熟悉甚至陌生的生产组织模式,让菜农认识生产组织模式的优点,以生产组织为单位进行生产可从根本上改善菜农受到的资源约束。农户由于受自身局限性的影响,自身适应新的生产组织模式的过程将非常漫长。在蔬菜供应链一体化链条上的相关政府部门和企业以及蔬菜合作社、协会也应积极引导菜农加入到蔬菜供应链条中来,通过蔬菜供应链条将菜农与企业结合在一起,提升菜农的参与性,在良性循环中增加菜农收入。同时,积极宣传政府相关优惠政策，利用现代化生产组织方式将菜农组织起来进行生产，将促进蔬菜产业的快速发展。

3. 优化蔬菜生产组织品牌建设

我国的蔬菜贸易活动遍布全球，我国蔬菜产业的出口也离不开区域品牌的建设以及核心企业的品牌建设，利用品牌建设来提高蔬菜的质量，是优化我国蔬菜组织模式的重中之重。针对蔬菜生产企业的品牌建设主要包括以下两点：一是树立企业品牌，二是树立区域品牌。品牌对于蔬菜产业来说至关重要。在蔬菜生产过程中，参与方比较多，并且生产投入品也比较复杂，造成蔬菜生产成本偏高，市场竞争异常激烈。通过蔬菜品牌建设，一方面可以避免蔬菜在低端市场的恶性价格竞争，另一方面也可以提高蔬菜的销量和利润。因此，加强蔬菜生产组织品牌建设，对于保护菜农的经济利益具有极其重要的作用，更是保证蔬菜供应链一体化健康发展的关键所在。随着菜农品牌意识的不断增强，蔬菜生产组织的品牌效应开始显现，推动了蔬菜产业的快速发展。例如，枣庄市不断强化农业龙头企业和农民专业合作社的主体地位，采取召开现场会、出台激励政策等措施，引导申报"三品"认证，重点扶持266家规模以上龙头企业和224家市级专业合作社实现产品认证，取得显著成效。

区域品牌和企业品牌建设过程是相互补充的，区域品牌是企业品牌的依靠，而企业品牌又是区域品牌的重要组成元素。以山东省寿光市的品牌建设为例，区域品牌"寿光蔬菜"在全国享有盛名，而作为区域品牌典型代表的企业品牌诸如"乐义蔬菜"，更丰富了区域品牌的内容。寿光市在品牌建设的带动下，促进了企业品牌蔬菜的发展，同时企业的蔬菜品牌也反作用于区域品牌，企业品牌产品的优秀品质也为其区域品牌带来了良好的口碑。

蔬菜生产组织在品牌建设中，首先，要充分发挥政府的主导作用。政府在品牌农业发展的作用是无法替代的，政府从蔬菜品牌建设入手，积极壮大传统品牌，培育新品牌，明确品牌农业产业化发展的政策扶持、投入来源、支撑项目、建设重点、目标任务等内容，引导生产环节内各参与方在政府的引导下有效地对品牌进行建设，是实现生产组织品牌建设的前提和基础。其次，要加大生产组织品牌创建的力度，扩大认证的规模。根据各地的实际情况因地制宜地发展绿色蔬菜和有机蔬菜的产地产品认证，发挥政策优势，推动供应链中生产环节的更好发展。最后,要不断提升蔬菜产品的附加价值。从消费者需求出发,通过改进包装、调整蔬菜产品组合等方式,可提高蔬菜产品附加价值。蔬菜产品附加值越高,消费者越满意,购买的倾向性越大,一方面可以提升蔬菜生产组织的利润,另一方面可以极大满足消费者日益多样化的需求。

随着蔬菜生产组织品牌的不断发展,市场关注度不断提升。盗用蔬菜生产组织品牌以及假冒伪劣蔬菜生产组织产品的现象频繁发生,极大影响了消费者对于蔬菜品牌的信任度,对蔬菜品牌的健康发展也造成极为不利的影响。面对此类问题,蔬菜生产组织品牌企业需要通过政府和法律的渠道维护自己的合法权益,请政府给予相应的品牌保护,对假冒伪劣产品给予严惩,震慑不法之徒,同时加强宣传,告知消费者如何有效区分蔬菜品牌,保证蔬菜生产组织品牌的持续发展。

4. 优化蔬菜生产组织政策环境

政府出台的各项相关政策对优化蔬菜生产组织模式的影响作用极大。因此,通过规范政府的行政行为,减少其对优化蔬菜生产组织模式过程中的非必要干预极其重要。政府的不规范行为非常容易影响蔬菜生产组织的运转和蔬菜供应链一体化的实施,所以政府相关部门要充分发挥其积极作用,在优化生产组织模式的流程中充分发挥其扶持和引导功能。具体包括以下两方面。

第一,扶持功能。在国内国外蔬菜市场的大环境下,我国蔬菜生产并不具有太大的优势,其中菜农素质偏低始终是问题的关键。在激烈的市场竞争环境中,蔬菜供应链一体化的生产组织模式发展,必然会与传统组织模式产生冲突,因此需要政府强有力的帮助与扶持,为新型生产组织模式提供有利环境。例如在人才扶持方面,政府通过鼓励农技人员和基层干部参与相应农技培训,在技术方面为菜农提供支持;同时也可以选派专家对菜农进行辅导和教育。在资金扶持方面,可通过政府下拨专项扶持资金,由银行提供低息贷款以及减免税收等措施解决菜农的资金问题。

第二,引导功能。菜农受自身局限的影响,已适应了现有蔬菜生产组织模式,本身不想改变。因此需要政府进行鼓励和引导,宣传优秀的致富案例,使菜农明白新型生产组织模式的优越性,引导菜农从内心深处认可改变生产组织模式的好处。在引导的过程中,政府可以采用三种引导模式:一是培训引导。优先培养菜农中接受力强的骨干分子以及知识分子,提高他们的创新和生产水平,以点带面，带动其他菜农，通过帮带扶的针对性作用，充分利用较少资源发挥大的作用，在真正的实践过程中更好地有针对性地帮助菜农解决各项实际问题，带动菜农进步。二是典型引导。利用新型蔬菜组织模式的优秀案例，通过示范和典型作用，解决菜农的短视性问题，菜农只有看到别人使用新的生产组织模式获取成功之后，才会效仿。三是政策引导。加强优惠政策的普及力度，从菜农的实际情况出发，解决菜农的根本问题，真正吸引菜农参与到一体化的蔬菜供应链当中来，使菜农获得实际的帮助。

5. 建立专门的蔬菜生产管理机构

生产、流通、加工、储存等多个环节构成了蔬菜生产的整体，由此也涉及政府的很多部门：质量技术监督局、中华人民共和国商务部、中华人民共和国卫生部、工商行政管理局、中华人民共和国农业部、环境保护局、食品药品检验局等。当前我国蔬菜安全事件层出不穷，其中一个重要原因便是相关的政府职能部门权责不清、缺乏协作和沟通。因此，建立专门管理蔬菜安全的专业机构势在必行，只有这样才可以利用统一的标准、统一的管理以及统一的协调来保证蔬菜监管的高效率和及时性。另外，将蔬菜安全问题纳入到相关政府的议事日程中来，时刻关注蔬菜安全动态，对蔬菜安全的每个环节落实到专人负责，建立健全的预警和监控网络，真正维护好消费者的合法权益和市场秩序。

二、蔬菜供应链生产效率优化对策

要提高蔬菜供应链生产运作效率，应做好以下几方面工作：

1. 提高蔬菜生产技术效率

政府相关部门帮助菜农通过适合的方式获取技术支持，防止菜农在蔬菜生产过程中陷入"资金战"。在蔬菜生产的开始阶段，可以利用某些种苗折价销售的方式进行短期展览销售；在蔬菜生产的生长阶段，企业可以利用综合的信息反馈，来为以后蔬菜的技术需求做好准备；在蔬菜生产的成熟阶段，可以利用多种方式与菜农建立信任关系，对过季的蔬菜进行折价处理等。相关的蔬菜技术机构应针对菜农的实际情况给予补贴和优惠，依靠良好的品质来进行销售，帮助菜农建设自己的蔬菜品牌，从而建立起长期稳定的合作互助关系，为蔬菜生产打造较高的技术效率平台。

在蔬菜销售的过程中，要想提升蔬菜生产的技术效率，就必须在最大程度上提高蔬菜的新鲜程度，同时通过稳定物价，以帮助菜农实现订单对接。蔬菜的生产应该从服务和品牌入手，一方面可以满足消费者的个人偏好，另一方面也可以满足消费者对蔬菜质量的要求。既可以实现消费者的偏好目标，也适应了蔬菜行业的发展规律，提高了消费者对于蔬菜品牌的认同度。通过各县市的蔬菜销售网点，营造出良好的购买环境，在完善信誉考核机制的同时对消费者的相关购买信息进行总结，增强菜农蔬菜生产的信心，鼓励菜农进行多元化生产，最终实现提高蔬菜生产技术效率的目的。

2. 提高蔬菜生产规模效率水平

随着蔬菜生产的不断发展，其生产规模效率的发展空间变得更大，菜农只有通过不同的生产组织模式，利用不同的平台，才可以解决只扩大种植面积的实际问题。从蔬菜的供应链中可以看出，蔬菜经过加工之后，距离消费者的链条距离最短。由此可看，要想提高规模效率就必须在加工这一环节做文章。在参考国外蔬菜生产发展经验的基础上，以提升生产组织模式为最终目标，将生产、收购、加工、质检、销售以及配送六大功能整合为一体，形成蔬菜规模生产管理思路，如图 6-1 所示。

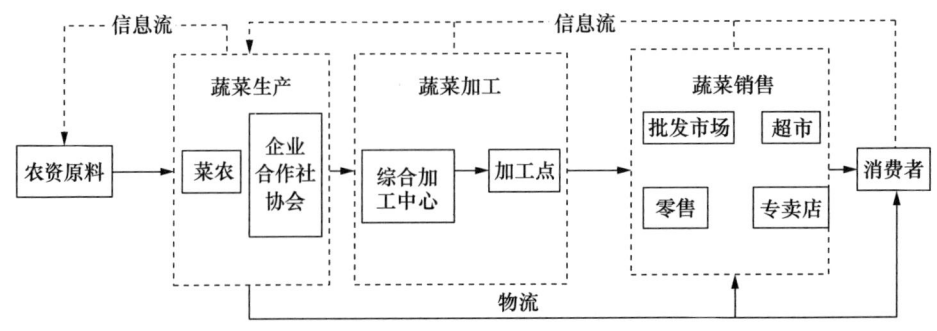

图 6-1　蔬菜生产规模效率优化

以现有的蔬菜生产规模为基础,建议将退货、运输以及加工等服务功能集合在一起,建立小型的生产系统,对交付时间和蔬菜技术进行严格的要求,所以将调节规模效率的中心放在加工环节上。加工点、综合加工中心以及加工物流园都包含在蔬菜规模效率加工之中。蔬菜加工点的主要功能是将蔬菜进行相应的二次加工,将蔬菜加工为罐头、蔬菜干、蔬菜汁以及咸菜等多种产品,并可以配套相应的包装礼盒。通过信息流动的过程也可以看出加工企业提交采购信息给生产企业,生产企业再根据实际情况发出申请、订购相应的原材料,保障了蔬菜供应链的稳定运行。

3. 提高蔬菜生产综合效率水平

在国内建立蔬菜收支的统一格局,根据各地的实际情况优化蔬菜运输路线,尽量实现短途运输销售;另外,还可以通过利用保险投资和聘请临时劳动力等方式来规避蔬菜生产的风险问题,从而在一定程度上避免蔬菜生产综合性的浪费。在各地区体系比较复杂的情况下,蔬菜生产基地难以根据市场需求调配生产的规模和品种,难以建立以物联网为支撑的蔬菜经营与管理体系,难以通过电子商务平台实现网络销售,因此将蔬菜生产与流通、销售联通起来,构建一体化运行体系将促进蔬菜产业的繁荣发展。在蔬菜供应链一体化体系中,需要对蔬菜市场内部和外部利益进行平衡,既要充分考虑城市消费者所能承受的蔬菜成本,又要在宽松的市场环境下对蔬菜的质量安全进行检查。在增强蔬菜生产综合效率方面可以从以下几方面入手:一是要提高检测监管机构在生产后的检测实施水平;二是对成功的、典型的蔬菜检查模式进行推广,对于检测通过的菜农和生产供应商颁发许可证书,对于不通过的供应商和基地,由政府下令整改;三是要从种苗培养到流程检验,建立一体化、综合性的惩处机制,对违反规定的操作进行严厉惩罚。

另外,消费者的忠诚度对于蔬菜生产效率的提高至关重要。这对蔬菜生产的各个环节提出了更高的要求,同时还需要维护和平衡好消费者的价格权益,唯有如此,才可以保障消费者对于蔬菜的购买更加忠诚。但是在提升蔬菜生产效率的过程中还需要注意,不同区域具有自身的特色和实际,盲目模仿和照搬别人的做法往往是行不通的,选择和发展真正适合本区域特色的蔬菜生产模式才是关键。

第二节 基于流通环节的蔬菜供应链优化对策

一、蔬菜流通渠道改善对策

1. 加快培育现代流通主体

在流通主体的培育方面，主要从提高综合素质入手，提高其企业化和组织化程度，逐步提高蔬菜流通要素中的投入水平。在定量分析和定性分析的结果中可以看出，增加流通主体数量和提高流通效率是提升蔬菜流通质量的两大主要途径。从目前的情势来看，蔬菜的数量已经不易改变，所以只能从提高流通质量入手。具体可从以下两方面入手。一是增加蔬菜流通主体数量。蔬菜流通主体包括蔬菜批发商、零售商、物流商等，要增加蔬菜流通主体数量可通过两方面实现：一方面在现有蔬菜批发市场基础上扩大蔬菜经营品种和规模，提供更优惠的政策、更便利的条件，吸引更多蔬菜批发商进驻批发市场；另一方面在条件成熟的地区增设农产品或蔬菜批发市场，整合区域资源，降低蔬菜流通成本。二是要提高蔬菜流通效率。将那些有能力、有条件的蔬菜流通企业与蔬菜生产组织、蔬菜终端销售企业结合起来，形成蔬菜供应链一体化体系，将蔬菜生产、流通与市场需求紧密相连，减少了蔬菜流通衔接的成本，提高了蔬菜流通效率。

2. 加快蔬菜产业化发展进程

从我国中部地区和东北地区的蔬菜流通中可以发现，蔬菜的流通效率与蔬菜的商品化率之间有着相辅相成的关系。通过提高蔬菜商品化率，可以进一步加快推动蔬菜的产业化进程，进而保障我国城市蔬菜的稳定供给和质量安全。同样，加快蔬菜产业化的发展是蔬菜流通发展逐渐现代化的保证，也是蔬菜有效流通的原始动力。除此之外，有许多蔬菜供销基本平衡区域和一些蔬菜主销区，主要从其他省份调运蔬菜，对其他省份依赖性极大。为了更好解决蔬菜供需矛盾，降低蔬菜调拨成本，根据区域自身实际针对性地发展相关的蔬菜品种，提高蔬菜商品化率，以实现蔬菜产业化为基本目标，保证稳定的蔬菜供求，进而提高蔬菜的流通效率。

3. 加快蔬菜流通渠道创新

通过对蔬菜流通渠道的创新，对渠道进行优化，节约成本，减少环节，进一步促进蔬菜供应链的发展和管理。具体可以从以下两方面入手：一是通过对国外相关经验的参考，采用组织联合、企业兼并和资源整合等方式实现从种植到消费者手中整个流通环节的资源优化和全程管理。蔬菜供应链流通环节中的关键一环是发展和培育蔬菜流通核心企业，推进以蔬菜批发市场为核心的市场化运转，同时以连锁超市逐步代替目前农贸市场的销售模式。二是通过引导那些有实力、有标准、有规范的核心企业参加到蔬菜流通的大环境中来，并充分发挥其带动作用，分担部分批发市场的作用，最终形成核心企业与批发市场一起主导的现代蔬菜流通渠道。同时做好新渠道的补充，建设公益性的蔬菜批发市场。

4. 促进"农超对接"供应链高效运作

要实现蔬菜流通环节的优化，供应链中"农超对接"的环节必不可少，可以从以下四个方面入手：

一是降低交易成本。在实现"农超对接"的过程中，必须对蔬菜生产、蔬菜销售的双方进行治理，达成长期的合作关系。但是对接双方在合作过程中隐藏高昂的交易成本问题，如事后的机会主义行为等。所以，在蔬菜农超对接过程中，一方面需要在蔬菜标准化生产、蔬菜流通环节控制等方面减少信息和物流费用，另一方面需要利用社会保障机制中的信誉来控制机会主义的发生，减少相关的协调费用。

二是发展蔬菜的可追溯体系。建立蔬菜可追溯体系，是未来蔬菜发展的趋势。通过可追溯的蔬菜体系，实现蔬菜信息的共享和同步传递，使消费者在供应链终端对蔬菜由生产到销售的全程信息进行查询，真正落实对于蔬菜质量的监管和控制，只有符合可追溯要求的蔬菜才可以进行流通，彻底保障蔬菜的安全生产和销售，增强消费者对于蔬菜安全的信任度。

三是加强蔬菜安全宣传。超市是消费者直接接触蔬菜的场所，因此可以在超市对消费者进行蔬菜安全常识的宣传和普及。例如，在超市向消费者赠送安全蔬菜的宣传手册，对蔬菜的生产模式、蔬菜的质量认证以及如何购买安全蔬菜等相关技能和知识进行宣传教育，引导消费者正确选择安全蔬菜。

四是扩大菜农生产规模。通过营造良好的政府激励氛围，培养、培育一批具有管理能力、资金支持以及技术特长的菜农合作组织、职业农民以及专业大户，将零散的菜农组织起来，统一进行生产和管理，可有效提高蔬菜生产规模，降低蔬菜经营成本。

二、蔬菜流通载体完善对策

蔬菜流通载体是蔬菜流通所必须具备的工具，对于蔬菜的流通具有极其重要的作用。对蔬菜流通载体的完善，主要应做好以下几方面工作。

第一，对运输条件进行改善，减少地方的保护，在一定程度上提高蔬菜跨区域整合程度，促进我国城市蔬菜供应链的一体化运作。各地区各自为政，分割管理，严重影响了蔬菜流通效率的提高，而运输费用以及地方保护政策的限制又在一定程度上助长了地方分割现象的出现。所以各地政府要从降低蔬菜市场分割的影响入手，明确蔬菜市场与政府的关系，对区域蔬菜产业进行统一规划，由市场来调控蔬菜的流通和发展，同时改善运输条件，降低运费，提高蔬菜流通的效率。

第二，要完善蔬菜批发市场的相关设施和服务建设，完善蔬菜市场体系，提高蔬菜营业能力。在提前做好计划的基础上，硬件方面注重加强保鲜冷藏设施、卫生保洁设施、水电系统以及扩建交易场所等项目建设；软件方面重点做好市场信息化管理和加工包装配送的标准化等服务工作，同时建造一批辐射面大，带动力强的超大型加工配送中心和批发市场，着重建设现代物流园区。在完善的过程中需要做到以下两点：一要建立联动机制，对重点项目优先安排批发市场的用地。二要落实相关的费用减免和人才吸收培养政策，对批发市场的建设和交易税费给予优惠，减少城市配套费用，降低成本；定期开办蔬菜批发市场的技术和管理人员培训班，同时充分利用好国内优秀的管理人才和高校毕业的专业人才，引进国外人才。

第三，要创新蔬菜交易的方式，普及拍卖交易等现代交易方式，发展蔬菜零售的连锁化和超市化。一方面,可以利用电子商务和拍卖来减少交易流程,降低成本,提高效率。拍卖交易方式在国外已经比较普遍,在国内还有待普及,因此积极创新我国现有蔬菜交易方式,以批发市场为核心,借用拍卖的形式,减少搜寻信息和签约的成本费用,在缩减交易时间的同时保证交易的公开公正,使蔬菜交易效率大幅度提高。另外,电子商务是商品交易的未来,引领蔬菜产品消费的作用也更加明显。虽然我国仍受到蔬菜配送能力、冷链物流水平和经营管理水平等能力的限制,电子商务的能力很难完全发挥,但国外发达国家已有的成功经验表明,在蔬菜流通的中转和批发环节使用电子商务具有无可比拟的优越性。而要实现蔬菜电子商务巨大的应用前景,必须大力加强蔬菜流通的信息化建设。另一方面,在创新蔬菜交易方式的同时,还需要大力发展蔬菜的连锁经营。积极引导批发市场、龙头企业以及流通企业实现蔬菜经营的产业化,建设高效率的蔬菜营销网络,同时联系具有一定规模的连锁超市集团参与到蔬菜供应链一体化的流通环节中来,实现蔬菜的连锁超市化经营。

三、蔬菜流通支撑改进对策

1. 加大冷链物流技术装备及管理模式建设

要实现蔬菜流通的技术支持,要以第三方物流和冷链物流为中心进行改进,并以两者为重点,对现有的技术、装备以及管理模式进行革新。

在推广蔬菜供应链的基础上,重点建设蔬菜的冷链物流具有诸多好处,可以减少生鲜蔬菜的物流损失,尽可能多地保证经济利益。但冷链物流的建设并非易事,在我国相关冷链物流技术相对滞后的情况下,大力发展冷链物流,首先要转变传统的蔬菜物流理念,充分认识到蔬菜流通中冷链物流的重要性。其次,需要建立起现代化的立体交通网络体系,在此基础上加强冷链的建设。国内应该从大局出发,合理规划布局,实现海、陆、空三维的相互合作与交流,建设起具有超强协调指挥能力的现代物流中心。在发展的过程中,还需要加强物流企业和批发市场等相关流通领域企业的政策扶持力度,并且建设农民协会物流组织,提高流通效率。鼓励企业建设自己的冷链物流体系,当然由于企业规模的不同,能力也不同,只有大型规模企业才能够建立专属自身企业的物流组织,或者可以在区域内成立专门的物流企业,专门负责蔬菜的运输物流。最后,要建设冷链物流的标准化体系,推广现代冷链物流的技术和理念,加强冷链物流的相关基础设施、包装以及运输工具的使用和研究。

另外,政府也可以在一定程度上给予冷链物流相应的资金支持,鼓励第三方物流企业拓展冷链物流的业务,对冷链物流企业进行税收减免。同时合作社在保证蔬菜新鲜的同时需要重视配送的时效性,合理划分配送区域,并优化相关的运输路线,在保证路程较短的前提下避开拥堵路线,调整运输时间,避开高峰期,并做好相关车辆等运输工具的保养工作。在资金充足的前提下,建议连锁超市建立专属的冷链物流体系。若资金不足,建议与第三方物流进行合作,只需要支付快递费用。在做好运输的基础上,不断推出新的服务产品,满足消费者个性化的配送服务和需求,提高蔬菜连锁店的竞争力。

2. 改善蔬菜流通的社会环境

改善蔬菜流通的社会环境和物质条件:第一,结合各地区不同的实际情况,在对该地区财力、物力以及人力进行综合分析的基础上,对蔬菜流通的服务设施和基础设施进行建设。第二,在为蔬菜流通提供足够财力、物力的基础上,加强对物流人才的培养和投入,重点培养实用型、复合型以及适应于现代蔬菜物流的现代物流人才。第三,要突破现行宏观经济体制下的市场体制建设,充分发挥市场机制的基础性以及主导性调整作用,营造有利的社会环境,促进蔬菜的高效流通,保障全国城市蔬菜安全战略全面实施。

3. 加强蔬菜流通信息化建设

发展蔬菜流通过程中的现代化、信息化和电子化,提高蔬菜信息服务的综合能力。第一,建设集信息收集、信息处理以及信息公布等功能于一体的蔬菜批发市场,发挥批发市场在制定蔬菜价格中的指导作用;第二,加强与政府官方网站的联通与合作,提高服务的水平和质量;第三,开办大型的农业网站,增强信息的收集和发布;第四,开办网上蔬菜展厅,增加宣传的手段;第五,在充分利用报刊、广播、电视等传统媒介的基础上,同时利用互联网等现代通信手段,拓宽蔬菜信息服务的渠道。

4. 加强政府对蔬菜流通的政策支持

各地政府在蔬菜流通相关法规制定、加强监管体系建设、财税支持和流通规划等多方面对蔬菜流通建设给予了大力的支持：第一，要落实和重视市场关系和蔬菜流通的宏观规划，在政府的指导下，建设交易市场的基本布局，并给予地方政府一定的调整空间和自主权限。第二，要完善相关财税政策，同时加强蔬菜流通的融资支持渠道，从增减两方面入手，给予税收优惠的同时增加财政投入，鼓励相关涉农的金融机构合理把握放贷节奏，加大对于涉及蔬菜贷款的放款力度。第三，完善蔬菜流通的监管体系，建设可追溯体系和标准化体系，推广国际通行的蔬菜质量管理体系。第四，从制度方面和法律方面，明确各部门的职责，建全相关蔬菜流通领域的法规政策，为蔬菜流通提供制度保障，协调管理和调控蔬菜流通机制，加强落实相关国家标准，加大执法力度。

第三节　基于销售环节的蔬菜供应链优化对策

蔬菜与其他农产品相比，具有易坏、易腐的特殊特点，随着国内新城镇化的发展，人们消费意识和购买力显著增强，消费者对于蔬菜的需求越来越高，都希望可以买到新鲜、安全的蔬菜。因此，积极拓宽蔬菜销售渠道，创新蔬菜销售方式在整个蔬菜供应链一体化运作中至关重要。

一、拓宽销售渠道

我国蔬菜销售的主要模式是直销，所以扩大销售的关键是在维护老顾客的基础上增加新的潜在消费者。蔬菜合作社在做好自身宣传的基础上，可以从员工入手，多渠道宣传蔬菜合作社，充分利用员工的微信、微博、QQ、网店等平台进行蔬菜知识的普及，同时宣传合作社，增加宣传的有效度。还可以采取一些小的营销策略：一是通过赠送小礼品的方式，鼓励消费者通过扫描二维码来关注蔬菜直营店。二是利用微信营销中的精准营销以及关系营销的特点，发动消费者在朋友圈内集赞,满足要求后可以获得满减的代金券和红包,在维护老顾客的基础上,激发潜在的消费者。三是精准把握消费者的消费理念和心理,在日常开展网络营销和多种优惠活动。如配送蔬菜时赠送其他试吃的蔬菜产品,鼓励消费者在平台上对产品给予评价,在提供购买经验的同时达到了宣传的效果,还可以购物满100元减免运费,等等。在节假日和"双十一"期间开展打折促销活动。四是定期是抽取消费者,组织其到生产基地进行采摘观光,拍照后上传朋友圈,并开展相关比赛活动,评选名次给予奖品。五是综合利用视频、文字以及图片立体宣传蔬菜直营店,全流程展览从播种、除草、灌溉、采摘、包装,最后到配送运输的整个环节,获取消费者的信任。

二、完善售后服务

在保证蔬菜产品质量的基础之上,还要做好相应的售后服务工作,只有这样,才能使消费者保持忠诚度。蔬菜合作社在销售产品后要及时处理好消费者在购买过程中出现的所有问题。消费者购买的蔬菜存在质量不达标或数量不够的情况下,可以免费申请退货,这样,一方面可提高消费者的信任度,另一方面也促使合作社更注重蔬菜的品质。发展新型的蔬菜直销模式,实现合作社与消费者的互动,通过生产环节与销售环节的互动,保证消费者在心理和情感上对蔬菜品质的认同,提升蔬菜品牌的影响力。同时,合作社在日常的运营过程中,要及时反省遇到的问题,听从消费者的建议,提高服务质量,赢得更多现实和潜在消费者的支持,为以后的健康发展打下坚实的基础。

三、创新营销策略

1. 网络营销策略

蔬菜营销人员是链接生产与消费的重要节点,所以需要加强营销人员的培训,充分发挥其承上启下的作用,使生产者、消费者以及经营者的利益均得到满足。营销人员的培养要符合时代的需求,营销人员除了需要具备营销专业知识外,还需要兼备多种知识,包括农业、计算机、管理学以及经济学等相关知识。

在培养的过程中要实现用人单位与合作组织的紧密合作,整体把握蔬菜的生产和销售环节,从实际入手提高营销人才技能,推进蔬菜产业的进步与发展。

加强对菜农的网络教育培训,培养菜农使用现代化信息工具的能力,真正提高菜农知识水平和从事生产、销售和管理的能力。在激烈的市场竞争环境下,菜农的销售渠道比较单一,缺少稳定的销售市场,严重影响了高品质蔬菜产品的销售,这些都是菜农缺乏网络信息化相关知识所造成的。发展网络营销,可大大减少中间环节,节省各种手续费用,打破了地域销售的局限性,建立了消费者与蔬菜生产基地之间的直接联系。以山东省寿光市为例,寿光市拥有相对比较完善的网络信息基础设施,同时寿光市还拥有我国第一个"蔬菜电子拍卖中心",运用先进的网络信息平台技术,寿光市积极开展蔬菜网络营销业务,网上蔬菜交易额在全国遥遥领先。

针对菜农不了解蔬菜网络运营知识的问题,政府应加大培训和宣传力度,在加大农村信息建设资金投入的同时,定期聘请农业专家和蔬菜网络运营专业人士就相关问题进行讲解和培训,加大菜农对信息化的重视程度,推动农村销售信息化的建设。

2. 开展绿色营销

在农业发展的过程中,既要实现经济利益,也要做到环境效益,在消耗最少资源的基础上,生产出绿色健康的蔬菜。多数消费者都已经趋向购买有品质的蔬菜,人们的消费观念更加趋向于天然和健康,如市场上备受消费者青睐的野菜、绿色有机蔬菜等。开展绿色营销战略,目的在于满足城市消费者喜好和需求的同时,侧重于高品质蔬菜产品的开发和研究,创新从蔬菜生产到蔬菜包装销售的整个过程。

发展绿色蔬菜营销可以从以下几方面入手:一是要加强宣传。宣传绿色蔬菜,可使消费者更了解绿色蔬菜的优点以及与一般蔬菜的区别,坚定消费者购买绿色蔬菜的决心。具体宣传方式是多样的,如可开办关于绿色蔬菜的健康饮食知识讲座,或在节假日、双休日期间在人流密集的超市、商场开展试吃活动,吸引潜在的消费者。二是绿色蔬菜的生产商要积极参加国际和国内大型农产品宣传拍卖交易活动和蔬菜博览会,突出绿色蔬菜的特色。三是进行绿色包装。绿色包装既要体现企业中环境与人和谐相处的理念,更要发挥促进销售的作用,包装材料优先使用可重复回收利用的材料，避免浪费的同时体现产品绿色的环保理念。

3. 差别化策略

从我国的地理位置上看，南北和东西的跨度都很大，每个省份的蔬菜生产和销售情况都有所不同，各地区应根据本地市场、资源、位置、气候以及消费群群体的实际情况来确定销售策略。蔬菜经营商要发展反季节和早熟蔬菜品种的开发，遵守旺季和淡季蔬菜价格差异的客观规律，人为制造蔬菜上市的"时间差"，提前或者推迟蔬菜上市的时间，提升蔬菜的附加价值。

要实现差别化策略，还要从市场细分入手。根据各个消费群体对于蔬菜的要求不同，可以将蔬菜的消费划分为三部分：一是高收入和白领群体，注重蔬菜的营养、安全以及外观等，比较在乎蔬菜的时尚性，通常在超市购买蔬菜；二是小康群体，对蔬菜的要求较高，趋向于购买具有保健功能、特殊功效的蔬菜；三是工薪群体，侧重于便宜实惠蔬菜，对高档蔬菜并不关注，大多在农贸市场进行购买。

第四节 蔬菜供应链一体化组织效率优化对策

一、优化供应链的利益分配机制

在蔬菜供应链一体化体系中，驱动它的利益机制本质上是要使供应链内部各成员企业都能拥有一致的利益目标和较合理的利益分配。从一定程度上来讲，蔬菜供应链系统内各利益主体在动机、能力和系统激励与约束等要素方面都保持着环环紧扣、相辅相成的关系，并且当各部分的利益目标都实现的时候，保证内外部的系统利益最大化。相对于系统来说，利益机制中的各参与主体是它的主要和直接对象。菜农及合作组织、蔬菜加工企业、蔬菜物流企业以及蔬菜经销企业等都是蔬菜供应链的参与主体，作为统一的组织系统，蔬菜供应链一体化的管理是融会贯通的，包含内部各部分成员利益的结合，所以它构成了一种更加紧密的关系，使菜农与蔬菜加工企业以及蔬菜经销商之间保持着兴衰与共的紧密关系。

蔬菜供应链一体化管理的主要部分就是建立和完善利益分配机制，这就需要充分考虑供应链内部各个参与主体的切身利益，因此，通过建立科学、合理的利益分配机制，利用利益杠杆来调动系统内各部分的参与积极性，以实现各部分的利益平衡，这才是保证蔬菜供应链一体化系统顺利运行的关键。

1. 实施保护价格

价格保护是以市场条件为基础的，以合同形式规定蔬菜交易的价格标准。在合同中的价格保护执行过程中，蔬菜供应链加工企业本着充分保障菜农利益的原则，对蔬菜保护价格和市场价格进行比较，一般按照价格高的标准进行交易，使菜农面临市场价格波动风险时，仍然可以获取稳定、合理的收入，同时也为蔬菜供应链加工企业提供了稳定的蔬菜原料供给保障，从而使蔬菜供应链体系中菜农与蔬菜加工企业之间的合作关系更稳定、更持久。

2. 股份合作

股份合作是蔬菜加工企业与入股菜农以股份为纽带，形成经济共同体，其中，蔬菜加工企业遵循"互惠互利，协调联动"原则，进而发展成为合法法人，菜农则成为企业股东，参与蔬菜加工企业的管理。菜农与蔬菜加工企业的股份合作关系可以充分保障蔬菜供应链的一体化运作，实现蔬菜供应链内部信息的快速传递。从效率的角度来看，股份合作是促进供应链组织合作的有效形式。但是，由于菜农资本实力较弱，在企业股份中仅占有较低的份额，严重限制了菜农以股份形式与企业的合作。

3. 再次分配利润

蔬菜供应链的核心成员，如蔬菜加工企业，可以根据菜农履行合约的情况以及本年度公司盈利的情况，将所得利润按照一定的比例返还给菜农。使菜农和蔬菜加工企业之间打破了原有简单的供给和需求关系，双方合作关系更加密切。菜农通过蔬菜供应链可获取二次分配的利润，使自身的利益可以最大限度得到保护，因此即使受到市场低价格的诱惑也不会轻易放弃交易合同。蔬菜加工企业在保障菜农利益的同时也使企业获得更加稳定、优质的蔬菜原料供应，从而使双方合作关系更加稳固。利益双赢的合作方式需要充分发挥蔬菜供应链中核心企业的主导作用,摆脱合同形式自身带来的约束。因为,由于市场需求变化的多变性,只是简单的合约形式无法保障菜农与蔬菜加工企业各自的利益,因此在蔬菜供应链节点企业之间建立长期相互信任的共赢合作关系往往是更有效的,可以使蔬菜供应链更能适应市场环境变化的要求。此外,蔬菜加工企业还可以通过免费支持等手段与菜农进行深层次合作。因此,建立蔬菜供应链节点企业间的相互信任关系,共同参与蔬菜供应链管理的重要决策,是保障蔬菜供应链一体化实施的关键。

二、制定蔬菜供应链运行约束机制

拥有良好的蔬菜供应链运行机制是实现蔬菜供应链一体化管理的保障,蔬菜供应链运行机制有以下三个制约因素:

1. 市场约束机制

随着蔬菜市场供求关系的不断变化,蔬菜价格起伏波动较大,形成了蔬菜市场复杂的变化环境。在蔬菜市场环境中,各种复杂的关系相互作用、相互制约形成约束机制。在传统的市场约束机制中,蔬菜加工企业定期按市场价格向菜农收购蔬菜。由于蔬菜加工企业和菜农之间仅仅是简单的一次交易关系,缺少长期的利益合作关联,蔬菜加工企业为了短期利益可以轻易放弃对菜农产品的收购,导致菜农蔬菜大量积压,给菜农带来损失;因为菜农基于自身更大利益考虑,盲目提高蔬菜销售价格,造成蔬菜加工企业原材料采购短缺,使其遭受损失。因此,市场约束机制具有一定的局限性,它将影响到蔬菜供应链一体化运作的效率。

2. 交易成本内部化

通过蔬菜供应链系统的"非市场化"转变,将原本各种利益相关者在供应链外部市场进行的蔬菜原材料或设备、蔬菜产品和蔬菜加工品交易进行内部化转换,从而提高了蔬菜流通的效率,增强了整个蔬菜供应链的盈利能力,并使每个参与企业从中受益。比较来看,蔬菜供应链系统内部交易比系统外部交易更有效地减少了流通环节,降低了交易成本,更符合蔬菜供应链一体化长期发展的需要。

3. 合约约束机制

合同虽然不是提高蔬菜供应链一体化运作效率的主要因素，但合同约束机制在蔬菜供应链一体化发展中至关重要。蔬菜加工企业与基地、菜农可以在签订合法有效的生产销售合同、资金支持合同和引进科技成果合同的前提下，遵循自愿、平等互利的原则，在合同中明确界定各方的权力和利益。虽然合同明确了蔬菜加工企业与菜农之间的权责关系，但蔬菜供应链中每个利益相关者的行为不能以合同的形式得到根本改善。合同只是一种约束，蔬菜供应链参与企业之间的相互信任和合作意愿才是蔬菜供应链一体化管理成功的主要因素所在。

三、健全蔬菜供应链风险化解机制

蔬菜供应链由蔬菜生产组织、蔬菜加工企业、蔬菜物流企业、蔬菜经销商等组成，存在多个不同的经营主体。蔬菜供应链各相关企业总是尽可能地追求自身利益最大化，同时最大限度地降低可能带来的风险。当菜农独自从事蔬菜生产时，其生产过程中的风险全部由自己来承担。而在一个多方参与的蔬菜供应链体系中，如果各参与企业凭借其实力的强弱不同来分配利润和风险，实力强的参与企业在获得利益的同时尽可能避免风险，则导致其他实力较弱的参与企业承担更大的风险而所分配到的利润却较低。收入和风险不对称将不可避免地导致蔬菜供应链某些参与企业从供应链体系中撤出，蔬菜供应链组织瓦解，使蔬菜供应链变得极不稳定。

蔬菜供应链面临的风险主要包括环境风险、交易风险和合约风险。环境风险主要由从事蔬菜生产的菜农来承担。在农村社会保障制度仍不完善的情况下，外部环境造成的蔬菜损失使本已处于弱势地位的菜农陷入更加困难的境地。在传统的蔬菜经营体系中，蔬菜生产环节、流通环节和销售环节各自独立，蔬菜生产环节独立进行，与蔬菜流通环节和销售环节之间更多的是竞争关系，菜农生产过程遇到的自然风险和市场风险仅凭自身的力量难以解决。蔬菜供应链一体化整合后，菜农与蔬菜相关企业间建立合作共赢关系，为完善蔬菜风险防范机制提供了保障。一方面，通过建立蔬菜供应链一体化关系，将蔬菜生产环节、流通环节和销售环节连接成一个统一的整体，可以极大地分担过去由生产端独自承担的环境风险和交易风险。如加工企业通过合约形式分担一部分菜农的风险；金融保险机构通过统一保险分担菜农一部分风险。另一方面，通过蔬菜供应链一体化管理，建立专门的风险防范机制。加强蔬菜供应链一体化管理，做好蔬菜供应链计划，实现市场调查与预测的整体运行，可提高蔬菜供应链整体管理水平；另外，根据蔬菜市场需求与生产组织的技术能力、生产能力，确定蔬菜产品原材料数量的经济能力，并根据市场需求与菜农签订合同或引导菜农制定指导性生产方案，以减少蔬菜生产的盲目扩大。

合约风险是合同当事人为了自身利益而不履行对方的合同行为的风险。任何一方违约将对另一方造成经济损失，违约方需要对损失方进行赔偿。但事实上，当公司违约时，菜农通过诉讼程序，对公司的违约行为进行处罚；但当菜农违约时，公司面对众多违约的菜农，难以通过法律程序来解决问题，公司将独自承担违约带来的损失。为此，可通过建立公司＋菜农违约风险基金的方式，来约束公司或菜农的违约行为。根据公司和菜农进行蔬菜交易的数额，由金融部门代为规定和提取一定比例的违约风险基金。当其中一方违约时，由金融部门提取违约风险基金向对方赔偿。

四、加强蔬菜供应链的企业合作机制

作为蔬菜经营的指导者和组织者，蔬菜供应链核心企业必须不断发展壮大。只有当蔬菜核心企业掌握先进的蔬菜生产技术，或拥有了具有强大凝聚力的蔬菜品牌，或占领一定的蔬菜市场，才能保证整个蔬菜生产、加工和销售过程的稳定运行。同时，单一企业不能完成蔬菜产业联动的整合。蔬菜整合过程由蔬菜生产组织，蔬菜加工企业、蔬菜流通企业和蔬菜经销企业共同参与实现。如蔬菜生产组织与蔬菜加工企业之间的合作。蔬菜加工是蔬菜产业的重要组成部分，只有蔬菜固化后，蔬菜的保质期才会大大延长。蔬菜经过生产组织进行规模化生产后，与蔬菜加工企业合作，直接对蔬菜进行加工处理，蔬菜经过加工后可以延长蔬菜产品的保存期限，不仅不会降低蔬菜的营养质量，还可以更好地提高蔬菜产品的附加价值，更好地抵御市场风险。因此，蔬菜供应链参与各方应积极加强合作，促进蔬菜产业高效发展。

市场环境正在迅速变化，蔬菜供应链企业间长期稳定的合作是保障蔬菜供应链稳定有效发展的先决条件。而蔬菜供应链企业间长期稳定关系的形成，良好的信息沟通是关键。蔬菜供应链一体化实施是一个复杂的系统过程，蔬菜供应链参与企业为了各自的利益，相互之间难免会产生一定的分歧，给蔬菜供应链一体化模式优化带来阻力，通过有效的信息沟通，保持蔬菜供应链企业间良好的合作关系，可实现蔬菜供应链一体化的高效运行。

在蔬菜供应链一体化的合作机制中，企业合作的本质是要实现蔬菜供应链合作企业间的目标保持一致。只有蔬菜供应链一体化真正实现高效运行，蔬菜供应链参与企业的利益都得到保障，蔬菜供应链参与企业间合作的意愿才会更强烈，参与企业才会更有动力参与蔬菜供应链一体化模式优化过程。因此，要切实推动蔬菜供应链一体化模式的优化，必须一方面提高蔬菜供应链核心企业的综合实力，发挥其在蔬菜供应链中的核心带动作用，另一方面加强蔬菜供应链各合作企业交流与合作的参与感，真正实现蔬菜产供销的一体化运行。

五、完善蔬菜供应链的信息互通机制

在蔬菜供应链一体化结构下，建构一个交互共享的信息平台，实现蔬菜供应链内各参与企业顺利流畅地接收到信息，并且在最大程度上消除一定的成本，减少由于信息不对称所带来的沟通成本的浪费，并使各个部分拥有更加信任的运作环境，从而使蔬菜供应链一体化运作更加有效，菜农、蔬菜加工企业、蔬菜物流企业以及蔬菜经销企业相互之间形成更紧密的利益共同体关系。

蔬菜供应链一体化的组织模式充分发挥信息平台的功能，使蔬菜供应链参与企业共享信息，从而实现整个蔬菜供应链信息流与物流调度的高度统一与协调。因此，蔬菜供应链上游的菜农通过信息共享平台可以对蔬菜供应链参与企业间合作情况进行充分掌握，从而增强其加入蔬菜供应链系统的信心；同时，信息共享平台也可以在蔬菜供应链的后端对菜农的生产过程进行监督和管理，以确保蔬菜加工企业与菜农之间的合同得到有效履行。因此，通过建立信息互通机制，可将菜农、蔬菜加工企业和蔬菜销售企业组成的蔬菜供应链有机整合在一起，建立风险共担、利益共享的合作联盟关系。既实现蔬菜整体供应链一体化高效运行，又充分保障了参与企业个体的利益。另外，由于信息共享平台的存在，原菜农与蔬菜相关企业签订的供应合作协议也可以根据蔬菜市场供需信息的变化进行及时调整，如当蔬菜市场短期供给大于需求时，可通过与菜农签订最低购买价格保护，并在利润中向菜农实施第二利润分配来保护菜农的利益等。总之，由于信息共享平台的存在，使原本信息不对称对蔬菜供应链合作企业间的不利影响得到有效消除。

在许多发达国家或地区，蔬菜供应链管理系统已得到广泛应用，虚拟一体化的供应链系统可以快速响应不断变化的客户需求，通过蔬菜生产、加工、配送链接，实现蔬菜供应链的标准化，向市场提供高品质的蔬菜产品。真正意义上的蔬菜供应链管理，要求整个蔬菜供应链运行应以全面、系统的信息共享平台为保障，根据蔬菜种植的自然规律，为蔬菜供应链系统决策提供信息支持，为实现整个蔬菜供应链一体化发展而努力。

1. 基于信息网络的蔬菜产品供应链管理模式

如图6-2所示，在基于信息支撑的蔬菜供应链一体化管理模式下，大型蔬菜种植基地和蔬菜加工企业通过自己的专业网站，分散的菜农加入农协、合作社等中介机构，并通过蔬菜供应链信息网络平台，将蔬菜生产环节、流通环节、销售环节等进行一体化整合。在蔬菜配送方面，从供应链后端蔬菜生产基地到蔬菜批发市场，可委托给当地专业的蔬菜运输组织来实现；从蔬菜批发市场到供应链前端的各类蔬菜销售终端，可由蔬菜批发市场来组织实施送货服务；而且，通过网络信息共享平台，蔬菜营销专业机构也可以跨过中间环节，将市场所需蔬菜直

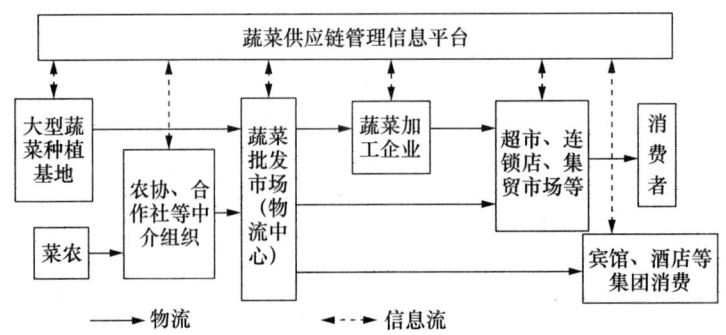

图6-2 基于信息支撑的蔬菜供应链一体化管理模式

接从菜农手中运送到城市销售终端。另外，通过交互的信息网络还可以建立蔬菜全程可监控的质量安全追溯体系，使消费者全程了解蔬菜的品质与安全状况。繁荣的蔬菜批发市场、加工企业、超级市场和连锁店通过网络信息平台建立稳定的合作关系，使蔬菜从生产、流通到销售过程中的品质和价格得到充分保障，保护了城市消费者的利益。总之，基于信息共享平台的蔬菜供应链一体化模式，不仅延伸了蔬菜产业链条，优化了蔬菜流通过程，而且使参与蔬菜供应链运行的各经济组织都得到最大收益，实现了整体利益与个体利益的完美统一。

2. 蔬菜批发市场的交易系统

通常，以现场交易为主的蔬菜批发市场交易系统主要为蔬菜买卖双方提供交易服务，进行交易单据的输入、修改与查询，生成特定客户的销售订单累计销售，并通过查询获取所需交易表。在电子拍卖时，交易系统应该能够保持电子交易的高效率，逐步完善电子结算系统的交易功能，从而使得蔬菜营销双方的信息查询功能和信息沟通功能逐渐趋向同步化和共享化。而当使用网络进行蔬菜拍卖交易时，蔬菜批发市场为买卖双方提供网络拍卖交易平台，发布蔬菜拍卖信息，在线实施查询，保障消费者顺利进行拍卖，获得自己满意的蔬菜产品。

另外，由第三方承担的电子商务信息平台，重点关注供需信息，蔬菜供应方和需求方可直接在线谈判，并签订合同，实现线下送货与线上支付的有机结合。网上交易客户必须首先注册成为电子商务信息平台的会员，买方客户不仅根据自身需求寻求信息平台上已发布的卖方信息，还可以主动发布购买信息，使更多卖家企业了解买家客户的需求，及时建立联系。有兴趣的卖家企业与客户还可以在网上进行谈判，谈判成功后可以在网上下订单，确认购买后付款，卖家直接与买家进行交易发货，或者通过市场配送中心组织完成在线交易。

3. 蔬菜批发市场的物流信息系统

蔬菜批发市场的物流信息系统是通过蔬菜批发市场物流信息平台，实现对蔬菜订单处理、仓储管理、加工配送、统计分析、客户关系管理、蔬菜追踪管理等功能，保障蔬菜物流效率的信息处理系统。

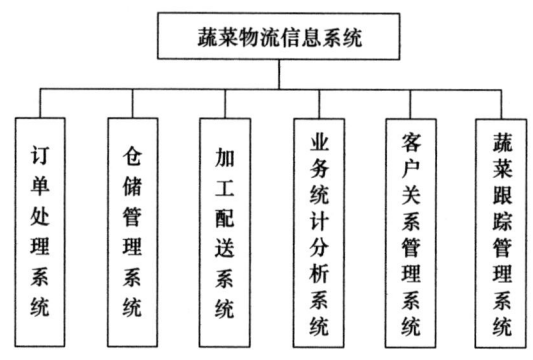

图6-3 蔬菜物流信息系统

（1）蔬菜订单处理系统是通过规范订单、设计模型和优化流程以后，科学处理物流服务的实施细节和费用以及各方完成订单情况，以获得市场蔬菜需求等相关信息，保障顺利实现蔬菜销售所进行的信息处理过程。

（2）蔬菜仓储管理系统是仓库为了更高效地实现蔬菜销售而对蔬菜存储空间位置的布局设计，通过每日对蔬菜库存情况的清点，形成当日和当月的蔬菜库存情况表，及时了解仓库蔬菜流通情况，评估仓库硬件设施设备的使用情况，并为存储用户提供网络查询和报价服务。

（3）蔬菜加工配送系统是为了满足客户需求和提升蔬菜产品价值，所进行的蔬菜包装、贴标和打印条码重组等配送加工服务，负责进出口业务流程设计、库存查询、进货运营管理等各方面的内容，并且能够对所有运输设备进行统一管理，以提供最优的车辆装配和路线选择方案的信息处理过程。

（4）业务统计分析系统是通过对物流服务成本（包括存储成本、处理和分配成本、办公费用等）进行管理，根据合同规定的准则，系统会自动产生配送中心的结算凭证，而后向蔬菜运输企业和客户提供一系列服务。通过对蔬菜批发市场物流服务业务进行数据统计，对日常报告、周报、季度报告和年度报告进行汇总整理，对蔬菜业务盈亏情况进行分析，以帮助公司做出科学决策。

（5）客户关系管理系统是通过多渠道获取客户资料，进行梳理分析，全面了解客户的特点和各方面的需求,为客户提供最佳的服务方案,及时处理客户在业务合作中所遇到的问题,逐渐形成自己长期忠实的客户群,立足于本地的蔬菜批发市场,形成和整合蔬菜供应链并为之提供支撑。

(6) 蔬菜跟踪管理系统是主要承担蔬菜信息的收集、整理、发布和查询等功能的信息处理系统。

第七章
本书总结

本章对本书的研究进行总结，主要得出以下几点结论：

第一，本书运用系统动力学原理从四个维度论证蔬菜供应链一体化发展是不可替代的必然趋势。综述评介了国内外理论界有关蔬菜供应链一体化的研究成果，对蔬菜供应链一体化的基本概念和特点进行界定，并在此基础上构建了蔬菜供应链一体化总体模型，并从政策动力、产业动力、需求动力和利益动力四个方面阐述蔬菜供应链一体化发展的必然性。

第二，要实现蔬菜供应链一体化发展，改变传统以家庭为单位的个体蔬菜生产模式，选择更符合地区发展特色的蔬菜生产组织模式至关重要。本书总结蔬菜产业化发展的成功经验，提出四类典型蔬菜生产组织模式，即龙头企业带动型、农村合作社带动型、农业协会带动型、企业组织型，并对四类生产组织模式进行比较分析，认为蔬菜产业组织化程度的高低，直接影响到蔬菜产品生产的规模和品质，直接关乎蔬菜经营企业与广大菜农的利益。农村协会带动型模式的产业组织化程度最低，适合于蔬菜产业初级发展阶段；农村合作社带动型模式和龙头企业带动型模式的产业组织化程度较高，适合于具有一定蔬菜产业发展基础的阶段；企业组织型模式的产业组织化程度最高，适合于蔬菜产业发展较成熟的阶段。但我们也看到四类蔬菜生产组织模式对加快蔬菜产业的发展都是有利的，特别是合作社组织在我国农村具有多年存在的社会基础，其本身既具有现代企业特征又具备一定蔬菜专业市场的职能，对于那些经济发展基础较好，菜农组织化意识较强的地区来说，该模式将具有极强的推广意义。但就当前经济发展的形势来看，我国农村的经济发展水平差异很大，很大一部分农村地区经济基础还比较薄

第七章 本书总结

弱,农民市场化、组织化意识还不强,合作社的建设和管理还很不规范。因此,各地区在选择蔬菜生产组织模式时,应充分依据自身产业特色和自身发展的实际,借鉴四类生产组织模式的特点,分步、分阶段地选择更适合自身发展的蔬菜生产组织模式。

第三,蔬菜供应链相邻节点企业间存在供给与需求关系,双方是否能够共享信息,进行紧密合作,关键取决于合作过程中双方获取利益的程度。在蔬菜供应链企业短期合作过程中,企业为了维护各自的利益,通常不会共享信息,双方之间的合作是不稳固的。如果蔬菜供应链企业都能基于长期合作考虑,企业双方都会选择共享信息策略,双方都将获得更大收益,双方之间的合作关系会更加稳固。

第四,在蔬菜供应链一体化形成过程中,具有资源优势的核心企业处于极其重要的地位,核心企业在吸纳其他蔬菜相关企业参与和调配蔬菜供应链资源等方面发挥着重要作用。本书分别以蔬菜合作社企业、蔬菜加工企业和蔬菜物流企业为核心设计三类蔬菜供应链一体化模式,并进行案例分析,为蔬菜供应链一体化的实践应用提供了借鉴。

第五,本书构建了蔬菜供应链一体化运作效率评价体系,并以山东省为例进行实证分析,充分证实山东省在城市蔬菜供应链一体化建设方面已取得一定成效。根据量化后的模糊评价结果可知,山东省蔬菜供应链一体化运作效率水平介于"一般"与"较好"之间,表明山东省在蔬菜供应链一体化建设过程中取得了阶段性的进展,在促进生产组织化程度,提高合作水平,发展核心企业组织能力等方面进行了卓有成效的改革与尝试,这与山东省蔬菜供应链建设现状基本相符,表明本书基于评价模型对山东省蔬菜供应链一体化运作效率进行的评价客观、有效,可参照该评价体系对我国其他省市的蔬菜供应链一体化运作效率进行评价研究。

附 录

附录1 城市蔬菜产销调查问卷

本问卷就城市蔬菜产销现实情况展开调查,旨在了解城市蔬菜生产、加工和销售各环节对成本、蔬菜质量安全和产业优化配置的影响程度,以寻求完善的城市蔬菜供应链一体化运作模式适应我国蔬菜体制改革。您对问卷的回答对我们十分重要,感谢您抽出宝贵的时间来完成下面题目,谢谢合作!

一、必选题(以下选择题均为单选题)

1. 您的性别(　　)。
A. 男　　　　　　　　　　　　B. 女

2. 您的年龄(　　)。
A. 25 岁以下　　B. 25~50 岁　　C. 50 岁以上

3. 您的受教育程度(　　)。
A. 小学程度　　　　　　　　　B. 初中及高中程度
C. 大学及以上

4. 您的月收入(　　)。
A. 2000 元及以下　　B. 2001~3000 元　　C. 3001~4500 元　　D. 4501 元以上

5. 您认为目前菜价贵吗?(　　)

　　A. 贵　　　　　　B. 不贵　　　　　C. 不知道

6. 您认为哪个环节是城市蔬菜成本高的主要原因?(　　)

　　A. 生产　　　　　B. 加工　　　　　C. 运输　　　　　D. 销售

7. 您认为,我国蔬菜质量是否安全?(　　)

　　A. 安全　　　　　B. 一般　　　　　C. 不安全　　　　D. 不知道

8. 您是否了解蔬菜质量安全方面的政策?(　　)

　　A. 非常了解　　　B. 一般了解　　　C. 知道一点　　　D. 不了解

9. 您认为哪个环节是城市蔬菜质量安全监管的重点?(　　)

　　A. 生产　　　　　B. 加工　　　　　C. 运输　　　　　D. 销售

10. 您认为哪个机构是城市蔬菜质量安全监管的关键?(　　)

　　A. 政府　　　　　　　　　　　　　B. 监督局

　　C. 生产、加工企业　　　　　　　　D. 销售企业

　　E. 物流企业　　　　　　　　　　　F. 蔬菜消费者

　　G. 第三方企业

二、选答题

Ⅰ. 若您是城市蔬菜生产农户,请回答以下问题:

11. 您的从业时间是(　　)。

　　A. 1 年及以下　　B. 2～5 年　　　C. 6～10 年　　　D. 10 年以上

12. 您的蔬菜基地附近是否有工业污染等污染源?(　　)

　　A. 有　　　　　　B. 没有　　　　　C. 不清楚

13. 您种植蔬菜的土壤几年轮播、休耕一次?(　　)

　　A. 一年　　　　　B. 二年　　　　　C. 三年　　　　　D. 四年及以上

14. 您目前的蔬菜生产模式是什么?(　　)

　　A. 个人生产　　　　　　　　　　　B. 农村合作社

　　C. 与蔬菜加工商合作　　　　　　　D. 与龙头企业合作

15. 您是否与其他农户签订蔬菜合同?(　　)

　　A. 有　　　　　　B. 没有　　　　　C. 未考虑

16. 您在蔬菜生产过程中,化肥及农药使用量是否超标?(   )

   A. 超标   B. 不超标

17. 您在蔬菜生产过程中,是否考虑过对蔬菜进行深度加工?(   )

   A. 考虑过,实现可能性较小   B. 考虑过,实现可能性较大

   C. 未考虑

18. 采摘期是按照成熟期还是视农药使用情况而定的?(   )

   A. 成熟期   B. 农药情况   C. 不确定

19. 您种植的蔬菜成活率是多少?(   )

   A. 40%及以下   B. 50%~80%   C. 90%及以上

20. 您的城市蔬菜销售渠道主要为(   )。

   A. 政府采购   B. 饭店   C. 蔬菜摊位   D. 个人销售

21. 您选择城市蔬菜销售商的原则是什么?(   )

   A. 利润高   B. 批量大   C. 合作时间   D. 其他

22. 您是否与蔬菜销售商签订蔬菜合同?(   )

   A. 有   B. 没有   C. 未考虑

23. 您是否考虑过拓宽销售渠道?(   )

   A. 考虑过,实现可能性较小   B. 考虑过,实现可能性较大

   C. 未考虑

24. 您是否考虑过依靠营销策略增加收入?(   )

   A. 考虑过,实现可能性较小   B. 考虑过,实现可能性较大

   C. 未考虑

25. 您对目前的城市蔬菜产销模式满意吗?(   )

   A. 满意   B. 一般   C. 不太满意

26. 您认为消耗成本最多的环节主要集中在(   )。

   A. 生产   B. 流通   C. 销售   D. 不清楚

27. 您是否考虑过打造蔬菜品牌,提高市场地位?(   )

   A. 考虑过,实现可能性较小

   B. 考虑过,实现可能性较大

   C. 未考虑

28. 您是否考虑过,提高蔬菜市场即时信息的获取能力?(   )

A. 考虑过,实现可能性较小　　　　B. 考虑过,实现可能性较大
C. 未考虑

29. 您觉得蔬菜市场良好运作主要依靠什么?

30. 您认为还能从什么渠道减少城市蔬菜运作成本?

31. 您认为还能从什么渠道提高蔬菜质量安全?

32. 您对城市蔬菜产销模式和发展还有什么建议?

Ⅱ. 若您是城市蔬菜经销商,请回答以下问题:

11. 您的从业时间是(　　　)。
A. 1年及以下　　　B. 2~5年　　　C. 6~10年　　　D. 10年以上
12. 您采购蔬菜的渠道是(　　　)。
A. 小型农户　　　B. 基地　　　C. 大型蔬菜批发市场

13. 您选择农户的原则是什么？（   ）

A. 利润高　　　　B. 批量大　　　　C. 合作时间

14. 您是否与农户签订采购合同？（   ）

A. 有　　　　　　B. 没有　　　　　C. 未考虑

15. 您采购蔬菜后，是否考虑过对蔬菜进行深度加工？（   ）

A. 考虑过，实现可能性较小　　　B. 考虑过，实现可能性较大

C. 未考虑

16. 您的下一级销售渠道主要为（   ）。

A. 政府　　　　　B. 饭店　　　　　C. 商贩　　　　　D. 个人

17. 您的营销策略是（   ）。

A. 价格低廉　　　B. 蔬菜品质　　　C. 促销　　　　　D. 直销

E. 无策略

18. 您销售蔬菜的成本主要来源于（   ）。

A. 采购　　　　　B. 租金　　　　　C. 营销

19. 您在销售环节有没有进行蔬菜新鲜度、农药含量检测？（   ）

A. 有　　　　　　B. 没有　　　　　C. 不知道

20. 您对目前的城市蔬菜营销模式满意吗？（   ）

A. 满意　　　　　B. 一般　　　　　C. 不太满意

21. 您是否考虑过打造成蔬菜销售龙头企业？（   ）

A. 考虑过，实现可能性较小　　　B. 考虑过，实现可能性较大

C. 未考虑

22. 您是否考虑过，提高获取蔬菜市场即时信息的能力？（   ）

A. 考虑过，实现可能性较小　　　B. 考虑过，实现可能性较大

C. 未考虑

23. 您是否考虑过营销策略的改进、营销方式的创新？（   ）

A. 考虑过，实现可能性较小　　　B. 考虑过，实现可能性较大

C. 未考虑

24. 您觉得蔬菜市场良好运作主要依靠什么？

25. 您认为还能从什么渠道减少城市蔬菜运作成本?

26. 您认为还能从什么渠道提高蔬菜质量安全?

27. 您对城市蔬菜产销模式和发展还有什么建议?

Ⅲ. 若您是蔬菜消费者，请回答以下问题：

11. 您购买蔬菜的渠道（　　　）。
    A. 蔬菜批发市场　　B. 超市　　　　　C. 网上　　　　　D. 混合
12. 您最喜欢的购买蔬菜渠道是（　　　）。
    A. 蔬菜批发市场　　B. 超市　　　　　C. 网上　　　　　D. 混合
13. 您购买蔬菜的频率（　　　）。
    A. 一周一次　　　　B. 一周三次　　　C. 一周五次及以上
14. 您认为目前蔬菜营销方式做得如何?（　　）
    A. 很好　　　　　　B. 一般　　　　　C. 不知道
15. 您认为当前蔬菜价格如何?（　　）
    A. 太高，不能接受　　　　　　　　　　B. 偏高，但能接受
    C. 一般　　　　　　　　　　　　　　　D. 偏低

16. 您认为有机蔬菜价格高于普通蔬菜价格多少可以接受？（   ）
   A. 20%以下   B. 20%~50%   C. 50%~100%   D. 100%~200%

17. 您认为在哪里购买有机蔬菜是可靠的？（   ）
   A. 农贸市场   B. 蔬菜专营店   C. 大型超市   D. 蔬菜基地

18. 您认为还能从什么渠道提高蔬菜质量安全？

19. 您对城市蔬菜销售还有什么建议？

附录2 城市蔬菜供应链一体化运作效率评价问卷

尊敬的专家：

您好！为了更好地了解我国城市蔬菜供应链一体化运作效率的状况，本课题组以山东省为例，从生产组织化程度、合作水平和核心企业组织能力三个方面设计蔬菜供应链一体化运作效率评价问卷，以期发现城市蔬菜供应链在一体化运作效率方面存在的问题，进一步提出改进意见。您对问卷的回答对我们十分重要，感谢您抽出宝贵的时间来完成下面题目（以山东省为例），谢谢合作！

一、生产组织化程度

1. 您认为目前蔬菜供应链中生产企业的产前准备水平如何？（　　）
   A. 很好　　　B. 较好　　　C. 一般　　　D. 较差　　　E. 很差
2. 您认为蔬菜供应链中生产组织的技术培训水平如何？（　　）
   A. 很好　　　B. 较好　　　C. 一般　　　D. 较差　　　E. 很差
3. 您如何看待蔬菜供应链企业生产组织的管理标准水平？（　　）
   A. 很好　　　B. 较好　　　C. 一般　　　D. 较差　　　E. 很差
4. 您认为蔬菜供应链的企业生产组织销售能力如何？（　　）
   A. 很好　　　B. 较好　　　C. 一般　　　D. 较差　　　E. 很差
5. 您认为蔬菜供应链企业的收购水平如何？（　　）
   A. 很好　　　B. 较好　　　C. 一般　　　D. 较差　　　E. 很差

二、合作水平

1. 您如何看待供应链中的技术革新速度？（　　）
   A. 很好　　　B. 较好　　　C. 一般　　　D. 较差　　　E. 很差

2. 您对蔬菜供应链方面的相关政策满意吗？（　　）
　　A. 很好　　　B. 较好　　　C. 一般　　　D. 较差　　　E. 很差

3. 您认为蔬菜供应链的企业合作意愿如何？（　　）
　　A. 很好　　　B. 较好　　　C. 一般　　　D. 较差　　　E. 很差

4. 您认为蔬菜供应链一体化的物流方式如何？（　　）
　　A. 很好　　　B. 较好　　　C. 一般　　　D. 较差　　　E. 很差

5. 您认为蔬菜供应链一体化中的物流速度如何？（　　）
　　A. 很好　　　B. 较好　　　C. 一般　　　D. 较差　　　E. 很差

6. 您认为蔬菜供应链一体化中的物流条件如何？（　　）
　　A. 很好　　　B. 较好　　　C. 一般　　　D. 较差　　　E. 很差

7. 您认为蔬菜供应链中的信息质量如何？（　　）
　　A. 很好　　　B. 较好　　　C. 一般　　　D. 较差　　　E. 很差

8. 您认为蔬菜供应链中的信息数量如何？（　　）
　　A. 很好　　　B. 较好　　　C. 一般　　　D. 较差　　　E. 很差

三、核心企业组织能力

1. 您认为当前蔬菜供应链中核心企业的数量是否达标？（　　）
　　A. 很好　　　B. 较好　　　C. 一般　　　D. 较差　　　E. 很差

2. 您认为蔬菜供应链中核心企业的组织力如何？（　　）
　　A. 很好　　　B. 较好　　　C. 一般　　　D. 较差　　　E. 很差

3. 您认为蔬菜供应链中核心企业的相关资源掌控力度如何？（　　）
　　A. 很好　　　B. 较好　　　C. 一般　　　D. 较差　　　E. 很差

4. 您对蔬菜供应链中核心企业的资源匹配度如何看待？（　　）
　　A. 很好　　　B. 较好　　　C. 一般　　　D. 较差　　　E. 很差

再次感谢您的支持与配合！

参考文献

［1］宾厚. 基于模糊综合评价法的城市共同配送风险评价研究［J］. 科技管理研究, 2015.

［2］陈长彬, 盛鑫. 供应链一体化下区域物流产业集群升级的演化博弈［J］. 科技管理研究, 2014（10）.

［3］陈琦. 杭州市蔬菜产销体系现状分析及对策研究［D］. 浙江大学硕士学位论文, 2013.

［4］陈燕. 基于Rubinstein讨价还价的双渠道供应链利润分配研究［J］. 统计与决策, 2016.

［5］程钧谟. 基于成本收益的供应链企业间知识共享重复博弈分析［J］. 统计与决策, 2016.

［6］崔言民, 王骞. 不同组织模式下无公害蔬菜生产效率评价研究［J］. 农业技术经济, 2012（9）.

［7］崔言民. 山东省无公害蔬菜生产组织模式比较及优化研究［D］. 中国海洋大学博士学位论文, 2012.

［8］樊俊花, 陈素敏. 区域经济下蔬菜物流信息化发展探讨［J］. 物流研究, 2011（15）.

［9］方青. 供应链企业合作利益分配机制研究［D］. 武汉理工大学硕士学位论文, 2004.

［10］方志权. 中国城市蔬菜产业综合竞争力的内涵特征和评价标准［J］. 上海农业学报, 2003（24）.

［11］冯颖. TPL服务商参与决策的生鲜农产品三级供应链协调机制［J］. 管

理工程学报，2015.

［12］高特，李莉．第三方物流参与限时蔬菜配送问题研究［J］．重庆交通大学学报，2014（4）．

［13］顾田甜．建昌县设施蔬菜施肥现状评估及建议［D］．中国农业大学硕士学位论文，2014.

［14］郭红莲．M个供应商1个制造商和N个经销商的三级供应链竞合博弈协调模型［J］．中国管理科学，2008.

［15］何劲．城市蔬菜配送业的良性发展研究［J］．商业时代，2004（21）．

［16］何启伟．山东蔬菜产业发展与展望［J］．长江蔬菜，2005（8）．

［17］红德孜再努拉，李莉．基于Flexsim的社区蔬菜直销配送流程仿真化研究［J］．物流科技，2014（4）．

［18］洪江涛．基于微分博弈的供应链质量协调研究［J］．中国管理科学，2016.

［19］侯媛媛．我国蔬菜供需平衡研究［D］．西北农林科技大学，2012.

［20］胡磊，射频识别与无线网络技术在农产品供应链中的应用［J］．现代商业，2014（12）．

［21］胡宪武．非完全信息下供应链竞合博弈分析［J］．工业技术经济，2010.

［22］胡宪武．供应链链际竞合博弈及实证研究［D］．哈尔滨理工大学博士学位论文，2010.

［23］华宏彬．供应链一体化提升物流企业竞争优势［J］．化工管理，2014（4）．

［24］贾凯．四川省彭州市三界镇蔬菜产销专业合作社发展模式分析［D］．成都理工大学硕士学位论文，2014.

［25］亢志华．城镇化加速发展背景下江苏农业现代化的动力机制［J］．江苏农业学报，2014.

［26］乐娴智．基于质量安全的农产品供应链博弈分析［J］．中国市场，2014（2）．

［27］李长健．农产品质量安全监管动力机制探析［J］．广西财经学院学报，2009.

[28] 李建勋．鲜销农产品物流问题研究［D］．西南大学硕士学位论文，2008．

[29] 李林浩．基于层次分析法和模糊综合评价法的供应链应急能力评价研究［D］．山东财经大学硕士学位论文，2012．

[30] 李玉霞．山东省城市蔬菜配送模式的发展研究［D］．华中科技大学硕士学位论文，2011．

[31] 刘畅．地方政府间竞合的利益机制研究及对策［D］．电子科技大学硕士学位论文，2006．

[32] 刘刚．鲜活农产品流通模式演变动力机制及创新［J］．中国流通经济，2014．

[33] 刘宏．现代物流管理获利机理分析［J］．广东商学院学报，2002．

[34] 刘克飞．基于博弈论的电信运营商竞合关系研究［D］．河北工业大学博士学位论文，2012．

[35] 刘磊．农超对接模式中的合作博弈问题研究［J］．管理工程学报，2012．

[36] 刘莉娟．论电子商务下我国蔬菜配送企业的服务体系［J］．科技创业月刊，2008（3）．

[37] 刘纳新．隐性知识共享下的供应链利润分配模型及经济性分析［J］．系统工程，2015．

[38] 刘娜翠，侯秀英．福建省农产品物流系统模式分析与优化［J］．福建农林大学学报，2014（17）．

[39] 刘世明，陈建宏．基于RFID的供港蔬菜安全监管溯源系统［J］．计算机系统应用，2014（2）．

[40] 刘学．我国城市蔬菜配送模式及网络规划问题研究［D］．大连海事大学硕士学位论文，2008．

[41] 柳顺．基于数据包络分析的模糊综合评价方法及其应用［D］．浙江大学硕士学位论文，2010．

[42] 卢桂芬，胡军珠．中小蔬菜配送企业存在问题及对策分析［J］．企业导报，2013（18）．

[43] 卢中华．蔬菜生产效益及其影响因素研究［D］．南京农业大学博士学

位论文，2008.

[44] 毛志蛟. 基于联合库存管理策略的库存优化模型及利润分配研究[D]. 南京理工大学，2009.

[45] 孟莹. 农产品供应链各成员企业利益分配研究 [D]. 哈尔滨商业大学硕士学位论文，2015.

[46] 潘瑞艳，刘建坤. 浅谈我国城市蔬菜配送存在的问题及对策 [J]. 科技视界，2012（22）.

[47] 彭芬. 我国农产品物流模式发展动力机制研究 [J]. 管理现代化，2009.

[48] 钱华，俞菊生. 面向协作定价的上海蔬菜供应链整合研究 [J]. 中国农学通报，2013（35）.

[49] 乔颖丽，岳玉平. 蔬菜种植户销售渠道选择行为影响因素分析 [J]. 广东农业科学，2014（1）.

[50] 任国强，段文婷. 蔬菜质量分级和销售渠道拓展对菜农收益影响研究 [J]. 广东农业科学，2014（6）.

[51] 任燕. 农产品批发市场质量安全监管北京市场的问卷调查和深度访谈资料 [J]. 中国农村观察，2010.

[52] 申风平. 我国蔬菜供应链模式优化研究 [J]. 江苏商论，2008（10）.

[53] 宋成英. 基于供应链一体化的农产品物流整合探索 [J]. 企业改革与管理，2014（16）.

[54] 谭凯. 基于家庭需求的城市蔬菜配送模式探讨 [J]. 今日科苑，2009（20）.

[55] 王崇鲁. 基于双边市场理论下的新兴视频产业收益分配及竞合博弈研究 [D]. 北京邮电大学博士学位论文，2011.

[56] 王丹萍. 原油供应链竞合博弈模型研究 [D]. 哈尔滨理工大学硕士学位论文，2015.

[57] 王继永. 优质猪肉供应链中屠宰加工企业与超市竞合关系研究 [D]. 山东农业大学硕士学位论文，2009.

[58] 王生叶. 农民专业合作社政策支持影响山东省蔬菜专业合作社的问卷调查 [J]. 农村经济，2013.

[59] 王影,刘国际.基于农产品分类的农产品供应链组织模式选择 [J].商业时代,2013 (28).

[60] 王元宝.基于知识网络视角的玉米种子产业链创新模式研究 [D].中国农业大学博士学位论文,2015.

[61] 王哲.河北省蔬菜品牌建设现状及品牌对策研究 [J].北方园艺,2012 (22).

[62] 吴凡.农险困局无限重复博弈的分析 [J].农村经济,2009.

[63] 徐刘印.基于小农户参与下的蔬菜供应链探讨 [J].商场现代化,2013 (25).

[64] 杨顺江.中国蔬菜产业发展研究 [D].华中农业大学博士学位论文,2004.

[65] 杨哲.基于讨价还价理论的企业集团中的利益分配 [J].管理工程学报,2015.

[66] 殷筱琴.模糊综合评价法在企业绩效评价中的应用研究 [D].河海大学硕士学位论文,2005.

[67] 尹清乾.第三方物流参与的VMI供应链利润分配问题研究 [D].燕山大学硕士学位论文,2014.

[68] 于洁.河北省蔬菜生产发展及影响因素研究 [D].河北农业大学博士学位论文,2014.

[69] 余浩然.我国城市蔬菜质量安全政府监管框架的研究 [D].华中农业大学硕士学位论文,2006.

[70] 恽伶俐.绿色供应链利润及利润分配模型研究 [D].南京工业大学硕士学位论文,2005.

[71] 张弘杨.城市蔬菜配送平台模式研究 [J].物流技术,2012.

[72] 张孟林.黑龙江省农业产业结构优化研究 [D].东北财经大学博士学位论文,2006.

[73] 张晓欢,宋山梅.产销一体化无公害蔬菜配送系统的构建 [J].管理观察,2014 (12).

[74] 张永胜.互利共赢的博弈论分析 [J].兰州学刊,2008.

[75] 张云.总承包工程建设供应链利润分配模型研究 [J].中国管理科

学，2011.

[76] 赵晶琴．农产品流通渠道变革的动力机制研究 [J]．商业经济研究，2015.

[77] 赵凯．农户加入不同农业产业化经营模式意愿的影响因素分析 [J]．华中农业大学学报，2013（3）．

[78] 赵晓飞．农产品流通渠道变革演进规律动力机制与发展趋势 [J]．管理世界，2011.

[79] 郑雪清．浅谈蔬菜供应链结构 [J]．长春师范大学学报，2014（6）．

[80] 钟甫宁．消费者对食品安全的关注程度与购买差异分析以南京市蔬菜市场为例 [J]．南京农业大学学报，2010.

[81] 周望德．城市绿色蔬配送管理浅谈 [J]．商界论坛，2014（6）．

[82] 周应恒．我国蔬菜主产地形成的影响因素以山东寿光为例 [J]．地理研究，2012.

[83] Adams, J. D. Fundamental Stocks of Knowledge and Productivity Growth, Journal of Political Economy, Vol. 98, No. 4, 1990.

[84] Adedotun A. Adenusi. Human intestinal helminth contamination in pre-washed, fresh vegetables for sale in major markets in Ogun State, southwest Nigeria [J]. Food Control, 25 October 2014.

[85] Adrian Avinesh Chetty. Flow injection analysis of nitrate - N determination in root vegetables: Study of the effects of cooking [J]. Food Chemistry, 15 September 2009.

[86] Ana P. Q. Larrosa, Luiz A. A. Pinto. Influence of drying methods on the characteristics of a vegetable paste formulated by linear programming maximizing antioxidant activity [J]. Food Science and Technology, October 2014.

[87] Arellano, M. and Bover, O. Another Look at the Instrumental - Variable Estimation of Error - Components Models. Journal of Econometrics, Vol. 68, No. 1, 1995.

[88] Carl Johan Lagerkvista, Sebastian Hessa. Food health risk perceptions among farmers, traders of leafy vegetables in Nairobi [J]. Food Policy, February 2013, Pages 92 - 104.

[89] Clare narrod, Devesh Roy. Public – private partnerships and collective action in high value fruit and vegetable supply chains [J]. Food Policy, 2009.

[90] Denyse I. LeBlanca, Sébastien Villeneuve. A national produce supply chain database for food safety risk analysis [J]. Journal of Food Engineering, February 2015, Pages 24 – 38.

[91] Huaaiu Varing. Economic impact of direct marketing and contracts: The case of safe vegetable chains in northern Vietnam [J]. Food Policy, August 2014, Pages 13 – 23.

[92] Liian Huavin. Strategies on the Chinese agricultural supply chains management based on the SCOR – model in the E – commerce [J]. Wageningen Journal of Life Sciences, 2010.

[93] Liiwa Bavio. On the Supply Chain Management Supported by E – Commerce Service Platform for Agreement based Circulation of Fruits and Vegetables [J]. Physics Procedia, 2012, Pages 1957 – 1963.

[94] Randy Stringer, Naiquan Sang. Producers, Processors, and Procurement Decisions: The Case of Vegetable Supply Chains in China [J]. World Development, November 2009, Pages 1773 – 1780.

[95] Shady S. Atallah. Localization effects for a fresh vegetable product supply chain: Broccoli in the eastern United States [J] Food Policy, 2014.

[96] Shigeru Yaggi. The people connected with vegetable markets. March [J]. city and Society, 2012, Pages 21 – 27.